Alexander Mohr

Internetspezifische Wettbewerbsverstöße

Schriften des Zentrums für angewandte Rechtswissenschaft

Band 6

ZAR | Zentrum für angewandte Rechtswissenschaft

Universität Karlsruhe (TH)

Herausgeber der Schriftenreihe: *Prof. Dr. Thomas Dreier M.C.J.*
Prof. Dr. Jürgen Kühling LL.M.
Prof. Dr. Peter Sester Dipl.-Kfm.

Internetspezifische Wettbewerbsverstöße

von
Alexander Mohr

universitätsverlag karlsruhe

Dissertation an der Universität Freiburg i. Br., Rechtswissenschaftliche Fakultät

Dekan der Rechtswissenschaftlichen Fakultät Freiburg i.Br.:
Prof. Dr. jur. Andreas Voßkuhle

Erstgutachter:
Prof. Dr. jur. Thomas Dreier, MCJ, Institut für Informationsrecht, Universität Karlsruhe (TH)

Zweitgutachter:
Prof. Dr. jur. Maximilian Haedicke, LLM, Institut für Wirtschaftsrecht – Arbeitsbereich Gewerblicher Rechtsschutz und Urheberrecht, Universität Freiburg i.Br.

Ort und Tag der mündlichen Prüfung:
Freiburg i. Br., am 22. Mai 2006

Die Dissertation wurde am Institut für Informationsrecht der Universität Karlsruhe (TH) geschrieben. Stand Dezember 2005.

Impressum

Universitätsverlag Karlsruhe
c/o Universitätsbibliothek
Straße am Forum 2
D-76131 Karlsruhe
www.uvka.de

Universitätsverlag Karlsruhe 2006
Print on Demand

ISSN 1860-8744
ISBN 3-86644-047-2

Vorwort

Die vorliegende Arbeit wurde im Sommersemester 2006 von der juristischen Fakultät der Albert-Ludwigs-Universität Freiburg als Dissertation angenommen. Die bis zur Fertigstellung des Manuskripts Ende 2005 veröffentlichte Rechtsprechung und Literatur konnte umfassend berücksichtigt werden. Bedanken möchte ich mich bei meinem Doktorvater, Herrn Prof. Dr. Thomas Dreier, M.C.J. für die umfassende Unterstützung. Mein Dank gilt auch Herrn Prof. Dr. Maximilian Haedicke, LL.M für die rasche Erstellung des Zweitgutachtens.

Inhaltsverzeichnis

A. Einleitung und Problemstellung

I. Einführung

1. Das Thema

Nach einer stürmischen und euphorischen Anfangszeit der wirtschaftlichen Nutzung des Internets haben sich in den letzten Jahren verlässliche Geschäftsmodelle im Internet entwickelt, die auch von einer breiten Masse der Konsumenten angenommen werden. Für ein weiteres Wachstum des Handels im Internet bedarf es einer zuverlässigen rechtlichen Bewertung, die der wirtschaftlichen Bedeutung gerecht wird. Neben zivilrechtlichen Fragen, etwa der des Vertragsschlusses, zählt dazu insbesondere das Wettbewerbsrecht. Das Internet hat nämlich nicht nur neue Möglichkeiten für den wirtschaftlichen Wettbewerb eröffnet, sondern auch bisher nicht gekannte Wettbewerbsverstöße hervorgebracht. Diese neuen internetspezifischen Wettbewerbsverstöße sind Gegenstand der vorliegenden Arbeit. Es gibt Wettbewerbsverstöße, für die das Internet nur ein weiteres Medium zur Begehung eröffnet hat. So kann ein Rechtsanwalt einen Wettbewerbsverstoß durch standeswidrige Werbung sowohl im Internet als auch in einer Lokalzeitung begehen. Ebenso kann ein unerlaubtes Glücksspiel in einem Hinterzimmer oder im Internet stattfinden. Erfolgen diese Verstöße im Internet, so ist also nicht deren Art, sondern lediglich das Medium der Begehung neu. Sie sind daher keine internetspezifische Wettbewerbsverstöße und werden folglich auch nicht in dieser Ausarbeitung erörtert. Behandelt werden nur Wettbewerbs-

verstöße, die mit und unter Ausnutzung der spezifischen technischen Möglichkeiten des Internets begangen werden und deshalb in dieser Form nur im Internet vorkommen.
Die Novellierung des Wettbewerbsrechts und zwei grundlegende Entscheidungen des BGH haben in jüngerer Zeit für Bewegung auf dem Gebiet der internetspezifischen Wettbewerbsverstöße gesorgt. Durch das am 08. Juli 2004 in Kraft getretene neue UWG hat das Wettbewerbsrecht eine Modernisierung und Veränderungen erfahren, die sich auch auf die internetspezifischen Wettbewerbsverstöße auswirkt. Am deutlichsten wird dies in der erstmaligen ausdrücklichen gesetzlichen Regelung der E-Mail-Werbung. Grundlegendes zur Lauterkeit der Verwendung von Hyperlinks und dem Einsatz von E-Mail-Werbung hat der BGH in seinen - noch zum alten Recht ergangenen - Entscheidungen „Paperboy“[1] und „E-Mail-Werbung“[2] ausgeführt.

2. Ziel der Arbeit

Die vorliegende Arbeit hat zweierlei zum Ziel. Als Erstes will sie die Auswirkungen der UWG-Novelle und der genannten Rechtsprechung des BGH darstellen und die neu aufgetretenen Streitfragen einer Lösung zuführen.
Als zweites Ziel setzt sich die Arbeit grundlegende Überlegungen zum Merkmal der „Unlauterkeit“ bei internetspezifischen Wettbewerbsverstößen. Ausgehend von der Tatsache, dass internetspezifische Wettbewerbsverstöße auf den technischen Möglichkeiten des Internets fußen, soll der Frage nachgegangen werden, ob das Internet auch ebenso Möglichkeiten zur Abwehr von Wettbewerbsverstößen bereithält und welche Bedeutung technischen Schutzmaßnahmen gegen eine Wettbewerbshandlung für deren Lauterkeit zukommt.

3. Gang der Untersuchung

Im ersten Kapitel erfolgt eine Einführung in die Reform des UWG und die technischen Gegebenheiten des Internets, welche für internetspezifische Wettbewerbsverstöße genutzt

[1] BGH GRUR 2003, 958 = NJW 2003, 3406 - Paperboy.
[2] BGH GRUR 2004, 517 = NJW 2004, 1655 - E-Mail-Werbung.

werden. Darauf aufbauend schließt sich im zweiten Kapitel die Darstellung einzelner internetspezifischer Wettbewerbsverstöße an. Im Einzelnen werden unlautere E-Mail-Werbung, Wettbewerbsverstöße durch Hyperlinks und die Beeinflussung von Suchmaschinen behandelt. Insbesondere werden die Auswirkungen der UWG-Novelle und der Urteile „Paperboy“ und „E-Mail-Werbung“ erörtert und die technischen Abläufe und Abwehrmöglichkeiten dargestellt. Das dritte Kapitel beschäftigt sich mit allgemeinen Überlegungen zur Unlauterkeit bei internetspezifischen Wettbewerbshandlungen. Als Schwerpunkt werden die Interessen der Schutzsubjekte thematisiert und die Auswirkungen der technischen Schutzmaßnahmen sowie die Folgen der durch das Internet geschaffenen Möglichkeit zu massenhaften Wettbewerbshandlungen hinterfragt.

II. UWG-Reform

Einführend soll eine kurze Darstellung des Gesetzgebungsverfahrens erfolgen. Anschließend werden einige Änderungen zum alten Recht und grundlegende Merkmale des neuen UWG unter dem Blickwinkel der Relevanz für die in dieser Arbeit behandelten Wettbewerbsverstöße erläutert.

1. Gang des Gesetzgebungsverfahrens

Mit In-Kraft-Treten des neuen UWG in der Fassung vom 03. Juli 2004 am 08. Juli 2004 fand ein längerer Gesetzgebungsprozess seinen Abschluss. Nach Abschaffung der Zugabeverordnung und des Rabattgesetzes im Jahre 2001 wurde von der Bundesregierung eine Arbeitsgruppe „Unlauterer Wettbewerb“, die sich mit der Fortentwicklung des europäischen Lauterkeitsrechts und mit einer europarechtskonformen Modernisierung des deutschen Gesetzes gegen den unlauteren Wettbewerb befassen sollte, eingesetzt.[3] Die Arbeitsgruppe machte zur Grundlage ihrer Beratungen zwei umfangreiche Gutachten, er-

[3] Vgl. Begründung zum Referentenentwurf v. 23. Januar 2003, GRUR 2003, 298, 302.

stattet durch *Karl-Heinz Fezer* von der Universität Konstanz[4] und aus dem Hause des Max-Planck-Instituts in München von *Gerhard Schricker* und *Frauke Henning-Bodewig*.[5] Die Mitglieder der Arbeitsgruppe *Köhler*, *Bornkamm* und *Henning-Bodewig* legten zudem einen eigenständigen bereits ausformulierten Vorschlag für eine EG-Richtlinie zum Lauterkeitsrecht und ein neues UWG vor.[6] Auf der Grundlage dieser Vorarbeiten erstellte das Bundesministerium der Justiz Anfang 2003 einen Referentenentwurf.[7] Sodann wurden die Stellungnahmen verschiedener Verbände zu diesem Entwurf eingeholt. Veranlasst durch die ergangenen Stellungnahmen erfuhr der Entwurf einige Änderungen, bevor er als Regierungsentwurf am 7. Mai 2003 vorgestellt wurde.[8] Der Bundesrat nahm zu diesem Entwurf am 20. Juni 2003 kritisch Stellung und forderte einige Änderungen[9], denen die Bundesregierung teilweise nachkam.[10] Der Gesetzesentwurf wurde vom Deutschen Bundestag am 25. September 2003 in erster Lesung beraten und zur federführenden Beratung dem Rechtsausschuss überwiesen, der letzte Änderungen vornahm.[11] Der Bundestag nahm am 1. April 2004 den Gesetzesentwurf in der vom Rechtsausschuss empfohlenen Fassung an. Der daraufhin vom Bundesrat angerufene Vermittlungsausschuss fand zu keinem Einigungsvorschlag. Der Bundestag wies am 16. Juni 2004 den Einspruch des Bundesrates zurück und beschloss das UWG mit der Kanzlermehrheit. Einen Tag nach der Verkündung im Bundesgesetzblatt trat das neue UWG ohne Übergangsvorschriften am 8. Juli 2004 in Kraft.

---

[4] *Fezer, Karl-Heinz*, Modernisierung des deutschen Rechts gegen den unlauteren Wettbwerb auf der Grundlage einer Europäisierung des Wettbewerbsrechts. WRP 2001, S. 989, 989.

[5] *Schricker, Gerhard/Henning-Bodewig, Frauke*, Elemente einer Harmonisierung des Rechts des unlauteren Wettbewerbs in der Europäischen Union. WRP 2001, S. 1367, 1367.

[6] *Köhler, Helmut/Bornkamm, Joachim/Henning-Bodewig, Frauke*, Vorschlag für eine Richtlinie zum Lauterkeitsrecht und eine UWG-Reform. WRP 2002, S. 1317, 1317.

[7] Referentenentwurf, Entwurf eines Gesetzes gegen den unlauteren Wettbewerb (GRUR 2003, 298).

[8] Vgl. BT-Drucks. 15/1487.

[9] BT-Drucks. 15/1487 S. 29 ff.

[10] Vgl. BT-Drucks. 15/1487 S. 40 ff.

[11] Vgl. BT-Drucks. 15/2795.

2. Zielsetzung

Der Gesetzgeber sah sich durch mehrere Faktoren zur Reform des UWG veranlasst.[12] Zum einen erschien ihm das deutsche Lauterkeitsrecht als nicht mehr zeitgemäß und im internationalen Vergleich in einzelnen Bereichen besonders restriktiv. Mit der Reform des UWG sollte daher eine grundlegende Modernisierung und Liberalisierung des Lauterkeitsrechts vollzogen werden. Hierzu sollte die mit der Abschaffung des Rabattgesetzes und der Zugabeverordnung begonnene und als noch nicht ausreichend empfundene Liberalisierung durch ein neu gefasstes UWG vervollständigt werden.

Neben diesen nationalen Überlegungen veranlasste die europäische Rechtsentwicklung den Gesetzgeber zur Reform. Akuter Handlungsbedarf bestand durch die Umsetzungsfrist der Datenschutzrichtlinie für elektronische Kommunikation (EKDatenschutz-RL)[13]. Diese Richtlinie enthielt in ihrem Art. 13 zwingende Regelungen für bestimmte Formen der Direktwerbung und war zum 31. Oktober 2003 umzusetzen.[14] Ergebnis der Umsetzung dieser Richtlinie ist die Regelung der E-Mail-Werbung in § 7 II Nr. 3 UWG.

Daneben wollte der Gesetzgeber Überlegungen zur Harmonisierung des Lauterkeitsrechts auf Ebene der Europäischen Gemeinschaft Rechnung tragen.[15] Diese Überlegungen haben mittlerweile ihren Abschluss mit In-Kraft-Treten der Richtlinie über unlautere Geschäftspraktiken[16] gefunden.

---

[12] Vgl. BT-Drucks. 15/1487 S. 12.

[13] Richtlinie 2002/58/EG des Europäischen Parlaments und des Rates vom 12. Juli 2002 über die Verarbeitung personenbezogener Daten und den Schutz der Privatsphäre in der elektronischen Kommunikation (Datenschutzrichtlinie für elektronische Kommunikation)(ABl. EG L 201 vom 31.07.2002, S. 37).

[14] Vgl. Art. 17 EKDatenschutz-RL.

[15] Zum Zeitpunkt der Beratungen des neuen UWG existierte nur ein Richtlinienvorschlag.(Vgl. Vorschlag für eine Richtlinie über unlautere Geschäftspraktiken vom 18. Juni 2003, KOM (2003) 356 endg.; siehe hierzu *Gamerith, Helmut*, Neue Herausforderungen für ein europäisches Lauterkeitsrecht. WRP 2003, S. 143, 154)

[16] Richtlinie 2005/29/EG des Europäischen Parlaments und des Rates vom 11. Mai 2005 über unlautere Geschäftspraktiken im binnenmarktinternen Geschäftsverkehr zwischen Unternehmen und Verbrauchern und zur Änderung der Richtlinie 84/450/EWG des Rates, der Richtlinien 97/7/EG, 98/27/EG und 2002/65/EG des Europäischen Parlaments und des Rates sowie der Verordnung (EG) Nr. 2006/2004 des Europäischen Parlaments und des Rates (Richtlinie über unlautere Geschäftspraktiken), ABl.EG Nr. L 149/22. Die Richtlinie ist bis zum 12. Juni 2007 in nationales Recht umzusetzen. Vgl. ausführlich D. II. 2.

3. Wettbewerbshandlung (§ 2 I Nr. 1 UWG)

a) Wettbewerbshandlung im Allgemeinen

Der Begriff der Wettbewerbshandlung ist ein Zentralbegriff des UWG.[17] Denn nur wenn eine Wettbewerbshandlung vorliegt, ist der Anwendungsbereich des UWG eröffnet. Aus diesem Grund ist die Frage nach der Wettbewerbshandlung immer der nach der Unlauterkeit vorgelagert. Ohne eine Wettbewerbshandlung kann es schon begrifflich keine unlautere Wettbewerbshandlung geben. Das frühere UWG enthielt keine Definition der Wettbewerbshandlung. Es war Aufgabe von Rechtsprechung und Lehre diesen Begriff auszufüllen. Mit der UWG-Novelle hat der Gesetzgeber eine Reihe von Legaldefinitionen eingeführt und auch die Wettbewerbshandlung in § 2 I Nr. 1 UWG definiert. Hiermit wollte der Gesetzgeber neueren Gesetzgebungstechniken entsprechen[18] und folgte europäischen Vorbildern[19]. Das Wettbewerbsrecht stellt ein Sonderdeliktsrecht zum allgemeinen Deliktsrecht dar.[20] Dementsprechend dient der Begriff der Wettbewerbshandlung zur Abgrenzung des Anwendungsbereichs des UWG vom allgemeinen Deliktsrecht.[21]

Nach § 2 I Nr. 1 UWG ist eine Wettbewerbshandlung jede Handlung einer Person mit dem Ziel, zugunsten des eigenen oder eines fremden Unternehmens den Absatz oder den Bezug von Waren oder die Erbringung oder den Bezug von Dienstleistungen, einschließlich unbeweglicher Sachen, Rechte und Verpflichtungen zu fördern.

Die Handlung einer Person - hier gilt nichts anderes als im allgemeinen Deliktsrecht - ist jedes der Bewusstseinskontrolle unterliegendes beherrschbares Verhalten.[22] Eine Handlung kann sowohl in einem Tun[23] als auch in einem Unterlassen liegen, wenn eine Pflicht zur

---

[17] BT-Drucks. 15/1487, S. 16.

[18] BT-Drucks. 15/1487, S. 13.

[19] Vgl. zur Technik des europäischen Gesetzgebers die Richtlinie über irreführende und vergleichende Werbung oder die Datenschutzrichtlinie für elektronische Kommunikation.

[20] *Tilmann, Winfried*, Das UWG und seine Generalklausel. GRUR 1991, S. 798; *Köhler, Helmut*, UWG-Reform und Verbraucherschutz. GRUR 2003, S. 267.

[21] *Baumbach/Hefermehl/Köhler*, § 2 Rn. 3.

[22] *Jauernig/Teichmann*, § 823 Rn. 20; BGHZ 39, 106.

[23] *Fikentscher*, § 102 IV 7a.

Abwendung der Rechtsgutverletzung besteht.[24] Eine Erfolgsabwendungspflicht besteht im Wettbewerbsrecht vor allem darin, einen weisungsabhängigen Mitarbeiter oder Beauftragten an einem unlauteren Handeln zu hindern.[25]

Als zweites Tatbestandsmerkmal ist ein Unternehmensbezug der Handlung erforderlich. Für die Bestimmung, ob ein Unternehmen vorliegt, ist von einer wirtschaftlichen Betrachtungsweise auszugehen.[26] Diese erfordert lediglich eine auf Dauer angelegte, selbständige wirtschaftliche Betätigung, die darauf gerichtet ist, Waren oder Dienstleistungen gegen Entgelt zu vertreiben.[27]

Weiterhin muss die Handlung einen Marktbezug haben. Dieser Begriff knüpft an die Definition des „geschäftlichen Verkehrs" im früheren Recht an.[28] Dieses Merkmal vollzieht die Abgrenzung zu privaten Handlungen. Handelt eine natürliche Person nur aus Eigeninteresse als Verbraucher, so liegt keine Wettbewerbshandlung vor.[29] Dies ist zum Beispiel bei Käufen für den privaten Konsum und Verkäufen aus dem Privatvermögen der Fall.[30]

Schließlich muss die Handlung darauf abzielen, den Absatz oder Bezug des eigenen oder fremden Unternehmens zu fördern. Um dieser Anforderung zu genügen, muss die Wettbewerbshandlung zunächst objektiv zur Förderung des Wettbewerbs geeignet sein. Nicht ausreichend ist die bloße Absicht den Wettbewerb zu fördern.[31] Zusätzlich zur objektiven Eignung muss die Absicht, den Wettbewerb eines Unternehmens zu fördern, vorliegen.[32] Das Bestehen einer Wettbewerbsförderungsabsicht wird üblicherweise bei objektiver Eignung vermutet.[33] Lediglich bei redaktionellen Beiträgen wird eine Wettbewerbsförderungsabsicht nicht vermutet.[34]

---

[24] *Larenz*, Schuldrecht I, § 27 III c.

[25] *Baumbach/Hefermehl/Köhler*, § 2 Rn. 5.

[26] BGH GRUR 1976, 370, 371 - Lohnsteuerhilfevereine I.

[27] *Baumbach/Hefermehl/Köhler*, § 2 Rn. 8; BGH GRUR 1995, 697, 699 - FUNNY PAPER.

[28] Vgl. BT-Drucks. 15/1487, S. 16.

[29] *Baumbach/Hefermehl/Köhler*, § 2 Rn. 13.

[30] *Harte/Henning/Keller*, § 2 Rn. 19.

[31] *Baumbach/Hefermehl/Köhler*, § 2 Rn. 23.

[32] BGH GRUR 1986, 898, 899 - Frank der Tat.

[33] BGH GRUR 2003, 800, 801 - Schachcomputerkatalog; BGH GRUR 2002, 193, 194 - Kontostandsauskunft; *Messer, Herbert*, Der unvollständige Testbericht. GRUR 1996, S. 648.

[34] BGH GRUR 2002, 987, 993 - Wir Schuldenmacher; BGH GRUR 2000, 703, 706 - Mattscheibe; *Henning-Bodewig, Frauke*, Die wettbewerbsrechtliche Haftung von Massenmedien. GRUR 1981,

Eine wichtige Veränderung brachte die UWG-Reform insoweit, als die Wettbewerbshandlung nicht mehr zum Nachteil eines anderen Unternehmens vorgenommen werden muss.[35] Hierdurch wird der Schutz des Verbrauchers verbessert. Denn gerade wenn jeglicher Wettbewerb bei Monopolstellungen fehlt, bedarf der Verbraucher des besonderen Schutzes durch das UWG.

b) Wettbewerbshandlungen im Internet

Bei der Einstufung von Verhaltensweisen im Internet als Wettbewerbshandlungen werfen insbesondere zwei Merkmale Probleme auf. Diese sind das Merkmal des Marktbezuges, also die Abgrenzung zu rein privaten Handlungen, und das Merkmal des Ziels, den Wettbewerb des eigenen oder fremder Unternehmen zu fördern.

aa) Marktbezug Für die Bestimmung des Marktbezuges gelten online keine anderen Kriterien als die oben dargestellten des Offline-Bereichs.[36] Daher wirft das Merkmal des Marktbezuges bei wirtschaftlich auftretenden Online-Anbietern in der Regel keine besonderen Probleme auf. Denn auch hier besteht für Handlungen im Rahmen eines Gewerbebetriebes eine Vermutung für einen Marktbezug.[37]
Schwierigkeiten bereitet hingegen in vielen Fällen die Einordnung privater Homepages. Für das Merkmal des Marktbezuges kommt es auf die erkennbar nach außen tretende Zielrichtung des Handelnden an.[38] Diese Zielrichtung muss dementsprechend Maßstab der Beurteilung solcher Internetseiten sein. Die Rechtsprechung stellt für die Bewertung auf eine Gewinnerzielungsabsicht der Betreiber ab. Erhält eine Privatperson für das Schalten von Werbung oder das Setzen von Links eine Vergütung, so ist ein Marktbezug

S. 869.
[35] BT-Drucks. 15/487 S. 16.
[36] *Praxishandbuch Geistiges Eigentum/Dustmann*, § 11 Rn. 18.
[37] *Ernst/Vassilaki/Wiebe/Wiebe*, S. 57.
[38] BGH MMR 2002, 382, 383 - shell.de.

gegeben.[39] Erhält sie keine Vergütung, so fehlt es an einem Marktbezug.[40] Das Schalten von Werbung ohne Vergütung ist häufig dann anzutreffen, wenn eine Privatperson Werbebanner und Pop-Up-Werbung auf ihrer Homepage duldet, um sich Providerkosten zu ersparen.[41]

Die Gewinnerzielungsabsicht als Abgrenzungsmerkmal führt zu stimmigen Ergebnissen. Aus diesem Grund wird sie auch zur Bestimmung kommerzieller Kommunikation in der E-Commerce-Richtlinie[42] verwendet. In Art. 2 f) der Richtlinie werden bestimmte Angaben nicht als kommerzielle Kommunikation eingestuft, wenn sie ohne finanzielle Gegenleistung gemacht werden.[43]

bb) Wettbewerbsförderungsabsicht Zur Bestimmung der Wettbewerbsförderungsabsicht werden ebenfalls die Kriterien des Offline-Bereichs verwendet. Eine Wettbewerbsförderungsabsicht wird auch im Online-Bereich bei Handlungen von Unternehmern vermutet, die objektiv geeignet sind, den Wettbewerb des eigenen Unternehmens zu fördern.[44] Schwierigkeiten treten bei Online-Angeboten von Medienunternehmen auf. Dort verbietet sich die Vermutung einer Wettbewerbsförderungsabsicht im Hinblick auf die Presse- und Rundfunkfreiheit des Art. 5 I 2 GG. Die Wettbewerbsförderungsabsicht ist in diesen Fällen immer positiv festzustellen.[45] Auf Grund der fließenden und in einigen Fällen kaum mehr klaren Trennung von redaktionellen und wettbewerblichen Inhalten im Online-Bereich ist die Entscheidung schwer zu treffen, wann eine Vermutung für eine Wettbewerbsförde-

[39] Vgl. LG Hamburg MMR 2000, 436, 436 - luckystrike.de.

[40] Vgl. OLG Schleswig MMR 2001, 399, 400 - Swabedoo.

[41] Vgl. LG München I MMR 2001, 545, 545 - saeugling.de.

[42] Richtlinie 2000/31/EG des Europäischen Parlaments und des Rates vom 8. Juni 2000 über bestimmte rechtliche Aspekte der Dienste der Informationsgesellschaft, insbesondere des elektronischen Geschäftsverkehrs, im Binnenmarkt („Richtlinie über den elektronischen Geschäftsverkehr") Amtsblatt Nr. L 178 vom 17/07/2000 S. 1 - 16.

[43] Vgl. *Bodewig, Theo*, Elektronischer Geschäftsverkehr und Unlauterer Wettbewerb. GRURInt 2000, S. 476.

[44] *Praxishandbuch Geistiges Eigentum/Dustmann*, § 11 Rn. 22; *Ernst/Vassilaki/Wiebe/Wiebe*, S. 57.

[45] BGH GRUR 1995, 270, 272 - Dubiose Geschäftsgebaren; BGH WRP 1982, 259 - Großbanken-Restquoten; BGH WRP 1986, 547 - Gastrokritiker; BGH GRUR 1986, 898, 899 - Frank der Tat.

rungsabsicht angenommen werden kann und wann diese positiv festgestellt werden muss. Zumindest für den Bereich des Linking schuf der BGH in jüngerer Zeit Klarheit. In seiner Entscheidung „Schöner Wetten“[46] entschied er, dass das Setzen von Links aus redaktionellen Seiten auf wettbewerbliche Seiten als Wahrnehmung der publizistischen Aufgabe zu werten ist.[47] Es kann also zur Wettbewerbsförderungsabsicht festgehalten werden, dass die alleinige Verwendung von Links noch keine Wettbewerbsförderungsabsicht zu begründen vermag. Dies ist nur dann der Fall, wenn die Absicht fremden oder eigenen Wettbewerb zu fördern eine größere als nur notwendig begleitende Rolle spielt.[48]

4. Mitbewerber (§ 2 I Nr. 3 UWG)

In § 2 I Nr. 3 UWG definiert das neue UWG den Mitbewerber. Nach dieser Definition ist jeder Unternehmer Mitbewerber, der mit einem oder mehreren Unternehmern als Anbieter oder Nachfrager von Waren oder Dienstleistungen in einem konkreten Wettbewerbsverhältnis steht.

Der Begriff des Mitbewerbers erlangt in zwei Bereichen Relevanz. Zum einen ist dies auf der Ebene des Tatbestandes der Fall. Unlautere Wettbewerbshandlungen müssen gemäß § 3 UWG zum Nachteil eines Mitbewerbers, der Verbraucher oder der sonstigen Marktteilnehmer begangen werden, um den Tatbestand zu erfüllen. Zum anderen billigt § 8 III Nr. 1 UWG den Mitbewerbern eine Anspruchsberechtigung zu.

Das Erfordernis des konkreten Wettbewerbsverhältnisses stellt eine wichtige Neuerung zum alten Recht dar. Nach bisheriger Rechtslage konnten Unterlassungsansprüche gemäß § 13 II Nr. 1 UWG a.F. von allen lediglich abstrakt betroffenen Gewerbetreibenden geltend gemacht werden.[49] Diese Möglichkeit ist mit der UWG-Novelle entfallen.[50] Der Gesetzgeber billigt den nur abstrakt betroffenen Mitbewerbern kein schutzwürdiges Ei-

[46] BGH MMR 2004, 529 = GRUR 2004, 693 - Schöner Wetten.
[47] BGH MMR 2004, 529, 530 - Schöner Wetten; vgl. auch *Spindler*, GRUR 2004, S. 724.
[48] BGH GRUR 2002, 987, 993 - Wir Schuldenmacher.
[49] *Baumbach/Hefermehl 22. Auflage*, § 13 Rn. 19b; *Federer*, S. 53 ff.; *Nordemann, Jan Bernd/Blum, Stefan*, Das endgültige Ende der Serienabmahnungen im Immobilienbereich? NZM 2002, S. 148, 150.
[50] *Gloy/Gloy*, § 10 Rn. 1.

geninteresse an der Geltendmachung von Abwehransprüchen zu, da ihnen die Möglichkeit offen stehe, einen anspruchsberechtigten Wirtschafts- oder Verbraucherverband zur Bekämpfung des Wettbewerbsverstoßes einzuschalten.[51]

Es kann also demzufolge bei der Auslegung des konkreten Wettbewerbsverhältnisses nicht ohne weiteres auf die Rechtsprechung zum abstrakten Wettbewerbsverhältnis des § 13 II Nr. 1 UWG a.F zurückgegriffen werden.[52]

Ein konkretes Wettbewerbsverhältnis ist dann gegeben, wenn beide Parteien gleichartige Waren innerhalb desselben Endverbraucherkreises abzusetzen versuchen mit der Folge, dass das konkret beanstandete Wettbewerbsverhalten den anderen beeinträchtigen, d.h. im Absatz behindern oder stören kann.[53] Das konkrete Wettbewerbsverhältnis muss also in einem Absatzwettbewerb bestehen.

Die beteiligten Unternehmer müssen sich für ein konkretes Wettbewerbsverhältnis auf dem gleichen räumlichen, sachlichen und zeitlich relevanten Markt als Wettbewerber begegnen.[54] Für die sachliche Marktabgrenzung ist auf das Bedarfsmarktkonzept abzustellen.[55] Hiernach werden Waren oder Dienstleistungen auf einem sachlich relevanten Markt angeboten, wenn sie der Nachfrager als austauschbar betrachtet.[56] Bei der sachlichen Marktabgrenzung ergeben sich im Online-Markt keine anderen Probleme als im Offline-Bereich.

Probleme wirft hingegen die Abgrenzung des räumlich relevanten Marktes auf. Mit dem Anbieten von Waren und Dienstleistungen im Internet erhält der Unternehmer die Möglichkeit nicht nur lokal, sondern auch deutschlandweit Kunden zu erreichen.[57] Dies wirft

[51] BT-Drucks. 15/1487 S. 22.

[52] *Baumbach/Hefermehl/Köhler*, § 2 Rn. 61. Vgl. zu dieser Rspr. z.B. BGH GRUR 2001, 260, 261 - Vielfachabmahner.

[53] StRspr. BGH GRUR 2001, 258, 258 - Immobilienpreisangabe; BGH GRUR 1999, 69, 70 - Preisvergleichsliste II; BGH GRUR 2000, 909, 909 - Filialleiterfehler.

[54] BGH GRUR 2001, 78, 78 - Falsche Herstellerpreisempfehlung; BGH GRUR 1998, 955, 955 - Flaschenpfand II; BGH GRUR 1997, 934, 934 - 50 % Sonder-AfA.

[55] BGH NJW 1998, 3778, 3779 - Schilderpräger im Landratsamt.

[56] *Bücking, Jens*, Liberalisierung im Vergabewesen deutscher Domainadressen? - DENIC und die "Essential Facilities"-Doktrin. GRUR 2002, S. 27, 28; BGH GRUR 2002, 828, 829 - Lottoschein.

[57] Durch seinen Onlineauftritt kann der Anbieter auch weltweit Kunden ansprechen. Die folgende Erörterung der räumliche Marktabgrenzung bleibt auf das Bundesgebiet beschränkt.

die Frage auf, ob allein diese Verbreitung einen bundesweiten räumlich relevanten Markt schafft. Für einen räumlich relevanten Markt kommt es darauf an, ob sich die Gebiete, in denen die Beteiligten Kunden haben oder zu gewinnen suchen, decken oder überschneiden.[58] Dies kann nur im Einzelfall entschieden werden. Deshalb hat sich hierzu eine umfangreiche Kasuistik gebildet.

Für den Bereich des Internets wurde das Problem des räumlichen Marktes hauptsächlich auf dem Gebiet der Rechtsberatung behandelt. Aus diesem Grund soll die dazu ergangene Rechtsprechung dargestellt werden.

Die Problematik bei diesen Fällen ergibt sich daraus, dass Rechtsanwälte durch ihre Online-Auftritte potenzielle Mandanten im gesamten Bundesgebiet ansprechen. Würde man dies genügen lassen, um als örtlichen Markt die gesamte Bundesrepublik anzunehmen, so stünden alle Rechtsanwälte, die über eine Homepage verfügen, miteinander in einem konkreten Wettbewerbsverhältnis, da sie auch auf einem sachlichen Markt, dem Markt der Rechtsberatung, tätig sind. Eine derartige Betrachtung hat die herrschende Rechtsprechung als zu pauschal angesehen und hat eine Unterscheidung nach der Größe und dem Tätigkeitsgebiet der Kanzlei vorgenommen. Bei eher kleineren und regional tätigen Kanzleien verneint sie einen räumlichen Markt in Bezug auf das gesamte Bundesgebiet[59], während sie diesen bei größeren, überregionale tätigen Kanzleien bejaht[60]. Das KG Berlin weicht in seiner Rechtsprechung hiervon ab.[61] Dieses stellt nicht auf die Größe der Kanzlei ab, sondern nimmt allgemein einen räumlichen Markt an. Hierbei argumentiert das KG mit dem Beispiel einer Erbengemeinschaft. Wenn Erben z.B. in Berlin und Hannover ansässig seien, könnten Erben aus Berlin einen Anwalt aus Hannover über das Internet suchen, obwohl sie auch einen Anwalt aus Berlin beauftragen könnten. Da das Beispiel der Erbengemeinschaft beliebig variierbar ist, läuft dieser Argumentationsansatz auf die Annahme eines einzigen örtlichen Marktes für alle Anwälte der Bundesrepublik

[58] *Baumbach/Hefermehl/Köhler*, § 2 Rn. 65.

[59] Vgl. OLG Brandenburg MMR 2002, 463, 463; OLG Frankfurt NJW-RR 2003, 1143, 1143.

[60] Vgl. OLG Dresden NJW 1999, 144, 145.

[61] KG NJW 2001, 526, 526; vgl. hierzu *Berger, Christian*, Rechtliche Rahmenbedingungen anwaltlicher Dienstleistungen über das Internet. NJW 2001, S. 1530, 1530.

hinaus. Die Annahme eines einzigen Marktes für Rechtsanwälte durch das KG Berlin ist zu weitgehend. Es ergibt sich aus dem Wesen des Internets, dass alle in das Internet eingestellten Seiten deutschlandweit, sogar weltweit, abgerufen werden können. Die Zugriffsmöglichkeit auf eine Internetseite kann nicht auf Nutzer in einer bestimmten Region beschränkt werden. Aus diesem Grund bedeutet der Internetauftritt eines Rechtsanwalts nicht zwangsläufig, dass er sein Angebot räumlich unbegrenzt anbieten möchte. In den meisten Fällen möchte er nur räumlich begrenzt anbieten, kann die deutschlandweite Verbreitung aber nicht verhindern. Dies trifft nicht nur auf Rechtsanwälte, sondern auf viele Anbieter im Internet zu.

Für die Annahme eines räumlichen Marktes ist also nicht ausreichend, dass Unternehmer eines sachlichen Marktes über einen Internetauftritt verfügen. Es muss vielmehr der jeweilige Einzelfall betrachtet werden. Die Kriterien bei dieser Betrachtung sind neben der Größe und des bisherigen Wirkungskreises des Unternehmens insbesondere das mit dem Internetauftritt verbundene Ziel, da dieses gerade in der Vergrößerung des räumlichen Wirkungskreises liegen kann. Die Notwendigkeit der Betrachtung des Einzelfalls wird durch die neuere Rechtsprechung des BGH zum Markenrecht untermauert. Dort stellte der BGH fest, dass Unternehmen mit einem lokalen oder regionalen Wirkungskreis mit ihrer Präsenz im Internet nicht notwendig darauf hinweisen, dass sie ihre Waren oder Leistungen nunmehr jedem bundesweit anbieten wollen.[62]

III. Technische Funktionsweise des Internets

Im Verlauf dieser Arbeit wird häufig auf die technische Funktionsweise des Internets Bezug genommen werden. Diese soll daher in ihren Grundzügen erläutert werden.

Das Internet ist ein dezentrales Netzwerk, welches weltweit Computer miteinander verbindet. Waren diese Computer bisher hauptsächlich PCs und Großrechner, so verbindet das

[62] BGH GRUR 2005, 262, 262 - soco.de; a.A. Berlit der von Erweiterung des Wirkungskreises als Ziel des Internetauftritts ausgeht.(*Berlit, Wolfgang*, Anmerkung zum Urteil des BGH v. 22.07.2004 - soco.de. LMK 2005, S. 41, 42)

Internet zunehmend auch Mobiltelefone, Fernseher, Autos und Haushaltsgeräte miteinander. Damit ein Datenaustausch zwischen all diesen Computern stattfinden kann, müssen diese nicht zwangsläufig direkt miteinander verbunden sein. Normalerweise sind eine Reihe von Routern[63] und Switches[64] zwischengeschaltet. Die Datenübertragung funktioniert paketvermittelt. Bei der Übertragung werden die Nachrichten in kleine Pakete aufgeteilt. Diese Pakete werden dann voneinander unabhängig durch das Netz geleitet und erst am Bestimmungsort zusammengefügt. Die Pakete können hierbei unterschiedliche Routen im Internet nehmen. Anders funktioniert z.B. ein herkömmliches Telefongespräch über das Telefonnetz. Dabei wird eine direkte Verbindung zwischen zwei Gesprächspartnern hergestellt und alle Daten werden im Ganzen über diese Leitung verschickt. Eine Verbindung zwischen Computern durch das Internet ist nur möglich, da diese alle eine gemeinsame Sprache sprechen. Alle Computer verwenden einheitliche Protokolle, um den Datenaustausch im Internet zu ermöglichen. Für den Datenaustausch im Internet ist das Zusammenspiel verschiedener Protokolle auf vier Ebenen erforderlich. Die Daten werden von Ebene zu Ebene weitergereicht, da jede Ebene für einen bestimmten Teil der Datenübertragung zuständig ist. Die Grundebene ist die Netzebene. Diese Ebene ist für die Übertragung der einzelnen Bits[65] über eine Datenleitung zuständig. Sie führt nur die Übertragung von 0 und 1 durch.

Die nächste Ebene ist die Vermittlungsebene. Sie ist ein sehr wichtiger Bestandteil des Internets, da sie mit Hilfe des Internet Protokolls (IP) die Beförderung von Paketen vom Absender zum Adressaten ermöglicht. Dieses Protokoll leitet die Datenpakete an ihren Bestimmungsort.

Die dritte Ebene ist die Transportebene. Die hier eingesetzten Protokolle teilen den Datenstrom beim Absender in Pakete auf und reichen diese zur Vermittlungsebene weiter. Beim Adressaten übernehmen sie die Pakete von der Vermittlungsebene und setzen den

---

63 Ein Router ist ein Knoten oder Vermittler in einem paketvermittelten Netz. Vgl. hierzu *Tanenbaum*, S. 828.

64 Ein Switch fügt mehrere Datenleitungen zusammen.

65 Ein Bit ist entweder eine 0 oder eine 1.

ursprünglichen Datenstrom aus den Paketen wieder zusammen. Auf dieser Ebene wird das Transmission Control Protocol (TCP) und das User Datagram Protocol (UDP) eingesetzt.

Die letzte Ebene ist die Anwendungsebene. In ihr sind die Protokolle für die verschiedenen Anwendungen definiert. Denn die einzelnen Anwendungen im Internet benötigen verschiedene Protokolle. Für das Betrachten von Web-Seiten benötigt man das HTTP-Protokoll[66], für den Datentransfer das FTP-Protokoll[67] und für E -Mails das SMTP-Protokoll[68].

Nach diesem grundlegenden Überblick über die Funktionsweise des Internets sollen nun besonders relevante Abläufe genauer betrachtet werden.

Das IP sorgt dafür, dass Pakete auf möglichst schnellem Weg vom Absender zum Adressaten gelangen. Hierzu fügt es den Paketen, die es von der Transportebene erhält, weitere Information hinzu. Hinzugefügt werden unter anderem die Zieladresse, die Absenderadresse, ein Identifier, um die Pakete einem bestimmten Datenstrom zuzuweisen und ein Fragment Offset, welches angibt, an welcher Stelle das Paket im Datenstrom eingefügt werden muss. Damit die Datenpakete ihr Ziel finden können, bekommen alle Teilnehmer eine individuelle Adresse zugewiesen, die IP-Adresse. Um sicherzustellen, dass jede IP-Adresse tatsächlich nur einmal vergeben ist, werden diese durch das Network Information Center zugewiesen. Jede IP-Adresse ist 32-Bit lang und ist einem bestimmten Teilnehmer zugeordnet. So hat z.B. der Teilnehmer www.google.de die IP-Adressse 66.249.87.99. Da IP-Adressen maximal 32-Bit haben, kann eine Neuverteilung nicht unendlich erfolgen. Aus diesem Grund drohen die IP-Adressen auszugehen.[69]

Damit die Datenpakete den Weg vom Absender zum Adressaten finden, gibt es im Internet Router[70]. Die Router leiten die Pakete entsprechend der IP-Adresse weiter. Da das Internet ein sich ständig veränderndes System ist, ist das Routing ein komplexer Vorgang, der

---

[66] HyperText Transfer Protocol.

[67] File Transfer Protocol.

[68] Simple MailTransfer Protocol.

[69] Um dem Ausgehen der IP-Adressen vorzubeugen, soll der IPv6-Standard mit 128-Bit eingeführt werden. Vgl. hierzu: *Kurose/Ross*, S. 344.

[70] Ein Router ist ein Knoten oder Vermittler in einem paketvermittelten Netz. Vgl. hierzu *Tanenbaum*, S. 828.

hier kurz vereinfacht dargestellt wird. Die Router leiten die Datenpakete entsprechend der IP-Adressen weiter. Zu diesem Zweck sind die IP-Adressen systematisch nach dem Standort der Rechner in vier Hauptzonen aufgeteilt. Diese sind Europa, Nordamerika, Mittel- und Südamerika sowie Asien und der pazifische Raum. Wenn ein Router in Amerika nun ein Datenpaket erhält, welches z.B. mit 194 oder 195 beginnt, erkennt er, dass dieses nach Europa muss und schickt es dann an einen dortigen Router. Dieser nimmt dann eine weitere Verteilung nach den weiteren Adresssteilen vor. Dieser Vorgang wird so lange fortgesetzt, bis das Datenpaket an seinem Bestimmungsort angekommen ist. Daher muss nicht jeder Router den Standort eines jeden Rechners kennen, es genügt die Kenntnis der nächsten Vermittlungsstelle.[71]

Die Zustellung der Datenpakete kann durch die Vermittlungsschicht nicht garantiert werden. Die Vermittlungsschicht ist ein Teil des Internets, auf das die Nutzer keinen Einfluss haben. Wenn die Nutzer einen garantierten Transport wünschen, so müssen sie dies über die Transportschicht sicherstellen. In der Transportschicht stehen zwei Protokolle zur Auswahl, von denen nur eines die Zustellung garantiert. Das UDP[72] ist ein verbindungsloses Protokoll ohne Rückmeldung über die Ankunft eines Paketes und kann deshalb die Zustellung eines Paketes nicht garantieren. Das UDP wird immer dann gewählt, wenn ein schneller Versand gewünscht, eine garantierte Ankunft aber entbehrlich ist, z.B. bei der Internettelefonie. Soll ein garantierter Versand erfolgen, so ist das TCP[73] zu wählen. Bei diesem Protokoll schickt der Empfänger bei Erhalt eines Paketes eine Empfangsbestätigung. Erhält der Sender keine, so wiederholt er den Sendevorgang.

Die Anwendungsschicht ist schließlich die Schicht, mit der der Nutzer interagiert. Protokolle dieser Schicht ermöglichen Dienste wie E-Mail, Webseiten, oder Datenübertragung. Nach Klärung der grundlegenden Mechanismen, soll nun der Blick darauf gerichtet werden, welche Abläufe notwendig sind, damit der Nutzer die aufgerufene Seite auch betrachten

---

[71] Vgl. hierzu *Tanenbaum*, S. 454.
[72] User Datagram Protocol.
[73] Transmission Control Protocol.

kann. Wenn ein Nutzer eine Internetseite aufrufen möchte, so muss er deren URL[74], also die Adresse einer Seite, in den Browser eingeben. Wenn eine URL z.B. aus drei Teilen besteht, also http://www.cs.vu.nl/welcome.html[75] lautet, so steht „http" für das zu verwendende Protokoll, „www.cs.vu.nl" für den DNS-Namen des Servers, auf dem die Seite hinterlegt ist und „welcome.html" für die eigentliche Webseite. Denn „www.cs.vu.nl" ist nicht die eigentliche Webseite. Hierunter verbirgt sich nur die IP-Adresse. Wie oben dargestellt, werden Rechner durch ihre individuelle IP-Adresse identifiziert. Will man nun eine Webseite aufrufen, so wird die Verbindung zu dieser durch ihre IP-Adresse hergestellt. Die Eingabe der IP-Adresse als maximal 12-stellige Zahlenfolge wäre aber äußerst unpraktikabel. Aus diesem Grund wird in der Anwendungsebene das DNS[76] verwendet, um eine praktikable Eingabe der Zieladresse zu ermöglichen. Wenn nun der Anwender „www.cs.vu.nl" in seinen Browser eingibt, beginnt sein DNS-Programm einen ihm bekannten DNS-Server nach der zu „www.cs.vu.nl" gehörigen IP-Adresse zu fragen. Auf Grund der Vielzahl von IP-Adressen ist es nicht jedem DNS-Server möglich, alle IP-Adressen zu kennen. Wird er nach einer ihm unbekannten IP gefragt, so reicht er die Anfrage an andere DNS-Server weiter. Dies geschieht so lange, bis ein DNS-Server gefunden ist, der die IP-Adresse an den Computer des Nutzers schickt.

Durch die Anweisung, dass das HTTP[77] zu verwenden ist, weiß der Browser, dass er eine Anfrage nach der gewünschten Seite, in unserem Fall „welcome.html", auf Port 80 an den Server stellen muss. Denn an diesem Port 80 nimmt der Webserver die Anfragen entgegen. Durch dieses Protokoll wird des Weiteren sichergestellt, dass die richtigen Daten vom Server geladen werden.[78] Die so geladenen Seiten können unterschiedliche Formate haben und werden anhand ihrer Endung vom Browser weiterverarbeitet. In unserem Fall hat die Datei „welcome.html" die Endung „html". Dies deutet darauf hin, dass diese Seite in

[74] Uniform Resource Locator.
[75] Beispiel entnommen aus: *Tanenbaum*, S. 711.
[76] Domain Name System.
[77] HyperText Transfer Protocol.
[78] Vgl. weiterführend: *Tanenbaum*, S. 708 f.

der Sprache HTML[79] geschrieben wurde. HTML ist eine von vielen Sprachen, in denen Webseiten geschrieben sein können. Mit HTML können Seiten, die Text, Grafik und Links auf andere Seiten enthalten, erstellt werden.

Wie funktioniert nun die Darstellung einer Seite durch HTML? Wenn eine HTML-Datei durch den Browser heruntergeladen wird, so enthält sie nicht bereits die sichtbare Seite, sondern nur die Anleitung, wie diese aufzubauen ist. Dadurch besteht ein gewisser Interpretationsspielraum für die Darstellung. Aus diesem Grund werden Seiten je nach Browser unterschiedlich dargestellt.[80] Eine Überschrift ist z.B. als solche gekennzeichnet. Falls die Seite Bilder enthält, ist ein Hinweis für deren Positionierung auf der Seite und die Bezugsquelle in Form eines Link angegeben. Dadurch weiß der Browser, wo das Bild darzustellen ist und von welchem Ort er die Bilddatei zu laden hat.

[79] Hyper Text Markup Language.

[80] Daher öfter der Hinweis, dass eine Seite für einen bestimmten Browser optimiert ist.

B. Einzelne Wettbewerbsverstöße

I. Wettbewerbsverstoß durch unverlangte E-Mail-Werbung

1. Das Phänomen Spamming

Das Internet ermöglicht den Versand von E-Mails. Diese kostengünstige und schnelle Art der Nachrichtenübermittlung kann sicherlich zu einer der größten Errungenschaften des Internets gezählt werden. Die Nutzer von E-Mail-Diensten versenden jeden Tag etwa 35 Milliarden Mail-Nachrichten.[1] Leider werden die Vorteile dieses Kommunikationsmittels immer mehr durch den massenhaften Versand unerwünschter E-Mails („Spam")[2]aufgehoben. Das Phänomen unerwünschter Nachrichten ist nicht erst dem Internet erwachsen. Auch vor der Verbreitung des Internets wurde unverlangte Post, insbesondere Werbung, versandt. Unverlangte Werbung beschäftigt das Wettbewerbsrecht auf vielfältige Weise. Als Beispiele seien hier nur die Briefkasten- und Telefonwerbung genannt.[3] Das Versenden von Spam ist nichts anderes als die Parallele einer bekannten Wettbewerbshandlung mit den

[1] Vgl. http://www.t-online.net/c/52/33/40/5233408.html - Zugriff am 20.12.2005.

[2] „Spam" ist eine bestimmte Art von Dosenfleisch (Homepage des Herstellers: http://www.spam.com - Zugriff am 20.12.2005). Der Begriff ist ein Neologismus aus den Worten spam und ham (gewürzter Schinken) Er wird auf Grund seiner massenhaften Verwendung in einem Sketch der Gruppe Monty Python für die Bezeichnung von massenhaften E-Mails verwendet.

[3] Vgl. BGH GRUR 1989, 225, 225 - Handzettel-Wurfsendung; BGH GRUR 2000, 818, 818 Telefonwerbung VI.

Mitteln des Internets.[4] Der Einsatz des Internets hat nicht die Methode als solche, aber deren Umfang verändert. Durch die Möglichkeit zum nahezu kostenlosen Versand versetzt das Internet Wettbewerber in die Lage, unerwünschte Nachrichten mit einer bisher nicht gekannten Massenhaftigkeit zu versenden.

Im Dezember 2004 waren bereits 67 % aller E-Mails weltweit Spam.[5] Diese verursachen einen immensen wirtschaftlichen Schaden.[6] Die Spammails stammen überwiegend aus den USA, China oder Russland.[7]

Die Inhalte dieser E-Mails lassen sich in folgende Gruppen einteilen:[8] Die erste Gruppe bilden die Angebote für legale Waren und Dienstleistungen.[9] Die zweite sind Angebote für illegale Waren und Dienstleistungen. Diese können im Ursprungsland legal, unter der Rechtsordnung des Landes des Empfängers aber illegal sein. Solche sind etwa pharmazeutische Erzeugnisse.[10] Die dritte Gruppe bilden Angebote, die sich an Erwachsene richten. Hierunter fallen insbesondere pornografische Inhalte.[11] Die vierte Gruppe bilden E-Mails mit betrügerischer Absicht, so genannte „Scams".[12] Schließlich hat ein Teil des Spams keinen wirtschaftlichen Zweck, sondern dient der Verbreitung politischer oder religiöser Inhalte.

Wie lukrativ das Versenden von Spams sein kann, verdeutlicht das Beispiel des Spammers *Jeremy Jaynes*, der von einem Gericht im US-Bundesstaat Virginia im November 2004 zu einer Haftstrafe von neun Jahren wegen des Versandes von Spam verurteilt wurde.[13] Der

[4] Vgl. *Kaspersen FS Kilian*, S. 479.

[5] Vgl. http://www.symantec.com/region/de/PressCenter/spam.html - Zugriff am 20.12.2005.

[6] Die Schätzungen reichen für das 2003 Jahr von 9 bis 12 Mrd. Euro.(Vgl. Europäische Kommission, Het Parool, 5.10.2003, S. 7; eco, Spam. S. 2. http://www.eco.de - Zugriff am 20.12.2005)

[7] Eine aktuelle Rangliste der Ursprungsländer führt Spamhaus.org. (http://www.spamhaus.org/statistics.lasso - Zugriff am 20.12.2005)

[8] Vgl. *Kaspersen FS Kilian*, S. 482; http://www.symantec.com/region/de/PressCenter/spam.html - Zugriff am 20.12.2005

[9] Der Anteil des Spam für allgemeine Produkte am gesamten Spamaufkommen beträgt 23 %, wobei hierunter auch illegale Produkte fallen.

[10] Der Anteil an Werbung für pharmazeutische Erzeugnisse beträgt 11 %.

[11] Der Anteil an Werbung für pornografische Inhalte beträgt 14 %.

[12] Engl. (Betrugs-)Masche. Der Anteil an betrügerischen Spam beträgt 17 %.

[13] Vgl. http://en.wikipedia.org/wiki/Jeremy_Jaynes; http://www.heise.de/tr/aktuell/meldung/53938/0 - Zugriff am 20.12.2005.

von *Jaynes* versandte Spam hatte hauptsächlich betrügerische Werbung für eine Software, mit der die Benutzer angeblich Rückzahlungen vom Paketdienst *Federal Express* für verspätet ausgelieferte Sendungen verlangen konnten, zum Inhalt. Tatsächlich bestellte nur jeder 30.000 Empfänger einer E-Mail diesen „Refund Processor" für 39, 95 Dollar. Durch die Masse an Spam waren dies aber 12.000 bis 17.000 Käufer monatlich, was *Jaynes* einen Gewinn von 650.000 Dollar im Monat bescherte.
Einen Einblick in die Geschäftspraktiken der Spammer gewährt auch das Beispiel des selbst ernannten „Spam King" *Scott Richter*. Dieser soll mit seiner Firma OptInRealBig.com[14] einst jährlich mehr als 38 Milliarden Spammails versandt haben.[15] Nach einer Klage von Microsoft, bei der er Schadensersatzzahlungen von 7 Millionen Dollar zustimmte, beendete er seine Tätigkeit als Spammer.[16]

2. Technische Darstellung

Eine Spammail hat in der Regel einen längeren Weg hinter sich, wenn sie im Postfach des Internetnutzers eingeht. Dieser wird folgend vereinfacht aufgezeigt.

a) Beschaffung der Adressen

Um eine Welle von Spammails zu versenden, benötigt der Spammer zunächst einen Datensatz mit E-Mail-Adressen. Diesen kann er auf verschiedenen Wegen gewinnen.

aa) Web-Spider Am gebräuchlichsten ist das automatisierte Absuchen des Internets nach E-Mail-Adressen durch Web-Spider, auch „Harvesting" genannt. Diese Programme machen E-Mail-Adressen entweder durch eine Suche nach mailto-Tags (<mailto>AlexanderMohr@gmx.de<mailto>) oder durch eine Volltextsuche im html-Code nach @-Zeichen, die auf eine E-Mail-Adresse deuten, und anschließender Analyse der um das

[14] http://www.OptInRealBig.com - Zugriff am 20.12.2005.
[15] http://www.heise.de/newsticker/meldung/62610 - Zugriff am 20.12.2005.
[16] Siehe hierzu den offen Brief von Microsoft unter http://www.microsoft.com/presspass/features/2005/aug05/08-09BradSmithLetter.mspx - Zugriff am 20.12.2005.

@-Zeichen stehenden zusammenhängenden Zeichen ausfindig. Es ist schwierig, diesen Programmen die Ernte zu verderben. Der einfachste Weg ist es, seine E-Mail-Adresse nicht mehr im Internet zu veröffentlichen, was aber auch gewünschte Kontaktaufnahme, etwa durch neue Kunden, verhindert. Eine weitere Möglichkeit ist das Ersetzen des @ durch (at) oder die Darstellung der E-Mail Adressen in Form einer Grafik, wobei dann aber auf die Möglichkeit der direkten Kontaktaufnahme durch Anklicken eines Links verzichtet werden muss. Das Darstellen der E-Mail-Adresse als Pflichtangabe nach § 6 TDG durch eine Grafik wird in der Literatur als unzulässig angesehen.[17] Da durch diese Methode die Pflichtangabe E-Mail-Adresse nicht mehr für blinde Menschen erkennbar sei, werde den Anforderungen des § 6 TDG nicht genügt.[18] Der Einsatz von Web-Spidern verlangt dem Spammer keine Kenntnisse in Informatik ab. Eine Suche bei google.de ergibt eine Vielzahl von Anbietern, die diese Programme zum Kauf anbieten.[19]

bb) Wörterbuchangriff (Dictionary Attack) Durch den Einsatz von Web-Spidern können nur im Internet veröffentlichte E-Mail-Adressen ausfindig gemacht werden. Die für die Spammer besonders interessanten privaten Adressen sind jedoch häufig unveröffentlicht. Um Spam auch an solche Adressen senden zu können, bedienen sich die Spammer der aus dem Hacken von Passwörtern entliehenen Methode der Dictionary Attack. Bei dieser Methode werden gängige Vor- und Zunamen beliebig miteinander und mit Domainnamen[20] kombiniert. Da viele E-Mail-Adressen den Namen des Besitzers enthalten, werden mit dieser Methode hohe Trefferquoten erzielt.

cc) Brute Force Die zweite Wahl nach dem Wörterbuchangriff ist der Einsatz von „Brute Force". Hierbei werden mit roher Gewalt alle möglichen Buchstaben- und Zahlen-

[17] *Ott, Stephan*, Impressumspflicht contra Spam-Vermeidung - Ein unauflöslicher Konflikt? ⟨URL: `http://www.jurpc.de/aufsatz/20050078.htm`⟩ – Zugriff am 01.07.2005, Abs. 20.

[18] Bei der Auslegung des § 6 TDG im Lichte des Art. 3 III 2 GG („Niemand darf wegen seiner Behinderung benachteiligt werden") ergebe sich, dass die Pflichtangaben auch für Blinde erkennbar sein müssen.(*Ott, Stephan*, Impressumspflicht contra Spam-Vermeidung - Ein unauflöslicher Konflikt? ⟨URL: `http://www.jurpc.de/aufsatz/20050078.htm`⟩ – Zugriff am 01.07.2005, Abs. 17

[19] Ein derartiger Anbieter ist etwa http://www.email-marketing-easy.com - Zugriff am 20.12.2005.

[20] Als Domainnamen werden häufig die der großen Freemailer wie hotmail.com oder gmx.de verwendet.

kombinationen durchprobiert. Vorteil dieser Methode ist, dass auch Spam an Adressen geschickt werden kann, die nicht lediglich aus Namen zusammengesetzt werden. Diesen Vorteil erkauft sich der Spammer aber mit einer Unzahl von nicht existierenden Kombinationen, für die er Fehlermeldungen erhält. Damit die Spammer nicht von diesen überflutet werden, verwenden sie gefälschte Absenderadressen.

dd) Adresshandel Wer nicht über das Know-how für die oben beschriebenen Verfahren verfügt, kann die Adressen einfach von Adresshändlern kaufen. Diese bieten mit den beschriebenen Verfahren erstellte Datenbanken an. Der Kauf von Adressdatenbanken gestaltet sich einfach. Erforderlich ist lediglich eine kurze Suche über eine Suchmaschine, um zahlreiche Anbieter ausfindig zu machen.[21]

b) Versand der Spammails

Im zweiten Schritt muss der Spammer an alle E-Mail-Adressen in der Datenbank eine E-Mail versenden. Grundsätzlich unterscheidet sich der Versand von Spammails nicht von dem anderer E-Mails. Der Versand einer E-Mail kann mit dem Versand eines Briefes verglichen werden. Eine E-Mail beinhaltet die Adresse des Empfängers[22] und des Absenders sowie die eigentliche Nachricht.[23]

In vielen Fällen ist bei Spammails die Absenderadresse gefälscht. Denn im Protokoll ist nicht verankert, dass der Versender auch die ihm zugeordnete Adresse verwendet. Grundsätzlich kann eine beliebige E-Mail-Adresse in das "From" und „Sender" Feld des E-Mail-Header geschrieben werden. Es überprüfen zwar einige, aber bei weitem nicht alle Mailserver, ob der Nutzer auch seine E-Mail-Adresse verwendet. Prinzipiell können E-Mails direkt von einem Computer zu einem anderen versandt werden, wenn beide gleichzeitig online sind. Da dies nicht immer gewährleistet ist, werden zum Versand und Empfang

[21] Ein derartiger Anbieter ist etwa http://www.buyselloffers.com - Zugriff am 20.12.2005.

[22] Eine E-Mail-Adresse besteht aus zwei Teilen, der Benutzerkennung, die sich vor dem "@" - Zeichen befindet und der Domain Adresse, die sich dahinter befindet.

[23] Absender- und Zieladresse, Zeit, Datum, Angaben zu Anhängen und dem Format der E-Mail sind im Header enthalten und die eigentliche Nachricht befindet sich im Body der E-Mail.

E-Mail-Server, die wie ein Briefkasten funktionieren, verwendet. Der Absender baut eine Verbindung zu seinem E-Mail-Server auf und übergibt diesem die zu sendende E-Mail. Der Server wandelt den Domainnamen der E-Mail-Adresse in die richtige IP-Adresse um und schickt die E-Mail an den E-Mail-Server, der mit dieser IP-Adresse zu erreichen ist.[24] Nach dem Eingang der E-Mail im E-Mail-Server wird sie dem Postfach mit der zutreffenden Benutzerkennung zugeordnet und der Besitzer dieses Postfachs kann sich dann die E-Mail herunterladen.

Der Versand von Spam unterscheidet sich von dem normaler E-Mails durch die große Anzahl. An diesem Punkt setzen auch Maßnahmen der Spamabwehr an, die der Spammer zu berücksichtigen und zu überwinden hat. Verfügt der Spammer nur über einen normalen E-Mail-Account, etwa bei gmx.de, so wird er durch den Provider in der Anzahl der Mails beschränkt.[25] Der Spammer muss daher einen anderen Zugriff auf einen Mailserver erhalten. In den Anfängen des Internets war es jedem Benutzer möglich, einen eigenen E-Mail-Server zu betreiben, mit dem er beliebig viele E-Mails ohne jegliche Kontrolle verschicken konnte. Aus diesem Grund akzeptieren die großen E-Mail-Server, bei denen die Empfänger des Spams ihre Accounts haben, nur E-Mails von Mailservern, die sie als seriös einstufen. Dem Spammer muss es also gelingen, seine Mails über einen als seriös eingestuften Mailserver zu versenden. Zugriff auf einen solchen Mailserver kann er sich durch Ausnutzung von Sicherheitslücken verschaffen. Eine weitere Möglichkeit ist es, sich der Nutzer von Mailservern zu bedienen. Hierzu verschafft sich der Spammer die Gewalt über eine Vielzahl von Computern normaler Internetbenutzer mit Hilfe von Trojanern und Viren. Diese Programme werden unbemerkt auf dem Computer des Opfers installiert und ermöglichen es dem Spammer Kontakt mit diesem Computer aufzunehmen, um ihm die Anweisungen zum Spamversand zu geben. Da bei dieser Methode eine Vielzahl von Computern eine jeweils relativ kleine Anzahl von Spam verschickt, ist es nur sehr schwer möglich, diese E-Mails anhand ihres Sendeaufkommens als Spam zu erkennen.

---

[24] Dies ist derselbe Vorgang wie bei der Umwandlung von Domainnamen in IP-Adressen.(Vgl. A. III)

[25] Dies könnte der Spammer durch die Anmeldung einer großen Zahl von Accounts bei Freemailern umgehen, diese Methode ist aber wenig gebräuchlich.

3. Rechtliche Bewertung vor der UWG Reform

Vor der Einführung des § 7 II Nr. 3 UWG stand nur die Generalklausel des § 1 UWG a.F. für die rechtliche Bewertung von unverlangter E-Mail-Werbung zur Verfügung. Zur Zulässigkeit von E-Mail-Werbung ergingen einige erstinstanzliche Entscheidungen mit unterschiedlichem Ausgang. Von vereinzelten Gerichten wurde das Versenden unverlangter E-Mail-Werbung als nicht wettbewerbswidrig bewertet.[26] Die Mehrheit der Entscheidungen untersagte aber den Versand als wettbewerbswidrig.[27] Als Argumente für die Unzulässigkeit von E-Mail-Werbung wurden Übertragungskosten, Zeitaufwand für die Sortierung, Belegung von Speicherplatz und die der E-Mail-Werbung innewohnende Ausuferungsgefahr genannt. Auch in der Literatur wurde die Zulässigkeit kontrovers diskutiert. Ein Teil der Autoren trat dafür ein, E-Mail-Werbung als grundsätzlich zulässig einzustufen.[28] Die überwiegende Meinung sprach sich jedoch für die Unzulässigkeit von E-Mail-Werbung aus.[29] Die Meinung in Rechtsprechung und Literatur, die für eine Unlauterkeit der E-Mail-Werbung eintrat, erfuhr durch ein Urteil des BGH[30] vom 11.03.2004 Bestätigung. In dieser Entscheidung stellte der BGH fest, dass die Zusendung unverlangter E-Mail-Werbung grundsätzlich gegen die guten Sitten im Wettbewerb verstoße. Solche Werbung sei nur dann ausnahmsweise zulässig, wenn der Empfänger ausdrücklich oder konkludent sein Einverständnis zum Empfang erklärt habe oder bei der Werbung gegenüber Gewer-

---

[26] AG Hannover CR 2004, 466, 466 (Zulässig bei caritativen Zwecken); LG Braunschweig NJW-RR 2000, 924, 924 (Zulässig, wenn nicht ausdrücklich widersprochen); AG Kiel MMR 2000, 51, 51.

[27] LG Traunstein NJW 1998, 1648, 1648; LG Ellwangen MMR 1999, 675, 675; LG Berlin MDR 2001, 391, 391; LG Karlsruhe MMR 2002, 402, 402; LG Augsburg NJW 2000, 593, 593, LG Hamburg MMR 1999, 248, 248; AG Brakel MMR 1998, 492, 492.

[28] *Reichelsdorfer, Jörg*, „eMails" zu Werbezwecken - ein Wettbewerbsverstoß? GRUR 1997, S. 191, 197; *Ziem, Claudia*, Spamming - Zulässigkeit nach § 1 UWG, Fernabsatzrichtlinie und E-Commerce-Richtlinienentwurf. MMR 2000, S. 129, 135; *Busche, Jan/Kraft, Hartmut*, Werbung per electronic mail: Eine neue Herausforderung für das Wettbewerbsrecht? WRP 1998, S. 1142, 1150; *Leupold, Andreas*, Die massenweise Versendung von Werbe-eMails: Innovatives Direktmarketing oder unzumutbare Belästigung des Empfängers? WRP 1998, S. 270, 280; *Ladeur*, S. 119.

[29] Vgl. nur *Schrick, Alexandra*, Direktmarketing mittels E-Mail und seine Entwicklung. MMR 2000, S. 399, 405; *Hoeren, Thomas*, Cybermanners und Wettbewerbsrecht - Einige Überlegungen zum Lauterkeitsrecht im Internet. WRP 1997, S. 993, 994; *Leistner, Matthias/Pothmann, Julia*, Direktwerbung im neuen europäischen Recht und in der UWG-Reform. WRP 2003, S. 815, 821; *Schmittmann*, Werbung im Internet, S. 72 f.; *Köhler/Arndt*, S. 209; *Mehrings FS Kilian*, S. 508.

[30] BGH GRUR 2004, 517 = NJW 2004, 1655 - E-Mail-Werbung.

betreibenden auf Grund konkreter tatsächlicher Umstände ein sachliches Interesse des Empfängers vermutet werden könne. In den Urteilsgründen verglich der BGH die E-Mail-Werbung zunächst mit der Telefon- und Telefaxwerbung gegenüber Privatpersonen, deren Unzulässigkeit er nochmals unterstrich.[31] Der BGH stellte dann aber fest, dass die Begründung für die Unzulässigkeit von Telefon- und Telefaxwerbung nicht ohne weiteres auf E-Mail-Werbung übertragbar sei. Die Beeinträchtigung der Privatsphäre sei weit weniger intensiv als bei der Telefonwerbung, da bei E-Mails der Zeitpunkt des Abrufs selbst bestimmt werden könne. Auch die Kosten für den Abruf einer einzelner E-Mail seien nur gering. Ausschlaggebendes Kriterium für die Unlauterkeit von E-Mail-Werbung sei deren Massenhaftigkeit. Der Kostenaufwand für den Abruf und der Zeitaufwand für das Aussortieren einer einzelnen Werbemail sind gering. Bei einer größeren Anzahl solcher Mails fielen Kosten und Zeitaufwand aber ins Gewicht. Die mit einer einzelnen Werbe-E-Mail einhergehende Belästigung sei also nicht zur Begründung der Unlauterkeit ausreichend, erst deren Massenhaftigkeit führe zur Unlauterkeit. Da aber jede einzelne Werbe-E-Mail den Keim zu einem immer weiteren Umsichgreifen in sich trage und zu einer daraus folgenden unzumutbaren Belästigung führe, sei diese Werbeform insgesamt als unlauter anzusehen.[32]

Der BGH erklärte E-Mail-Werbung nur dann für zulässig, wenn ein privater oder gewerblicher Empfänger sein Einverständnis ausdrücklich oder konkludent erklärt habe oder wenn bei einem gewerblichen Empfänger auf Grund konkreter tatsächlicher Umstände ein sachliches Interesse vermutet werden könne.

Für die Beurteilung, ob ein ausdrückliches oder konkludentes Einverständnis bei Privatpersonen gegeben ist, geht der BGH von denselben Grundsätzen wie bei der Telefon-und Telefaxwerbung aus.

[31] BGH CR 2004, 445, 447 - E-Mail-Werbung; vgl. zur Telefonwerbung: BGH GRUR 2000, 818, 819 - Telefonwerbung VI; vgl. zur Telefaxwerbung: BGH GRUR 1996, 208, 209. Bereits in den erstinstanzlichen Urteilen wurde zur Begründung der Unzulässigkeit von E-Mail-Werbung ein Vergleich zur Telefon-und Telefaxwerbung gezogen.(Vgl. LG Ellwangen MMR 1999, 675, 675; LG Berlin MMR 1998, 491, 491)

[32] Aus diesem Grund ist auch Telefax-Werbung unlauter. Vgl. BGH GRUR 1996, 208, 209 - Telefax-Werbung.

Bei Übertragung dieser Anforderungen auf E-Mail-Werbung ist ein ausdrückliches Einverständnis beispielsweise dann gegeben, wenn der Werbeadressat selbst um Information via E-Mail nachgesucht oder bei Aufnahme des Geschäftskontakts erklärt hat, mit E-Mails zur „Betreuung“ einverstanden zu sein.[33]
Die Anforderungen an das Vorliegen eines konkludenten Einverständnisses bei Privatpersonen erfuhren in der Entwicklung der Rechtsprechung des BGH eine Verschärfung. Hielt der BGH zunächst die Angabe der Telefonnummer in der Erkenntnis, diese werde von dem werbenden Unternehmen zur Fortführung des geschäftlichen Kontaktes genutzt, für die Annahme eines konkludenten Einverständnis für ausreichend[34], so hat der BGH diese Ansicht weitgehend wieder zurückgenommen. Eine angegebene Telefonnummer könne nur die Annahme rechtfertigen, der Kunde wolle lediglich im Rahmen der Durchführung des Vertrages, bei dessen Abschluss die Nummer angegeben wurde, angerufen werden. Auf eine generelle Bereitschaft werbende Anrufe zu erhalten, könne nicht geschlossen werden.[35] Auf die E-Mail-Werbung übertragen führt dies dazu, dass sich aus der bloßen Angabe der E-Mail-Adresse nicht die Bereitschaft zum Erhalt von E-Mail-Werbung ableiten lässt. Schließlich könne ein mutmaßliches Einverständnis des Angerufenen nur im geschäftlichen, nicht aber im privaten Bereich rechtfertigen.[36]
Die Kriterien für die mutmaßliche Einwilligung zum Erhalt von E-Mail-Werbung durch Gewerbetreibenden hat der BGH gegenüber der Instanzenrechtsprechung gelockert. Die Instanzenrechtsprechung ging bisher davon aus, dass ein mutmaßliches Einverständnis nur dann vorliegen kann, wenn zwischen Sender und Empfänger bereits eine geschäftliche Beziehung bestand und dabei via E-Mail kommuniziert wurde.[37] Der BGH hielt das Bestehen eines geschäftlichen Kontaktes für die Annahme einer mutmaßlichen Einwilligung für

---

[33] BGH NJW 1989, 2820, 2820 - Telefonwerbung II, vgl. zum ausdrücklichen Einverständnis: *Fricke, Martin*, Kein Anschluß unter dieser Nummer - Zur Situation der "Telefonwerbung" in der Versicherungsbranche nach BGH, NVersZ 1999, 360 und 445. NVersZ 1999, S. 407, 409.
[34] BGH NJW 1989, 2820, 2820 - Telefonwerbung II.
[35] BGH NJW-RR 1995, 613, 613 - Telefonwerbung V.
[36] BGH CR 2000, 596, 596 - Telefonwerbung VI.
[37] LG Berlin CR 2004, 544, 544; vgl. *Dieselhorst, Jochen/Schreiber, Lutz*, Die Rechtslage zum E-Mail-Spamming in Deutschland. CR 2004, S. 680, 681.

nicht erforderlich. Eine solche könne vielmehr auf Grund konkreter tatsächlicher Umstände vermutet werden. Auch hier orientierte sich der BGH wieder an seiner Rechtsprechung zu Telefon- und Telefaxwerbung. Diese Werbearten hielt der BGH für zulässig, wenn auf Grund konkreter tatsächlicher Anhaltspunkte ein sachliches Interesse des Anzurufenden vermutet werden könne.[38]

4. Rechtliche Bewertung nach der UWG Reform (§ 7 II Nr. 3 UWG)

Nur wenige Monate nach der Entscheidung des BGH zur Zulässigkeit der E-Mail-Werbung trat das neue UWG in Kraft. In diesem wird die Zulässigkeit von E-Mail-Werbung in § 7 II Nr. 3 UWG geregelt. Diese Vorschrift ist Ergebnis der Umsetzung des Art. 13 der Datenschutzrichtlinie für elektronische Kommunikation[39].[40] Im Gesetzgebungsverfahren waren die Regelungen des § 7 UWG Gegenstand kontroverser parlamentarischer Diskussion. Diese betrafen aber hauptsächlich die Regelung des Telefonmarketings in § 7 II Nr. 2 UWG. Bei diesem war umstritten, ob Telefonwerbung nur nach vorherigem Einverständnis des Empfängers erfolgen darf (Opt-in-Regelung) oder nur unzulässig ist, wenn der Empfänger widersprochen hat (Opt-out-Regelung). Der Bundesrat sprach sich in seiner Stellungnahme zum Regierungsentwurf für eine Opt-out-Regelung aus.[41] Aus einer Opt-in-Regelung ergebe sich ein Wettbewerbsnachteil für die deutschen Direktvermarkter, da diese weitaus weniger Möglichkeiten hätten als ihre ausländischen Konkurrenten in den EU-Nachbarländern, um ihre potenziellen Kunden anzusprechen.[42]

[38] BGH GRUR 2001, 1181, 1181 - Telefonwerbung für Blindenwaren; BGH GRUR 1996, 208, 208 - Telefax-Werbung.

[39] Richtlinie 2002/58/EG des Europäischen Parlaments und des Rates vom 12. Juli 2002 über die Verarbeitung personenbezogener Daten und den Schutz der Privatsphäre in der elektronischen Kommunikation (Datenschutzrichtlinie für elektronische Kommunikation)(ABl. EG L 201 vom 31.07.2002, S. 37). Diese Richtlinie sah eine Umsetzung bis zum 31.10.2003 in nationales Recht vor.(Art. 17 I EKDatenschutz-RL)

[40] BT-Drucks. 15/1487, S. 21.

[41] Stellungnahme des Bundesrates vom 20.06.2003 zum Entwurf eines Gesetzes gegen den unlauteren Wettbewerb, BT-Drucks. 15/1487, S. 29, 31; BR-Drucks. 301/03, S. 8.

[42] Vgl. zur tatsächlich liberaleren Rechtslage in den EU-Nachbarländern: *Engels, Stefan/Salomon, Thomas*, Vom Lauterkeitsrecht zum Verbraucherschutz: UWG-Reform 2003. WRP 2004, S. 32, 40; *Glöckner, Jochen*, „Cold Calling" und europäische Richtlinie zum Fernabsatz - ein trojanisches Pferd im deutschen Lauterkeitsrecht. GRURInt 2000, S. 29, 31. Vgl. zur Argumentation der Direktmarketing-

Die Bundesregierung trat im Regierungsentwurf für eine Opt-in-Regelung ein[43], wie sie auch Eingang in das Gesetz gefunden hat.
Die Wahl einer Opt-in-Regelung für E-Mail-Werbung war sowohl im Gesetzgebungsverfahren als auch in der rechtswissenschaftlichen Literatur weitgehend unumstritten.[44] Heftige Kritik an dieser Regelung übt auch noch nach deren In-Kraft-treten *Boesche*.[45] Der Gesetzgeber habe sich mit der Opt-in-Regelung in gutem Willen für den Schutz der Privatsphäre durch die größtmögliche Beschränkung von Werbemaßnahmen entschieden. Er spränge hierdurch einem vermeintlich hilfsbedürftigen Verbraucher bei, von dem sich die Rechtsprechung bereits verabschiedet habe. Durch die Wahl der Opt-in-Regelung habe er die in der Datenschutzrichtlinie für elektronische Kommunikation vorhandenen Spielräume bei der Umsetzung ungenutzt gelassen. Es erschließe sich nicht, warum für E-Mail-Werbung eine strenge Opt-in-Regelung eingeführt werde, unerbetener Vertreterbesuch aber weiterhin zulässig sein solle. *Boesche* schlägt schließlich vor, mit Hilfe der Erheblichkeitsschwelle des § 3 UWG eine zu strenge Anwendung der Opt-in-Regelung abzumildern.
Im Verlauf der weiteren Darstellung wird offenkundig werden, dass dieser Kritik an der Opt-in-Lösung zu widersprechen ist. Zum einen ist ein vermeintlicher Spielraum bei der Umsetzung der Datenschutzrichtlinie, zumindest bei natürlichen Personen, nicht vorhanden. Zum anderen zeigt sich bei der Betrachtung der spezifischen Gründe für die Unlauterkeit unverlangter E-Mail-Werbung, dass diese nicht mit unerbetenen Vertreterbesuchen vergleichbar ist. Ebenfalls ist der Vorschlag der Korrektur mit Hilfe der Erheblichkeitsschwelle abzulehnen. Eine solche Korrektur bedeutete ein Hinwegsetzen über Gemeinschaftsrecht ohne überzeugende Begründung.[46]
Durch die Umsetzung der Datenschutzrichtlinie für elektronische Kommunikation ist mit

wirtschaft: http://www.liberalisierung.ddv.de - Zugriff am 20.12.2005.

[43] BT-Drucks. 15/1487, S. 40, 42.

[44] Vgl. *Emmerich*, Unlauterer Wettbewerb, S. 244. Selbst der Deutsche Direktmarketing Verband, der vehement für eine Opt-out-Regelung bei der Telefonwerbung eintrat, begrüßt eine Opt-in-Regelung bei E-Mail-Werbung.(www.ddv.de/downloads/download_0225.pdf)

[45] *Boesche*, S. 12.

[46] Vgl. unten B. I. 4. b) bb).

§ 7 II Nr. 3 UWG das Ergebnis einer längeren Entwicklung zur Beurteilung von E-Mail-Werbung im europäischen Recht übernommen worden. Aus diesem Grund soll zunächst diese Entwicklung nachvollzogen werden, bevor die einzelnen Tatbestandsmerkmale des § 7 II Nr. 3 UWG behandelt werden.

a) Die europäische Regelung der E-Mail-Werbung

Das europäische Recht traf die erste eindeutige Regelung der Zulässigkeit von E-Mail-Werbung durch Art. 10 II der Fernabsatzrichtlinie[47] (FARL).[48] Diese Regelung erlaubt die Verwendung von E-Mails auch ohne vorherige Zustimmung des Verbrauchers, soweit dieser nicht ihre Verwendung ausdrücklich abgelehnt hat (Opt-out-Prinzip). Damit wurde der Versand von Werbe-E-Mails also für grundsätzlich zulässig erklärt.

Die deutsche Rechtsprechung vertrat beim In-Kraft-treten dieser Richtlinie die strengere Opt-in-Regelung für den Versand von E-Mail-Werbung.[49] Der deutsche Gesetzgeber sah bei der Umsetzung der FARL durch das zum 20. Juni 2000 in Kraft getretene Fernabsatzgesetz keine Veranlassung von dieser Rechtsprechung abzuweichen und die unverlangte Zusendung von E-Mail-Werbung zuzulassen. Dies führte zu der Frage, ob durch die deutsche Regelung gegen EU-Recht verstoßen wurde.[50] Bedenken in diese Richtung konnten aber unter Hinweis auf Art. 14 der Fernabsatzrichtlinie entkräftet werden.[51] Denn Art. 14 der Richtlinie besagt, dass die Richtlinie nur eine Mindestregelung enthält, die den Mitgliedstaaten grundsätzlich einen weitergehenden Schutz der Verbraucher freistellt.

Die strengere deutsche Regelung hat auch Bestand, wenn man sie, wie alle strengeren

[47] RL 97/7/EG des Europäischen Parlaments und des Rates v. 20.5.1997 über den Verbraucherschutz bei Vertragsabschlüssen im Fernabsatz, ABl. EG Nr. L 144 v. 4.6.1997, S. 19.

[48] *Leistner, Matthias/Pothmann, Julia*, Direktwerbung im neuen europäischen Recht und in der UWG-Reform. WRP 2003, S. 815, 818.

[49] Vgl. B. I. 3.

[50] Vgl. *Fikentscher, Wolfgang/Möllers, Thomas*, Die (negative) Informationsfreiheit als Grenze von Werbung und Kunstdarbietung. NJW 1998, S. 1337, 1343; LG Braunschweig MMR 2000, 50, 50.

[51] BGH GRUR 2000, 818, 820 - Telefonwerbung VI; *Weiler, Frank*, Spamming - Wandel des europäischen Rechtsrahmens. MMR 2003, S. 223, 224; *Günther, Andreas*, Erwünschte Regelung unerwünschter Werbung? CR 1999, S. 172, 174.

nationalen Regelungen,[52] am Maßstab der Grundfreiheiten misst. Sie verstößt nicht gegen die Warenverkehrsfreiheit des Art. 28 EG. Bei der Prüfung des Art. 28 EG muss zunächst festgestellt werden, ob im Verbot unverlangter E-Mail-Werbung eine warenbezogene Maßnahme oder lediglich eine Verkaufmodalität liegt. Ist nur eine Verkaufsmodalität gegeben, so fällt diese Regelung gemäß der „Keck"-Rechtsprechung des EuGH aus dem Anwendungsbereich des Art. 28 EG heraus.[53] Teile der Literatur sehen in der Regelung der E-Mail-Werbung lediglich eine Verkaufsmodalität und lehnen auf Grund der „Keck"-Rechtsprechung eine Verletzung der Warenverkehrsfreiheit ab.[54] Andere Teile der Literatur sehen zwar auch nur eine Verkaufsmodalität, sprechen sich aber dennoch für eine Überprüfung nach den Maßstäben der „Cassis de Dijon"-Rechtsprechung für warenbezogene Regelungen aus.[55] Dieser Streit kann aber letztlich offen bleiben, da unabhängig von der Warenverkehrsfreiheit auch die Dienstleistungsfreiheit gemäß Art. 49 ff. EG aus der Sicht der Anbieter von E-Mail-Werbung berührt ist.[56] Bei dieser nimmt der EuGH keine Unterscheidung zwischen warenbezogenen und vertriebsbezogenen Maßnahmen vor.[57] Eine Prüfung unter den Maßstäben der „Cassis de Dijon"-Rechtsprechung ist also immer erforderlich.[58] Diese besagt, dass eine Einschränkung der Warenverkehrsfreiheit nur durch zwingende Erfordernisse, wie Umwelt- oder Verbraucherschutz, zu rechtfertigen ist.[59] Die Opt-in-Regelung des deutschen Rechts hält einer Prüfung an diesem Maßstab stand. Sie ist durch zwingende Erfordernisse des Verbraucherschutzes gerechtfertigt, da nur diese Re-

---

[52] Vgl. ausführlich zum Erfordernis der Vereinbarkeit von „überschießenden" Maßnahmen mit den Grundfreiheiten: *Lehmann/Drexl*, S. 483.

[53] *Geiger*, Art. 28, Rn. 21.

[54] *Schrick, Alexandra*, Direktmarketing mittels E-Mail und seine Entwicklung. MMR 2000, S. 399, 403; *Ayad, Patrick*, E-Mail-Werbung - Rechtsgrundlage und Regelungsbedarf. CR 2001, S. 533, 535.

[55] Diese Auffassung stützt sich darauf, dass sich aus der Formulierung "bestimmte Verkaufsmodalitäten" ergebe, dass es solche geben muss, die nicht unter die Keck-Doktrin fallen, vgl. *Leible, Stefan/ Sosnitza, Olaf*, Telefonwerbung und Fernabsatzrichtlinie. KR 1998, S. 283, 287.

[56] *Leistner, Matthias/Pothmann, Julia*, Direktwerbung im neuen europäischen Recht und in der UWG-Reform. WRP 2003, S. 815, 820.

[57] Vgl. EuGH NJW 1995, 2541 ff.; *Schmid*, S. 311; *Kieninger, Eva-Maria*, Verbot des Multi-Level-Marketing in Deutschland - Verstoß gegen die Warenverkehrsfreiheit des EG-Vertrags? EWS 1998, S. 277, 285; a.A. *Drasch*, S. 181.

[58] *Lehmann/Drexl*, S. 486; *Leible, Stefan/Sosnitza, Olaf*, Telefonwerbung und Fernabsatzrichtlinie. KR 1998, S. 283, 286.

[59] *Geiger*, Art. 28, Rn. 17.

gelung den Verbraucher vor Belästigung zu schützen vermag.[60] Die Vereinbarkeit mit dem primären Gemeinschaftsrecht zeigt sich insbesondere auch durch die weitere Entwicklung des Gemeinschaftsrechts.[61]

Durch die E-Commerce-Richtlinie[62] beschritt das europäische Recht den Weg zu strengeren Maßstäben für die E-Mail-Werbung. Art. 7 der Richtlinie sieht für E-Mail-Werbung eine Kennzeichnungspflicht von unerbetenen Mitteilungen im Header vor, um diese aussortieren zu können. Hieraus wurde der Schluss gezogen, Spam sei bei entsprechender Kennzeichnung zulässig.[63] Eine derartige Annahme ist bei Betrachtung des Annex 2 der Richtlinie aber nicht haltbar. Nach diesem Annex fällt unerbetene elektronische Post nicht in den Anwendungsbereich des Herkunftslandprinzips in Art. 3 der Richtlinie. Dies bedeutet, dass es jedem Mitgliedsstaat freisteht, für den Empfang von Spam eine Opt-in-Regelung zu treffen.[64] Die Richtlinie gestattet also Spam nicht grundsätzlich, wie die isolierte Lektüre von deren Art. 7 nahe legen könnte, sondern schafft durch die Ausnahme vom Herkunftslandprinzip die Möglichkeit für strengere Regelungen durch die einzelnen Mitgliedsstaaten.

Die Entwicklung zu strengeren Maßstäben im europäischen Recht fand ihre Fortsetzung mit der Datenschutzrichtlinie für elektronische Kommunikation[65] (EKDatenschutz-RL).

---

[60] Diese Feststellung gilt zumindest solange, bis technische Voraussetzungen geschaffen werden, die eine Belästigung verhindern. Mit deren Einführung kann aber auf mittlere Sicht nicht gerechnet werden.(Vgl. B. I. 6)

[61] *Leistner, Matthias/Pothmann, Julia*, Direktwerbung im neuen europäischen Recht und in der UWG-Reform. WRP 2003, S. 815, 821.

[62] RL 2000/31/EG des Europäischen Parlaments und des Rates v. 8.6.2000 über bestimmte rechtliche Aspekte der Dienste der Informationsgesellschaft insbesondere des elektronischen Geschäftsverkehrs, im Binnenmarkt, ABL. EG Nr. L 178 v. 17.7.2000 S. 1

[63] *Lehmann, Michael*, Rechtsgeschäfte und Verantwortlichkeit im Netz - Der Richtlinienvorschlag der EU - Kommission. ZUM 1999, S. 180, 182; vgl. zur Ansicht des DMMV in diese Richtung: *Hoeren, Thomas*, Vorschlag für eine EU-Richtlinie über E-Commerce. MMR 1999, S. 192, 197. Für eine Liberalisierung angesichts des Art. 7 ECRL: *Arndt, Hans-Wolfgang/Köhler, Markus*, Elektronischer Handel nach der E-Commerce-Richtlinie. EWS 2001, S. 102, 112.

[64] *Spindler, Gerald*, Der neue Vorschlag einer E-Commerce-Richtlinie. ZUM 1999, S. 775, 792; *Hoeren, Thomas*, Vorschlag für eine EU-Richtlinie über E-Commerce. MMR 1999, S. 192, 197; *Maennel, Frithof*, Elektronischer Geschäftsverkehr ohne Grenzen - der Richtlinienvorschlag der Europäischen Kommission. MMR 1999, S. 187, 188.

[65] Richtlinie 2002/58/EG des Europäischen Parlaments und des Rates vom 12. Juli 2002 über die Verarbeitung personenbezogener Daten und den Schutz der Privatsphäre in der elektronischen Kommunikation (Datenschutzrichtlinie für elektronische Kommunikation)(ABl. EG L 201 vom 31.07.2002,

Diese Richtlinie enthält in ihrem Art. 13 eine Regelung zur Zulässigkeit unerbetener Nachrichten zum Zwecke der Direktwerbung. In diesem wird die Kontaktaufnahme durch automatische Anrufmaschinen und Faxgeräte nur bei vorheriger Einwilligung für zulässig erklärt. Insoweit gab es keine Änderung zur bisherigen Rechtslage.

Eine Veränderung der bisherigen Rechtslage stellt indessen die Regelung der elektronischen Post durch Art. 13 I EKDatenschutz-RL dar. Elektronische Post wird durch Art. 2 lit. h) EKDatenschutz-RL als jede über öffentliche Kommunikationsmittel verschickte Text-, Sprach-, Ton- oder Bildnachricht, die im Netz oder im Endgerät des Empfängers gespeichert werden kann, definiert. Unter elektronische Post fallen also neben E-Mails auch SMS[66] und MMS[67].[68] Art. 13 I EKDatenschutz-RL sieht für Direktwerbung durch elektronische Post gegenüber natürlichen Personen eine verpflichtende und gegenüber juristischen Personen eine im Ermessen der Mitgliedsstaaten stehende Opt-in-Regelung vor. Zur Begründung wird ausgeführt, dass die Teilnehmer vor unerbetenen Nachrichten zu schützen seien, weil diese Form unerbetener Werbenachrichten zum einen relativ leicht und preiswert zu versenden sei, zum anderen eine Belastung und/oder einen Kostenaufwand für den Empfänger bedeuten könne. Darüber hinaus könnten durch den Umfang einiger Werbe-E-Mails auch Schwierigkeiten für die elektronischen Kommunikationsnetze und die Endgeräte verursacht werden.[69] Durch diese Argumentation des europäischen Gesetzgebers kann sich die deutsche Auffassung bestätigt sehen.

Für die erforderliche Einwilligung muss nach der Richtlinie in einer „spezifischen Angabe“ zum Ausdruck kommen, dass der Nutzer beworben werden will und die damit verbundenen personenbezogenen Daten verarbeitet werden dürfen. Die Einwilligung ist nur wirksam, wenn diese in Kenntnis der Sachlage für den konkreten Fall und ohne Zwang abgegeben werden. Dabei genügt die konkludente Einwilligung. Eine solche kann im Markieren von

S. 37).

[66] Short Message Service.

[67] Multimedia Messaging Service.

[68] Vgl. hierzu: *Weiler, Frank*, Spamming - Wandel des europäischen Rechtsrahmens. MMR 2003, S. 223, 227.

[69] Vgl. Erwägungsgrund Nr. 40 EKDatenschutz-RL.

entsprechend gestalteten Feldern und der Angabe der E-Mail-Adresse im Zusammenhang mit dem eindeutigen Angebot, an diese Adresse Werbung zu schicken, liegen.[70]
Durch Art. 13 II EKDatenschutz-RL erfährt die Regelung eine Abmilderung. Im Rahmen einer „bestehenden Kundenbeziehung“ darf Direktwerbung erfolgen.[71]
Eine weitere Neuregelung trifft die Richtlinie in Art. 13 IV EKDatenschutz-RL mit dem Verbot anonymer Direktwerbung.[72]
Der Anwendungsbereich der Opt-in-Regelung des Art. 13 I EKDatenschutz-RL umfasst gemäß Abs. 5 Satz 1 des Artikels nur natürliche Personen. Die Opt-in-Regelung gegenüber natürlichen Personen ist somit zwingend und belässt den Mitgliedsstaaten keinen Spielraum bei der Umsetzung.[73]
Für den ausreichenden Schutz der berechtigten Interessen juristischer Personen vor unerbetenen Nachrichten sollen gemäß Art. 13 V 2 EKDatenschutz-RL die Mitgliedsstaaten Sorge tragen, womit ein Spielraum bei der Umsetzung eröffnet ist. Die EKDatenschutz-RL unterscheidet also nicht zwischen Gewerbetreibenden und Privatpersonen, sondern nur zwischen natürlichen und juristischen Personen. Die bisherige Rechtslage in Deutschland ging von einer Unterscheidung zwischen Privatpersonen und Gewerbetreibenden aus.[74]
Die deutsche Rechtsprechung hat also eine andere Kategorisierung gewählt, denn juristische Personen sind zwar in der Regel auch Gewerbetreibende, natürliche Personen können aber sowohl Gewerbetreibende als auch Privatpersonen sein.
Die Mitgliedsstaaten können den Schutz berechtigter Interessen juristischer Personen entweder durch eine Opt-in-Regelung auch gegenüber juristischen Personen oder durch eine Opt-out-Regelung mit einem Register[75], in welches juristische Personen eingetragen wer-

[70] Vgl. zur Form der Einwilligung: Erwägungsgrund Nr. 17 zur EKDatenschutz-RL. Vgl. auch: *Leistner, Matthias/Pothmann, Julia*, Direktwerbung im neuen europäischen Recht und in der UWG-Reform. WRP 2003, S. 815, 821.

[71] Vgl. ausführlich hierzu unter: B. I. 4. c).

[72] Vgl. ausführlich hierzu unter: B. I. 4. c).

[73] Vgl. *Eckhardt, Jens*, Datenschutzrichtlinie für elektronische Kommunikation - Auswirkungen auf Werbung mittels elektronischer Post. MMR 2003, S. 557, 561; *Leistner, Matthias/Pothmann, Julia*, Direktwerbung im neuen europäischen Recht und in der UWG-Reform. WRP 2003, S. 815, 825.

[74] BGH GRUR 2004, 517 = NJW 2004, 1655 - E-Mail-Werbung, vgl. B. I. 3.

[75] Für ein solches Register fände gemäß Erwägunsgrund Nr. 45 der EKDatenschutz-RL Art. 7 der E-Commerce-Richtlinie Anwendung.

den, die keine Werbung wünschen, genügen.[76]

Der Entwicklung zu einer Opt-in-Regelung im europäischen Recht scheint die nur wenige Wochen nach der EKDatenschutz-RL verabschiedete Richtlinie über den Fernabsatz von Finanzdienstleistungen an Verbraucher[77] (FernabsFinDL-RL) entgegenzustehen.[78] Die FernabsFinDL-RL sieht zwar in ihrem Art. 10 I eine Opt-in-Lösung für unerwünschte Mitteilungen durch Voicemail-Systeme und Telefaxe vor, für E-Mail-Werbung wird den Mitgliedsstaaten jedoch durch Art. 10 II FernabsFinDL-RL die Wahl zwischen einer Opt-in- und einer Opt-out-Regelung ermöglicht. Diese Regelung erscheint zur Opt-in-Regelung der EKDatenschutz-RL widersprüchlich, da diese eine Opt-in-Regelung für natürliche Personen zwingend vorsieht.[79] Dieser Widerspruch wird dadurch bestärkt, dass die FernabsFinDL-RL nicht nur einen Mindeststandard enthält, von dem die Mitgliedsstaaten zu Gunsten der Verbraucher abweichen können, sondern einen Maximalstandard statuiert.[80]

Zur Lösung dieses Widerspruchs ist Erwägungsgrund Nr. 26 der FernabsFinDL-RL heranzuziehen. Dieser besagt, dass von der Richtlinie die zusätzlichen Garantien, die dem Verbraucher auf Grund gemeinschaftlicher Regelungen über den Schutz der Privatsphäre und personenbezogener Daten zustehen, unberührt bleiben. Wie sich aus Art. 1 EKDatenschutz-RL ergibt, dient diese Richtlinie dem Schutz personenbezogener Daten und der Privatsphäre. Die EKDatenschutz-RL ist also eine Regelung,

---

[76] *Eckhardt, Jens*, Datenschutzrichtlinie für elektronische Kommunikation - Auswirkungen auf Werbung mittels elektronischer Post. MMR 2003, S. 557, 560; *Leistner, Matthias/Pothmann, Julia*, Direktwerbung im neuen europäischen Recht und in der UWG-Reform. WRP 2003, S. 815, 823.

[77] Richtlinie 2002/65/EG v. 23.9.2002 über den Fernabsatz von Finanzdienstleistungen an Verbraucher, ABl. L 271 v. 9.10.2002, 16 ff.

[78] Die EKDatenschutz-RL trat am 12.07.2002, die FernabsFinDL-RL am 09.10.2002, in Kraft.

[79] Vgl. *Lettl, Tobias*, Rechtsfragen des Direktmarketings per Telefon und e-mail. GRUR 2000, S. 977, 983.

[80] Vgl. Erwägungsgrund Nr. 13 FernabsFinDL-RL. Siehe hierzu: *Drygala FS Lutter*, S. 1565; *Glöckner, Jochen*, „Cold Calling" und europäische Richtlinie zum Fernabsatz - ein trojanisches Pferd im deutschen Lauterkeitsrecht. GRURInt 2000, S. 29, 37. Der Maximalstandard wurde auf Grund einer ausdrücklichen Forderung des Europäischen Parlaments festgesetzt (Vgl. Legislative Entschliessung mit Stellungnahme des Europäischen Parlaments vom 5.5.1999, Sitzungsprotokolle des Europäischen Parlaments, A4-190/99).

die durch die FernabsFinDL-RL unberührt bleiben soll.[81] Dies widerspricht auch nicht dem Grundsatz der Vollharmonisierung der FernabsFinDL-RL. Erwägungsgrund Nr. 13 FernabsFinDL-RL erlaubt eine Überschreitung des Maximalstandards, wenn die Richtlinie diese ausdrücklich vorsieht. Durch das Wahlrecht der Mitgliedsstaaten in Art. 10 FernabsFinDL-RL ermöglicht die Richtlinie selbst eine solche Abweichung. Zur Anwendung kommt Art. 10 FernabsFinDL-RL also nur dann, wenn der Anwendungsbereich der FernabsFinDL-RL, ohne gleichzeitige Anwendbarkeit der EKDatenschutz-RL, eröffnet ist. Wie bereits dargelegt, ist gemäß Art. 13 V EKDatenschutz-RL der Artikel nur auf E-Mails gegenüber natürliche Personen anwendbar. Aus Art. 10 I FernabsFinDL-RL ergibt sich i. V. m Art. 2 a) und b) FernabsFinDL-RL, dass Art. 10 FernabsFinDL-RL nur anwendbar ist, wenn auf einer Seite ein Verbraucher und auf der anderen ein Anbieter von Finanzdienstleistungen steht.[82] Die Anwendbarkeit der FernabsFinDL-RL ist also nur gegeben, wenn eine Werbe-E-Mail an die Adresse einer juristischen Person gesendet wird, womit die Anwendbarkeit der EKDatenschutz-RL ausgeschlossen ist und deren Inhalt sich aber an einen Verbraucher richtet, was die Anwendbarkeit der FernabsFinDL-RL begründet.[83] Für derartige Konstellationen sind nur wenige Fälle denkbar. Ein solcher wäre etwa gegeben, wenn eine Werbe-E-Mail an die Sammeladresse einer Firma mit dem Ziel gesendet wird, die mit der Bearbeitung der Mail betrauten Mitarbeiter für den Abschluss einer Finanzdienstleistung zu gewinnen.

Es besteht also kein Widerspruch zwischen der EKDatenschutz-RL und der FernabsFinDL-RL. Die EKDatenschutz-RL stellt somit den Stand der europäischen Gesetzgebung zur Zulässigkeit von E-Mail-Werbung dar.

Zusammenfassend kann auf europäischer Ebene durch den Wandel von der Opt-out-

[81] *Wendlandt, Bettina*, Europäische, deutsche und amerikanische Regelungen von E-Mail-Werbung - Überlegungen zum Nutzen des „CAN-SPAM Act“. MMR 2004, S. 365, 367; *Weiler, Frank*, Spamming - Wandel des europäischen Rechtsrahmens. MMR 2003, S. 223, 226.

[82] Vgl. ausführlich zu den Adressaten der Richtlinie: *Schneider*, S. 217 f.

[83] *Leistner, Matthias/Pothmann, Julia*, Direktwerbung im neuen europäischen Recht und in der UWG-Reform. WRP 2003, S. 815, 824. Wenn man der Auffassung folgt, die für eine Ausdehnung des Verbraucherbegriffs auf alle Versicherungsnehmer bei Finanzdienstleistungen eintritt(So etwa *Schneider*, S. 217 f), so wäre der Anwendungsbereich der FernabsFinDL-RL dementsprechend weiter zu ziehen.

Regelung der Fernabsatzrichtlinie hin zur Opt-in-Regelung der EKDatenschutz-RL eine Entwicklung zu einem stärkeren Verbraucherschutz festgestellt werden. Durch diese darf sich die deutsche Rechtslage, die schon ursprünglich einen Opt-in-Ansatz vertrat, bestätigt fühlen.

b) Tatbestandsmerkmale des § 7 II Nr. 3 UWG

aa) Gebot der richtlinienkonformen Auslegung Der Umstand, dass § 7 II Nr. 3 UWG Ergebnis der Umsetzung des Art. 13 EKDatenschutz-RL ist[84], hat Auswirkungen auf die Auslegung dieses Paragrafen. Bei der Umsetzung einer Richtlinie sind die Mitgliedsstaaten durch Art. 249 III EG verpflichtet, die in einer Richtlinie vorgesehenen Ziele zu erreichen und gemäß Art. 10 EG dazu verpflichtet, alle geeigneten Maßnahmen zur Erfüllung dieser Obliegenheit zu treffen.[85] Hieraus folgt der Grundsatz der richtlinienkonformen Auslegung, welcher besagt, dass die Auslegung allen nationalen Rechts im Regelungsbereich einer Richtlinie im Lichte von Wortlaut und Zweck dieser Richtlinie zu erfolgen hat.[86]
Bei der Auslegung der einzelnen Tatbestandsmerkmale des § 7 II Nr. 3 UWG ist daher auf die EKDatenschutz-RL zurückzugreifen.

bb) Bagatellschwelle (§ 3 UWG) Die maßgebliche Ordnungsvorschrift des Wettbewerbsrechts ist § 3 UWG.[87] Dieser wird in einer Stufenfolge durch die kleinen Generalklauseln und diese von Beispielstatbeständen konkretisiert. Die Regelung der Zulässigkeit des Versendens von E-Mail-Werbung in § 7 II Nr. 3 UWG stellt daher keine selbständige Regelung dar, sondern konkretisiert als Beispielstatbestand nur die „unzumutbare Belästigung“ in § 7 I UWG, der als kleine Generalklausel wiederum die unlautere Wettbewerbshandlung in § 3 UWG konkretisiert. Das Verbot der unzumutbaren Belästigung ist also auch keine selbständige Regelungen, sondern umschreibt nur eine typische Erschei-

[84] BT-Drucks. 15/1487, S. 21; vgl. B. I. 4.
[85] *Calliess/Ruffert/Ruffert*, Art. 249 Rn. 106.
[86] *Streinz*, S. 169; EuGH, Rs. 14/83, 10.04.1984, Slg. 1984, 1891 - von Colson und Karmann / Land Nordrhein-Westfalen.
[87] *Heidelberger Kommentar/Plaß*, § 3 Rn. 8.

nungsform unlauteren Handelns.[88]

Daher wird nicht bei Erfüllung von § 7 I UWG der Anspruchskanon der § 8 ff. UWG eröffnet, dies vermag allein § 3 UWG, der somit die rechtstechnische Umschaltnorm darstellt.[89] Damit durch eine E-Mail-Werbung die Rechtsfolgen der § 8 ff. UWG ausgelöst werden, müssen also neben der Unlauterkeit, diese wird durch § 7 I UWG konkretisiert, auch die anderen Voraussetzungen des § 3 UWG vorliegen. Die E-Mail-Werbung muss also geeignet sein, den Wettbewerb zum Nachteil der Mitbewerber, der Verbraucher oder der sonstigen Marktbeteiligten nicht nur unerheblich zu beeinträchtigen.

Mit dem Merkmal der nicht nur unerheblichen Beeinträchtigung wurde durch die UWG-Novelle eine bislang unbekannte Erheblichkeitsschwelle eingeführt.[90] In der alten Fassung des UWG war keine allgemeine Bagatellklausel wie nunmehr in § 3 UWG enthalten. Eine Einschränkung wurde lediglich durch § 13 II Nr. 1 und Nr. 2 UWG a.F. für die Geltendmachung wettbewerbsrechtlicher Unterlassungsansprüche gemacht. In den dort genannten Fällen war ein Anspruch davon abhängig, ob die Handlung geeignet war, „den Wettbewerb auf diesem Markt wesentlich zu beeinträchtigen“.[91] Die Bagatellklausel in § 3 UWG soll nach dem Willen des Gesetzgebers die Verfolgung von Bagatellfällen ausschließen.[92]

Diese Neuregelung macht eine zweistufige Prüfung erforderlich. Zunächst muss festgestellt werden, ob eine unlautere Wettbewerbshandlung vorliegt. Wenn eine solche festgestellt werden kann, muss daran anschließend geprüft werden, ob durch die unlautere Handlung die Interessen der Marktteilnehmer nicht nur unerheblich beeinträchtigt werden.[93]

Im Zusammenhang mit der E-Mail-Werbung sind bei der Bagatellklausel des § 3 UWG

---

[88] *Baumbach/Hefermehl/Köhler*, § 7 Rn. 2; *Heidelberger Kommentar/Plaß*, § 7 Rn. 2.

[89] *Schünemann, Wolfgang*, „Unlauterkeit“ in den Generalklauseln und Interessenabwägung nach neuem UWG. WRP 2004, S. 925, 927.

[90] Vgl. *Heermann, Peter W.*, Die Erheblichkeitsschwelle i.S.d § 3 UWG-E. GRUR 2004, S. 94, 94; *Emmerich*, Unlauterer Wettbewerb, S. 85.

[91] Vgl. zu § 13 UWG a.F.: BGH GRUR 1997, 767, 769 - Brillenpreise II; BGH GRUR 1995, 122, 124 - Laienwerbung für Augenoptiker; *Engler, Cornelia*, Unterlassungs und Vertragsstrafeansprüche von Wettbewerbsverbänden nach der Neuregelung ihres Klagerechts durch das Gesetz zur Änderung des UWG. NJW 1995, S. 2185, 2185.

[92] BT-Drucks. 15/1487 S. 17.

[93] *Baumbach/Hefermehl/Köhler*, § 3 Rn. 54; *Ohly, Ansgar*, Das neue UWG - Mehr Freiheit für den Wettbewerb? GRUR 2004, S. 889, 895.

zwei Fragen von Interesse. Zum einem gilt es zu klären, ob bei Anwendung der Bagatellklausel auch auf E-Mail-Werbung eine ausreichende Umsetzung des Art. 13 EKDatenschutz-RL gegeben ist und ab welchem graduellen Moment E-Mail-Werbung die Erheblichkeitsschwelle überschreitet.
Wie dargelegt, wurde durch § 7 II Nr. 3 UWG Art. 13 EKDatenschutz-RL umgesetzt.[94] Dieser umzusetzende Artikel enthält aber im Gegensatz zur Regelung des UWG keine Bagatellklausel.[95] Die Ablehnung der Wettbewerbswidrigkeit einer E-Mail-Werbung unter dem Gesichtspunkt der Bagatellklausel des § 3 UWG bedeutete daher eine unzulässige Hinwegsetzung über das Gemeinschaftsrecht.[96] Aus diesem Grund wird in der Literatur die Ansicht vertreten, dass eine richtlinienkonforme Auslegung[97] es gebiete, auf Wettbewerbsverstöße durch E-Mail-Werbung nicht die Bagatellklausel des § 3 UWG anzuwenden.[98]
Der Gesetzesbegründung ist zu entnehmen, dass der Gesetzgeber sich der bei Art. 13 EKDatenschutz-RL fehlenden Bagatellklausel bewusst war.[99] Es sieht in der Regelung des § 7 UWG aber dennoch eine ausreichende Umsetzung der Norm.[100] Zur Begründung wird angeführt, dass mit Blick auf die Nachahmungsgefahr bei solchen Werbeformen in der Regel eine nicht nur unerhebliche Verfälschung des Wettbewerbs vorläge und soweit dennoch bei Bagatellfällen eine Rechtsverfolgung ausscheide, diese aus Gründen der Verhältnismäßigkeit nicht geboten sei. Das strikte Verbot unerbetener Nachrichten in Art. 13 EKDatenschutz-RL lässt nach meiner Ansicht keinen Raum für das Absehen von Rechtsverfolgung aus Gründen der Verhältnismäßigkeit, da dies letztlich doch die Anwendung der Bagatellklausel des § 3 UWG bedeutete. Vielmehr vermag nur das erste Argument grundsätzlich eine konforme Umsetzung des Art. 13 EKDatenschutz-RL zu begründen. Nur wenn jede unzumutbare Belästigung zugleich auch geeignet wäre, den Wettbewerb

---

94 Vgl. B. I. 4.
95 Vgl. *Berlit*, Wettbewerbsrecht anhand ausgewählter Rechtsprechung, S. 25; *Ohly, Ansgar*, Das neue UWG - Mehr Freiheit für den Wettbewerb? GRUR 2004, S. 889, 895.
96 Vgl. *Ohly, Ansgar*, Das neue UWG - Mehr Freiheit für den Wettbewerb? GRUR 2004, S. 889, 896.
97 Vgl. zum Erfordernis der richtlinienkonformen Auslegung des § 7 II Nr. 3 UWG: B. I. 4. b) aa)
98 *Berlit*, Wettbewerbsrecht anhand ausgewählter Rechtsprechung, S. 25.
99 BT-Drucks. 15/1487 S. 21.
100 BT-Drucks. 15/1487 S. 21.

nicht nur unerheblich zu beeinträchtigen, läge eine ausreichende Umsetzung vor. Die Fragen nach der richtlinienkonformen Umsetzung und dem Überschreiten der Erheblichkeitsschwelle hängen also zusammen.

Es gilt daher zu untersuchen, ob in jeder unzumutbaren Belästigung auch zugleich eine nicht nur unerhebliche Beeinträchtigung des Wettbewerbs liegt. Entscheidend ist dafür, wann die Bagatellschwelle durch E-Mail-Werbung überschritten wird. Die Schwelle, die es für eine nicht nur unerhebliche Beeinträchtigung des Wettbewerbs zu überschreiten gilt, wurde vom Gesetzgeber niedrig angesetzt. Der Wille diese äußerst gering anzusetzen, zeigt sich insbesondere durch die Veränderung der Formulierung im Gesetzgebungsverfahren. Verwendete der Regierungsentwurf noch die Formulierung "nicht unerheblich zu verfälschen"[101], lautet der Gesetzestext nunmehr „nicht **nur** unerheblich zu verfälschen" und verdeutlicht damit nochmals, dass von einer geringen Bagatellschwelle auszugehen ist.

Eine niedrige Bagatellschwelle vermag allein noch nicht die Annahme rechtfertigen, dass jede unzumutbare Belästigung durch E-Mail-Werbung auch diese Schwelle überschreitet. Diese Schwelle muss tatsächlich bestimmt werden. Wenn die Bestimmung der Erheblichkeitsschwelle im Allgemeinen schwierig ist, so ist bei der E-Mail-Werbung zumindest die für diese Bestimmung zu stellende Frage eindeutig, da die niedrigste anzunehmende Belästigung in einer einzelnen E-Mail liegt. Wenn also eine solche einzelne nur an einen Adressaten versandte unerbetene Nachricht die Erheblichkeitsschwelle zu überschreiten vermag, wäre die Erheblichkeitsschwelle immer überschritten.

Hierfür gilt es zunächst zu klären, ob überhaupt der Tatbestand des § 7 II Nr. 3 UWG durch eine einzelne Mail erfüllt werden kann. Der Wortlaut der Vorschrift - diese spricht im Plural von den durch die Wettbewerbshandlung Betroffenen - könnte dafür sprechen, dass für die Tatbestandserfüllung eine Mehrzahl Betroffener vorliegen muss. Die Verwendung des Plurals hat jedoch nur sprachliche und keine inhaltlichen Gründe.[102] Der Wortlaut der Vorschrift spricht also nicht gegen die Erfüllung des Tatbestandes durch eine einzelne

---

[101] Vgl. BT-Drucks. 15/1487 S. 5.

[102] *Baumbach/Hefermehl/Köhler*, § 7 Rn. 2; *Lettl, Tobias*, Der Schutz der Verbraucher nach der UWG-Reform. GRUR 2004, S. 449, 450.

E-Mail-Werbung.

Für die Bestimmung der Erheblichkeitsschwelle ist auf die Gesetzesbegründung zurückzugreifen. Demnach kann eine nicht unerhebliche Verfälschung auch bei Verstößen mit nur geringen Auswirkungen für den Marktteilnehmer im Einzelfall vorliegen, wenn durch das Verhalten eine Vielzahl von Marktteilnehmern betroffen ist oder eine nicht unerhebliche Nachahmungsgefahr besteht.[103] Mit dem Betroffensein einer Vielzahl von Marktteilnehmern kann nicht das Überschreiten der Bagatellschwelle durch eine einzelne Mail begründet werden. Denn durch eine einzelne E-Mail-Werbung ist nur deren Empfänger und nicht eine Vielzahl von Marktteilnehmern betroffen. Zur Begründung kann aber auf die nicht unerhebliche Nachahmungsgefahr bei E-Mail-Werbung abgestellt werden. Denn in dieser liegt gerade der Anlass für das Verbot der unerwünschten E-Mail-Werbung. Eine einzelne Werbe-E-Mail begründet an sich noch keine Unlauterkeit. Die Werbung mit E-Mails ist unlauter, weil sie den Keim zu einem immer weiteren Umsichgreifen in sich trägt und zu einer daraus folgenden unzumutbaren Belästigung führt.[104] Da also jede Werbe-E-Mail eine nicht nur unerhebliche Nachahmungsgefahr begründet, wird nach der hier vertretenen Auffassung bereits mit einer Mail die Erheblichkeitsschwelle überschritten.

Eine Unterschreitung der Erheblichkeitsschwelle bei E-Mail-Werbung ist also nicht möglich, weshalb diese nicht zum Tragen kommt. Damit stellt § 7 II Nr. 3 UWG eine konforme Umsetzung des Art. 13 EKDatenschutz-RL dar. Die in der Literatur[105] geforderte richtlinienkonforme Auslegung ist somit nicht erforderlich.

cc) Elektronische Post Nach § 7 II Nr. 3 UWG ist insbesondere die Werbung mit elektronischer Post ohne Einwilligung des Empfängers unzumutbar belästigend. Art. 2 S. 2 lit. h EKDatenschutz-RL, auf welchen im Rahmen der richtlinienkonformen Auslegung zurückzugreifen ist, definiert elektronische Post als jede über ein öffentliches Kommunikationsnetz verschickte Text-, Sprach-, Ton- oder Bildnachricht, die im

[103] BT-Drucks. 15/1487 S. 17.
[104] Vgl. BGH GRUR 2004, 517, 518 - E-Mail-Werbung.
[105] *Berlit*, Wettbewerbsrecht anhand ausgewählter Rechtsprechung, S. 25.

Netz oder im Endgerät des Empfängers gespeichert werden kann, bis sie von diesem abgerufen wird. Danach fallen zunächst E-Mails unter den Begriff der elektronischen Post. Da Art. 2 S. 2 lit. h EKDatenschutz-RL elektronische Post nicht auf das Internet beschränkt, sondern allgemein von öffentlichen Kommunikationsnetzen spricht, werden auch zu Mobiltelefonen gesandte SMS und MMS vom Begriff der elektronischen Post erfasst. Diese werden im Weiteren nicht Gegenstand der Bearbeitung sein, da zum einen - dem Thema der Arbeit entsprechend - eine Beschränkung auf die Probleme der E-Mail-Werbung erfolgt, zum anderen zumindest derzeit diese Thematik eine geringere Relevanz besitzt. Der Versand von Mitteilungen auf Mobiltelefone findet in einem weit geringeren Umfang statt als der von E-Mails, da dieser Werbeformen ein entscheidender Vorteil der E-Mail-Werbung fehlt. Deren Versand von SMS und MMS ist nicht nahezu kostenlos.[106]

Die nicht zur elektronischen Post gehörenden automatischen Anrufmaschinen und Telefaxe werden von Art. 13 I EKDatenschutz-RL und dementsprechend von § 7 II Nr. 3 UWG gesondert aufgeführt.

dd) Adressaten Die Regelung des § 7 II Nr. 3 UWG untersagt jede E-Mail-Werbung, die ohne die Einwilligung des Adressaten erfolgt. Die Regelung differenziert also nicht nach verschiedenen Arten von Adressaten wie Verbrauchern und Gewerbetreibenden. Sie erklärt die Opt-in-Regelung auf alle Adressaten gleichermaßen für anwendbar.

Mit dieser Regelung weicht der Gesetzgeber von der bisherigen durch Richterrecht statuierten Rechtslage in Deutschland ab.[107] Diese differenzierte bisher beim Adressaten zwischen Verbrauchern und Gewerbetreibenden und stellte unterschiedliche Anforderungen an die Zulässigkeit von E-Mail-Werbung.[108] Bei Verbrauchern entsprach die Rechtslage der Regelung des § 7 II Nr. 3 UWG. E-Mail-Werbung gegenüber Verbrauchern war ausschließlich

[106] Vgl. zu SMS und MMS: *Remmertz, Frank René*, Werbebotschaften per Handy. MMR 2003, S. 314, 314; LG Berlin MMR 2003, 419, 419.
[107] Vgl. zu dieser Rspr.: B. I. 3.
[108] BGH GRUR 2004, 517 = NJW 2004, 1655 - E-Mail-Werbung; vgl. unter B. I. 3.

bei einem vorherigen Einverständnis zulässig. Anders war dies bei Gewerbetreibenden, welchen gegenüber E-Mail-Werbung auch zulässig war, wenn auf Grund konkreter tatsächlicher Umstände ein sachliches Interesse des Empfängers vermutet werden konnte. Die Zulässigkeit auf Grund einer solchen Vermutung lässt § 7 II Nr. 3 UWG nicht mehr zu. Die Regelung stellt insoweit eine Verschärfung gegenüber der bisherigen Rechtslage dar. Die Restriktivität zeigt sich bei einem Vergleich mit der Regelung der Telefonwerbung in § 7 II Nr. 2 UWG. Gemäß § 7 II Nr. 2 UWG ist Telefonwerbung gegenüber Verbrauchern nur bei deren vorheriger Einwilligung und gegenüber sonstigen Marktteilnehmern bei deren zumindest mutmaßlicher Einwilligung zulässig. Durch diese Regelung wurde die bisherige Rechtslage für Telefonwerbung bestätigt.[109] Die Zulässigkeitskriterien gegenüber Verbrauchern entsprechen also denen für E-Mail-Werbung, wohingegen gegenüber Gewerbetreibenden eine zumindest mutmaßliche Einwilligung für ausreichend erachtet wird. Die Anforderungen an die Zulässigkeit der Telefonwerbung gegenüber Gewerbetreibenden sind also geringer als die bei der E-Mail-Werbung. Die Unterschiedlichkeit der Regelungen ist insofern überraschend, als nach bisheriger Meinung der Grad der Belästigung durch Telefonwerbung dem der E-Mail-Werbung zumindest entsprach.[110] Auf Grund dieses Umstandes wird in der Literatur die Auffassung vertreten, ein sachlicher Grund für eine unterschiedliche Behandlung der E-Mail- und Telefonwerbung sei nicht gegeben, womit ein Wertungswiderspruch vorläge.[111] Ein solcher ist nach meiner Ansicht jedoch nicht gegeben. Denn der E-Mail-Werbung haftet ein Merkmal an, welches der Telefonwerbung fehlt. Im Gegensatz zu dieser ist E-Mail-Werbung für den Werbenden nahezu kostenlos. Für Telefonwerbung muss der Werbende Telefongebühren und Personalkosten für jeden Anruf aufwenden, wohingegen bei E-Mail-Werbung nur geringe Gebühren für die Datenübertragung anfallen. Diese geringen Kosten begründen auch die Ausuferungsgefahr der

[109] Vgl. BGH CR 2000, 596, 596 - Telefonwerbung VI; BGH NJW-RR 1995, 613, 613 - Telefonwerbung V.

[110] Vgl. BGH GRUR 2004, 517, 518 - E-Mail-Werbung; *Wiesche, Jens Schulze zur*, Die neuen Zulässigkeitsgrenzen für Direktmarketing. CR 2004, S. 742, 743.

[111] *Dieselhorst, Jochen/Schreiber, Lutz*, Die Rechtslage zum E-Mail-Spamming in Deutschland. CR 2004, S. 680, 681.

E-Mail-Werbung,[112] die bei der Telefonwerbung aus diesem Grund in nur geringerem Maße gegeben ist. Diese Unterschiede rechtfertigen eine abweichende Behandlung der Werbeformen. Eine ähnliche Ausuferungsgefahr ist eher bei Werbung durch automatische Anrufmaschinen oder Faxgeräte gegeben, bei der ebenfalls keine Personalkosten, sondern nur Übertragungsentgelte anfallen, die aber im Vergleich zu Personalkosten vernachlässigbar sind. Diese Werbeformen unterwirft der Gesetzgeber daher konsequenterweise ebenfalls der Regelung des § 7 II Nr. 3 UWG.

In § 7 II Nr. 3 UWG erfolgt nicht nur keine Differenzierung zwischen Verbrauchern und Gewerbetreibenden, auch wird im Gegensatz zu Art. 13 I EKDatenschutz-RL nicht zwischen natürlichen und juristischen Personen als Adressaten unterschieden. Vom Anwendungsbereich der Opt-in-Regelung des Art. 13 I EKDatenschutz-RL werden gemäß Abs. 5 des Artikels nur natürliche Personen erfasst. Für den ausreichenden Schutz der berechtigten Interessen anderer Teilnehmer als natürlicher Personen in Bezug auf unerbetene Nachrichten haben gemäß Art. 13 V 2 EKDatenschutz-RL die Mitgliedsstaaten Sorge zu tragen. Der deutsche Gesetzgeber hat zur Erfüllung dieser Verpflichtung die Opt-in-Regelung auf alle Adressaten ausgedehnt.[113] Mit dieser Regelung ist der deutsche Gesetzgeber nicht nur in geeigneter, sondern auch europarechtskonformer Weise dieser Verpflichtung nachgekommen.

Worin die berechtigten Interessen anderer Teilnehmer liegen, wird von der Richtlinie nicht näher erläutert. Sicherlich wird hierunter das Interesse vor Kosten, die durch die Bearbeitung der unverlangten E-Mail-Werbung entstehen, fallen.[114] Die vom Gesetzgeber gewählte Opt-in-Regelung auch für E-Mail-Werbung an juristische Personen wird diesem Interesse gerecht. Diese Regelung ist auch europarechtlich zulässig. Denn der Erwägungsgrund Nr. 45 der EKDatenschutz-RL bestimmt, dass diese Richtlinie nicht die Vorkehrungen der Mitgliedsstaaten berührt, mit denen die legitimen Interessen juristischer Personen gegen unerbetene Direktwerbungsnachrichten geschützt werden sollen. Als eine derartige

[112] Vgl. zur Ausuferungsgefahr: BGH CR 2004, 445, 446- E-Mail-Werbung; B. I. 3.
[113] BT-Drucks. 15/1487 S. 21.
[114] Vgl. zu den immensen Kosten, die durch unverlangte E-Mail-Werbung enstehen: B. I. 1.

Vorkehrung ist eine Opt-in-Regelung anzusehen.[115] Zum Schutz der Interessen juristischer Personen wäre gemäß Erwägungsgrund Nr. 45 der EKDatenschutz-RL auch die Einführung eines „Opt-out-Registers"[116] ausreichend gewesen. Die Funktionsweise eines solchen Registers sieht vor, dass alle Nutzer, die keine E-Mail-Werbung erhalten möchten, sich in dieses Register einzutragen haben. Der Versand an darin nicht eingetragene Adressen wäre dann nicht wettbewerbswidrig. Es ist zu begrüßen, dass der Gesetzgeber sich nicht für diese Möglichkeit entschieden hat. Denn eine solche Regelung bedeutete zusätzlichen Aufwand für den Nutzer und letztlich die Verstärkung des Effekts unverlangter E-Mail-Werbung. Der Nutzer würde jeder Mail die gleiche Aufmerksamkeit schenken, da er durch seinen Eintrag nicht mehr mit Werbe-E-Mails rechnet.[117]

ee) Zwecke der Werbung

(1) Definition Durch § 7 II Nr. 3 UWG wird Werbung unter Verwendung elektronischer Post ohne die Einwilligung des Adressaten untersagt. Dies macht eine Definition des Begriffs „Werbung" erforderlich. Da der Begriff „Werbung" nicht nur in der Rechtswissenschaft Verwendung findet, beschäftigen sich neben dieser auch zahlreiche andere Wissenschaften mit der Definition der Werbung.[118] So wird allgemein unter Werbung die absichtliche und zwangsfreie Form der Beeinflussung von Menschen zur Erfüllung der Werbeziele verstanden.[119] Tritt zu dieser allgemeinen Zielsetzung noch eine ökonomische, so ist eine Wirtschaftswerbung gegeben.[120] Unter dieser wird eine Form der Beeinflussung verstanden, die den Umworbenen zu veranlassen sucht, das vom Werbenden vorgegebene

---

[115] *Leistner, Matthias/Pothmann, Julia*, Direktwerbung im neuen europäischen Recht und in der UWG-Reform. WRP 2003, S. 815, 823.

[116] Als andere Bezeichnung wird auch „Robinsonliste" verwendet.

[117] Derartige Listen kommen bereits auf freiwilliger Basis zur Anwendung. Die gebräuchlichste Liste in Deutschland ist die des Interessenverbandes deutsches Internet e.V. (http://www.e-robinson.de - Zugriff am 20.12.2005). Diesen Listen haben sich als wenig effektiv erwiesen, da sie von den meisten Versendern ignoriert werden. In der Vergangenheit sind derartige Listen sogar gehackt worden und durch Versender von E-Mail-Werbung als Adressdatenbank missbraucht worden.(http://www.heise.de/newsticker/data/odi-12.11.01-000 - Zugriff am 20.12.2005.

[118] Vgl. zu den zahlreichen Ansätzen: *Scherer*, Privatrechtliche Grenzen der Verbraucherwerbung, S. 19.

[119] *Behrens*, S. 4.

[120] *Illing*, S. 9.

ökonomische Ziel zu erfüllen.[121] Das Gesetz definiert weder in § 7 UWG noch an anderer Stelle den Begriff der Werbung. Indirekt kann der Gesetzesbegründung aber entnommen werden, dass unter „Werbung" i.S.d. § 7 UWG Wirtschaftswerbung zu verstehen ist. Denn bei der Gesetzesbegründung zur irreführenden Werbung in § 5 UWG[122], verweist der Gesetzgeber auf die Irreführungsrichtlinie[123], die daher für die Definition der „Werbung" heranzuziehen ist.[124] Da keine Anhaltspunkte ersichtlich sind, die es rechtfertigten „Werbung" in § 7 UWG anders als in § 5 UWG zu definieren, muss diese Begründung auch bei § 7 UWG gelten. Die Irreführungsrichtlinie definiert „Werbung" als jede Äußerung bei der Ausübung eines Handels, Gewerbes, Handwerks oder freien Berufs mit dem Ziel, den Absatz von Waren oder die Erbringung von Dienstleistungen, einschließlich beweglicher Sachen, Rechte oder Verpflichtungen zu fördern.[125] Diese Definition wird im Anwendungsbereich der irreführenden und vergleichenden Werbung erweitert, um planwidrige Regelungslücken zu schließen.[126] Als erste Erweiterung wird Werbung nicht nur auf Absatzgeschäfte beschränkt, sondern auch die Werbung eines Nachfragers unter diesen Begriff gefasst.[127] Zur Begründung wird angeführt, dass kein sachlicher Grund bestehe, irreführende oder vergleichende Angaben danach unterschiedlich zu beurteilen, ob sie im Zusammenhang mit dem Absatz oder der Nachfrage nach Waren gemacht wurden.

Diese Erweiterung ist nach meiner Meinung auch bei § 7 II Nr. 3 UWG vorzunehmen. Denn es macht für die Qualität der Belästigung keinen Unterschied, ob durch die Werbung für Absatz oder Nachfrage geworben wird.

Des Weiteren wird das Merkmal „bei der Ausübung eines Handelns, Gewerbes, Handwerks

---

[121] *Scherer*, Privatrechtliche Grenzen der Verbraucherwerbung, S. 19.

[122] BT-Drucks. 15/1487 S.19.

[123] Richtlinie 84/450/EWG des Rates zur Angleichung der Rechts- und Verwaltungsvorschriften der Mitgliedstaaten über irreführende Werbung, ABl.EG Nr. L 250/17.

[124] *Baumbach/Hefermehl/Bornkamm*, § 5 Rn. 2.13; *Berlit*, Vergleichende Werbung, S. 9.

[125] So die Defintion in Art. 2 I der Irreführungsrichtlinie; vgl. *Krimphove*, S. 135.

[126] Vgl. *Baumbach/Hefermehl/Köhler*, § 6 Rn. 27 ff.; *Baumbach/Hefermehl/Bornkamm*, § 5 Rn. 2.13 ff.

[127] *Baumbach/Hefermehl/Bornkamm*, § 5 Rn. 213; *Köhler, Helmut/Lettl, Tobias*, Das geltende europäische Lauterkeitsrecht, der Vorschlag für eine EG-Richtlinie über unlautere Geschäftspraktiken und die UWG-Reform. WRP 2003, S. 1019, 1022.

oder freien Berufs“ erweiternd ausgelegt. Eine Werbung soll nicht nur bei Äußerungen des Unternehmers selbst, sondern auch, wenn sich mit der Wahrung seiner Interessen Betraute äußern, gegeben sein.[128] Mit der Wahrung der Interessen des Unternehmers Betraute können Mitarbeiter, Beauftragte oder Wirtschaftsverbände sein.[129]
Auch diese Korrektur ist bei § 7 II Nr. 3 UWG zu übernehmen. Grund dafür sind wieder die fehlenden Unterschiede in der Qualität der Belästigung. Für den Empfänger einer E-Mail-Werbung macht es keinen Unterschied, ob der Unternehmer selbst oder durch ihn Beauftragte den Versand vorgenommen haben.
Trotz dieser erweiterten Auslegung des Begriffs Werbung zeigt sich beim Vergleich mit der Definition der „Wettbewerbshandlung“ in § 2 I Nr. 1 UWG, dass dem Tatbestandsmerkmal „Werbung“ eine tatbestandsbegrenzende Funktion zukommt. Werbung setzt eine Äußerung mit dem Ziel der Absatzförderung voraus, Wettbewerbshandlungen können auch sonstige Äußerungen oder Handlungen sein.[130] Jede Werbung ist eine Wettbewerbshandlung, aber nicht jede Wettbewerbshandlung ist auch eine Werbung.[131]

(2) Abgrenzung „Spam“ und „E-Mail-Werbung“ Nach der Definition des Begriffs Werbung gilt es nun zu untersuchen, welche der oben dargestellten Erscheinungsformen unerbetener E-Mails unter den Begriff subsumiert werden können.[132] Insbesondere gilt es zwischen dem im allgemeinen Sprachgebrauch verwendeten Begriff „Spam“ und „E-Mail-Werbung“ i.S.d. § 7 II Nr. 3 UWG zu unterscheiden. Hierbei kann bei der Einordnung einiger Erscheinungsweisen unerwünschter E-Mails auf die Subsumtion unter die oben aufgestellte Definition der Werbung verzichtet werden, da es bei diesen bereits am Merkmal der Wettbewerbshandlung mangelt. Beim Fehlen einer solchen erübrigt sich eine weitere Untersuchung, da jede Werbung auch zugleich eine Wettbewerbshandlung

[128] *Baumbach/Hefermehl/Köhler*, § 6 Rn. 31; BGH GRUR 1999, 69, 70 - Preisvergleichsliste II; a.A. *Sack, Rolf*, Vergleichende Werbung nach der UWG-Novelle. WRP 2001, S. 327, 334.
[129] *Baumbach/Hefermehl/Köhler*, § 6 Rn. 31; BGH GRUR 1986, 905, 907 - Innungskrankenkassenwesen.
[130] *Baumbach/Hefermehl/Köhler*, § 2 Rn. 49.
[131] *Lettl, Tobias*, Das neue UWG. München 2004, Rn. 42.
[132] Vgl. zu den immer wieder auftretenden Arten unverlangter E-Mails: B. I. 1.

sein muss.

Die größte Gruppe unverlangter E-Mails stellt das Angebot von Produkten verschiedenster Art dar. Insbesondere werden auf diese Weise Finanzdienstleistungen, der Zugang zu pornografischen Inhalten, gefälschte Markenprodukte und pharmazeutische Produkte angeboten. Bei diesen Mails handelt es sich, gleich für welches Produkt geworben wird, um Werbung und somit um E-Mail-Werbung i.S.d. § 7 II Nr. 3 UWG. Denn diese E-Mails enthalten Äußerungen mit dem Ziel, den Absatz von Dienstleistungen oder Waren zu fördern. Nicht nur E-Mails mit Angeboten für die genannten Produkte, sondern alle E-Mails die Produkte, gleich welcher Art, zum Kauf anbieten, sind E-Mail-Werbung in diesem Sinne.

Die Gruppe der E-Mails mit politischen oder religiösen Inhalten stellen keine E-Mail-Werbung dar. Diesen E-Mails fehlt es schon am Merkmal der „Wettbewerbshandlung“ i.S.d. § 2 I Nr. 1 UWG. Denn eine Tätigkeit zu politischen, sozialen oder kirchlichen Zwecken ist kein marktbezogenes geschäftliches Verhalten und somit keine Wettbewerbshandlung.[133]

Bei Spendenwerbung durch E-Mails fehlt es ebenfalls am Merkmal der „Wettbewerbshandlung“.[134] Das Sammeln von Geldspenden ist nicht auf den Absatz oder Bezug von Dienstleistungen gerichtet, womit keine Wettbewerbshandlung gegeben ist.[135] Eine weitere Kategorie unverlangter E-Mails stellen so genannte „Hoax“[136] dar. Darunter versteht man E-Mails mit unwahrem Inhalt, die den Empfänger veranlassen sollen, diese E-Mails in Form eines Kettenbriefes weiterzusenden. Häufigster Inhalt derartiger E-Mails sind Warnungen vor Computer-Viren, die tatsächlich nicht existieren. Neben diesen

[133] *Harte/Henning/Keller*, § 2 Rn. 21. Politische Äußerungen können im Einzelfall als Wettbewerbshandlung angesehen werden, wenn sie als Imagewerbung eines Unternehmens eingesetzt werden.(Vgl. BGH NJW 1998, 604, 604 - Politikerschelte; *Fischer, Florian*, Politische Aussagen in der kommerziellen Produktwerbung. GRUR 1995, S. 641, 641). Derartige Fälle können bei unverlangten E-Mails jedoch vernachlässigt werden, da diese zur Imagewerbung wenig geeignet ist.

[134] Häufig hat Spendenwerbung durch Spam einen betrügerischen Hintergrund. Vgl. zu derartigen Mails die Ausführungen unten zu E-Mails mit betrügerischem Hintergrund.

[135] *Baumbach/Hefermehl/Köhler*, § 2 Rn. 20; BGH GRUR 1983, 374, 374 - Spendenbitte; a.A. *Hoffrichter-Daunicht FS v. Gamm*, S. 47.

[136] Engl. Scherz, Jux.

Warnungen werden unzählige andere Inhalte verbreitet, denen allen gemein ist, dass kein realer Hintergrund existiert, der eine Weiterleitung an andere rechtfertigen könnte.[137] Bei diesen E-Mails fehlt es bereits an der Förderung eines Unternehmens, so dass keine „Wettbewerbshandlung" und keine E-Mail-Werbung i.S.d. § 7 II Nr. 3 UWG vorliegt.

Ein nicht unerheblicher Teil der unverlangten E-Mails hat einen betrügerischen Hintergrund. Damit diese gegen § 7 II Nr. 3 UWG verstoßen, ist wiederum eine „Wettbewerbshandlung" erforderlich. Entscheidend ist also zunächst, ob durch den Betrug Waren oder Dienstleistungen abgesetzt werden. Dies ist nicht nur für § 7 II Nr. 3 UWG, sondern für die grundsätzliche Anwendbarkeit des UWG auf betrügerische Handlungen Voraussetzung. Ist eine Wettbewerbshandlung zu verneinen, so ist auch der Anwendungsbereich anderer Tatbestände, wie etwa des Rechtsbruchs in § 4 Nr. 11 UWG oder der strafbaren Werbung in § 16 UWG, nicht eröffnet.[138] Grundsätzlich sind verschiedenste betrügerische Verhaltensweisen, mit und ohne Absatz von Waren und Dienstleistungen, durch den Einsatz von E-Mails denkbar. Trotz der Vielzahl von Möglichkeiten treten doch einige Betrugsschemata besonders häufig auf, die deshalb näher zu betrachten sind. Hier sind zunächst E-Mails zum betrügerischen Sammeln von Spenden zu nennen. Wie bereits erläutert, liegt schon im redlichen Sammeln von Spenden keine Wettbewerbshandlung, was ebenso für den Spendenbetrug gilt. Die Gruppe der Spendenaufrufe fällt also allgemein nicht unter den Begriff der E-Mail-Werbung.[139] Eine besonders verbreitete Betrugsmethode durch E-Mails ist die der „Nigeria-Connection".[140] Hierbei werden E-Mails, meistens in englischer Sprache, versandt, in denen eine angebliche hochgestellte Persönlichkeit aus einem schwarzafrikanischen Land mitteilt, dass sie einen sehr hohen Geldbetrag außer Landes bringen muss. Meistens ist die Rede von mehreren Millionen US-Dollar. Der Empfänger der E-Mail soll bei dieser Transaktion gegen eine hohe Provision behilflich sein. Kurz vor Abschluss der Transaktion fordert dann der

---

[137] Vgl. ausführlich zum Inhalt von „Hoax": http://www.tu-berlin.de/www/software/hoax.shtml - Zugriff am 20.12.2005.

[138] BGH GRUR 2000, 1076, 1076 - Abgasemissionen.

[139] Vgl. zum Spendenbetrug: *Schönke/Schröder/Cramer*, § 263 Rn. 101.

[140] Vgl. zu dieser Methode: http://www.nigeria-connection.de - Zugriff am 20.12.2005.

Geldgeber zu einem Vorschuss für Transaktionsgebühren auf. Eine Millionenprovision vor Augen, zahlen dann die Geschädigten die geforderten Summen. Diese Betrugsmethode hat nicht den Absatz von Waren oder Dienstleistungen zum Gegenstand. Daher ist weder die Anwendbarkeit des § 7 II Nr. 3 UWG noch anderer Vorschriften des UWG gegeben. Diese E-Mails unterfallen dem Betrugstatbestand des § 263 StGB. Neben diesen nicht dem UWG unterfallenden Vorgehensweisen existieren auch Betrugsmethoden, die eine Wettbewerbshandlung darstellen. Solche sind z.B. der Absatz gefälschter oder raubkopierter Produkte als Originale. In diesen Fällen ist dann auch regelmäßig eine E-Mail-Werbung i.S.d. § 7 II Nr. 3 UWG gegeben.[141]

(3) Angehängte Werbebotschaften Eine weitere Fragestellung in Bezug auf das Merkmal „Werbung“ ist, ob auch Werbebotschaften, die Anbieter von Maildiensten an den Text der E-Mails ihrer Kunden anschließen, diese E-Mails zu E-Mail-Werbung i.S.d. § 7 II Nr. 3 UWG machen. Der Versand dieser E-Mails wird von Privatpersonen veranlasst. Zentrale Frage ist daher, ob der Versand bei der Ausübung eines Gewerbes getätigt wurde. Die Gerichte haben sich - soweit ersichtlich - noch nicht mit dieser Problematik beschäftigt. Vergleichbar ist dieser Sachverhalt mit werbefinanzierten Telefongesprächen, bei denen kostenloses, durch Werbeeinblendungen unterbrochenes Telefonieren geboten wird.[142] Der BGH verneint bei diesen eine Unzulässigkeit, da diese nach den Grundsätzen der Telefon- und Laienwerbung zulässig seien.[143]

Die Grundsätze der Laienwerbung können nach meiner Meinung auf E-Mails mit angeschlossenen Werbebotschaften angewendet werden. Denn diese Werbeform weist die typischen Merkmale einer Laienwerbung, den Einsatz von Laien zu Werbezwecken und die Gewährung eines Vorteils für diesen Einsatz, auf.[144] Der private Nutzer des

[141] Derartige E-Mails verstoßen häufig auch gegen § 4 Nr. 11 UWG oder § 16 UWG.

[142] Vgl. zu werbefinanzierten Telefongesprächen: *Remmertz, Frank René*, Werbebotschaften per Handy. MMR 2003, S. 314, 317.

[143] BGH MMR 2002, 546, 546 - Werbefinanzierte Telefongespräche.

[144] Vgl. zu den Voraussetzungen der Laienwerbung: *Bühring, Dietrich*, Der Einsatz von Laien als Werber unter Gewährung einer Werbeprämie. WRP 1958, S. 321, 321.

Maildienstes wird für die Versendung der E-Mails eingespannt. Hierbei wird - zumindest bei privaten E-Mails - die persönliche Beziehung zum Empfänger ausgenutzt. Diese Ausnutzung ist ein typisches Merkmal der Laienwerbung.[145] Auch erhält der Laie eine Vergütung, nämlich die Möglichkeit der kostenlosen Nutzung. Diese mag im Vergleich zu anderen Prämien, insbesondere für das Werben von Zeitschriftenkunden, gering ausfallen, es ist jedoch zu beachten, dass für die Prämienerlangung kein Einsatz erforderlich ist, da der Laie auch ohne deren Gewährung E-Mails für seine private Kommunikation einsetzen würde.

Durch das Vorliegen einer Laienwerbung ist eine Wettbewerbshandlung in Form der Förderung eines fremden Unternehmens gegeben.[146] Diese Wettbewerbshandlung ist auch als Werbung i.S.d. § 7 II Nr. 3 UWG einzustufen. Dabei steht es, wie oben ausgeführt, der Qualifizierung als Werbung nicht entgegen, dass die Aussagen nicht durch den Unternehmer selbst erfolgen. Denn der private Versender kann als dessen Beauftragter angesehen werden. E-Mails mit Werbeanhängen können also als E-Mail-Werbung qualifiziert werden.

(4) Newsletter Schließlich gilt es zu klären, ob auch Newsletter und allgemeine Firmeninformationen Werbung i.S.d. § 7 II Nr. 3 UWG sind. Enthalten diese Mitteilungen auch direkte Motivation zum Geschäftsabschluss, so handelt es sich zweifelsfrei um Werbung i.S.d. § 7 II Nr. 3 UWG.[147] Richten sich sie sich hingegen nicht an Verbraucher, um diese zum Kaufabschluss direkt zu animieren, sondern an die Öffentlichkeit, um allgemein über das Unternehmen aufzuklären, so werden derartige Mitteilungen als Public Relations eingestuft.[148] In der Literatur wird Public Relations vom Begriff der Werbung abgegrenzt und die Ansicht vertreten, dieser begrifflichen Differenzierung müsse auch ei-

[145] *Ulrich FS Piper*, S. 496; BGH GRUR 1981, 655, 656 - Laienwerbung für Makleraufträge; BGH MMR 2002, 546, 547 - Werbefinanzierte Telefongespräche.

[146] *Baumbach/Hefermehl/Köhler*, § 2 Rn. 47; BGH GRUR 1991, 150, 150 - Laienwerbung für Kreditkarten.

[147] *Gloy/Gloy*, § 14 Rn. 2.

[148] *Irgel, Lutz*, Was sind public relations? MA 1974, S. 510, 510.

ne rechtliche folgen.[149] Dieser Meinung kann zumindest für den Anwendungsbereich des § 7 II Nr. 3 UWG nicht beigetreten werden. Denn Public Relations entspricht der oben aufgestellten Definition von „Werbung“. Auch Public Relations ist eine Äußerung mit dem Ziel, den Absatz von Waren oder Dienstleistungen zu fördern. Es sind keine Gründe ersichtlich, den Begriff der „Äußerung“ dahingehend einzuengen, nur die direkte Ansprache von Verbrauchern zu erfassen.

(5) Ergebnis Es zeigt sich also, dass nicht jede unverlangte E-Mail, die im allgemeinen Sprachgebrauch als Spam bezeichnet wird, auch die Definition der E-Mail-Werbung i.S.d. § 7 II Nr. 3 UWG erfüllt. Aus diesem Grund sollten diese Begriffe nicht als Synonyme verwendet werden. Im Nachfolgenden wird der Begriff E-Mail-Werbung daher nur für solche E-Mails verwendet, die auch § 7 II Nr. 3 UWG unterfallen.

ff) Einwilligung Die vom Gesetzgeber gewählte Opt-in-Lösung erfordert eine „Einwilligung“ für die Zulässigkeit der E-Mail-Werbung nach § 7 II Nr. 3 UWG.[150] Die Anforderungen an eine solche Einwilligung sind für die Werbenden von großer Relevanz. Denn sie möchten eine den Anforderungen des § 7 II Nr. 3 UWG entsprechende Einwilligung auf möglichst einfachem Wege erlangen.

(1) Europarechtskonforme Umsetzung Mit der Regelung des § 7 II Nr. 3 UWG kam der deutsche Gesetzgeber seiner Verpflichtung zur Umsetzung des Art. 13 1 EKDatenschutz-RL nach. Dieser Artikel erfordert eine „vorherige Einwilligung“, wohingegen der deutsche Gesetzestext allgemein eine „Einwilligung“ erfordert. In der Literatur wird daher bezweifelt, ob der deutsche Gesetzgeber seiner Umsetzungspflicht

149 *Marwitz, Petra*, Sind Unternehmens-Homepages Werbung? MMR 1998, S. 188, 190; *Schefold*, S. 60.
150 BT-Drucks. 15/1487 S.21; vgl. B. I. 4.

ausreichend nachgekommen ist.[151] Bei Betrachtung der Definition der „Einwilligung“ durch die Richtlinie erscheint diese Annahme zunächst berechtigt. In Art. 2 S. 2 lit f) verweist die EKDatenschutz-RL zu Definition auf die Richtlinie 95/46/EG[152] Diese bestimmt in ihrem Art. 2 lit h), dass eine Einwilligung jede Willensbekundung, die ohne Zwang für den konkreten Fall und in Kenntnis der Sachlage erfolgt und mit der die betroffene Person akzeptiert, dass personenbezogene Daten, die sie betreffen, verarbeitet werden. Nach dieser weiten Definition kann sowohl in einer vorherigen als auch nachträglichen Zustimmung eine Einwilligung liegen. Aus diesem Grund spricht Art. 13 1 EKDatenschutz-RL auch nicht allgemein von einer „Einwilligung“, sondern stellt klar, dass eine „vorherige Einwilligung“ erforderlich ist.

Im deutschen Recht konnte auf diese Klarstellung verzichtet werden. Denn die Terminologie wurde bewusst aus dem BGB übernommen.[153] Das BGB unterscheidet zwischen der Einwilligung als vorherige Zustimmung (§ 183 BGB) und der Genehmigung als nachträgliche Zustimmung (§ 184 BGB). Unter Einwilligung i.S.d.§ 7 II Nr. 3 UWG ist daher nur eine vorherige Zustimmung zu verstehen. Der Gesetzgeber kam daher mit dieser Formulierung seiner Umsetzungspflicht nach.

(2) Rechtsnatur der Einwilligung Welche Anforderungen an eine Einwilligung zu stellen sind, ergibt sich aus ihrer Rechtsnatur.

Die „Einwilligung im engeren Sinne“[154], also die einseitige Einwilligung, ist nicht als Willenserklärung, sondern als Willenshandlung zu qualifizieren.[155] Denn bei einer Einwilligung handelt es sich nicht um eine Zustimmung zu einem Rechtsgeschäft, also nicht

[151] So etwa *Leistner, Matthias/Pothmann, Julia*, Direktwerbung im neuen europäischen Recht und in der UWG-Reform. WRP 2003, S. 815, 826.

[152] Richtlinie 95/46/EG des Europäischen Parlaments und des Rates vom 24. Oktober 1995 zum Schutz natürlicher Personen bei der Verarbeitung personenbezogener Daten und zum freien Datenverkehr.

[153] *Fezer/Mankowski*, § 7 Rn. 59.

[154] Der „Einwilligung im weiteren Sinne“ können verschiedene dogmatische Konstruktionen wie Verfügungsgeschäfte oder einseitige Erklärungen zugrunde liegen.(Vgl. *Ohly*, “Volenti non fit iniuria” Die Einwilligung im Privatrecht, S. 178 ff.)

[155] *Pawlowski FS Hagen*, S. 5.

um eine rechtsgeschäftliche Willenserklärung, sondern um eine Gestattung oder Ermächtigung zur Vornahme tatsächlicher Handlungen, die in den Rechtskreis des Gestattenden eingreift.[156] Durch die Verneinung der Eigenschaft als Willenserklärung stellt sich die Frage, welche Vorschriften zur Bewertung der Wirksamkeit einer Einwilligung i.S.d. § 7 II Nr. 3 UWG herangezogen werden können. Diese Frage ist nicht nur theoretischer Natur, da vielfach gewichtige Folgen an die Wirksamkeit einer Einwilligung geknüpft sind. Im Falle der Einwilligung i.S.d. § 7 II Nr. 3 UWG hängt von dieser Frage ab, ob der Versand von E-Mail-Werbung lauter oder unlauter mit den daraus resultierenden Folgen ist. Anfänglich wurde die Einwilligung schematisch unter die §§ 104 ff. BGB subsumiert.[157] Die Rechtslage änderte sich aber mit einer Entscheidung des BGH vom 05.12.1958.[158] Dieser stellte fest, dass nur eine analoge Anwendung der §§ 104 ff. BGB in Betracht kommt, wobei diese Normen im Einzelfall der Modifikation bedürfen.
Im Folgenden soll sich daher einiger Fälle zugewandt werden, die im Rahmen des § 7 II Nr. 3 UWG relevant werden könnten und bestimmt werden, welche Modifikationen an den §§ 104 ff. BGB in diesen Konstellationen vorzunehmen sind.

(3) Einwilligung durch Minderjährige Zunächst ist hier die Einwilligung durch Minderjährige zu nennen. Diese Problematik hat bei der Einwilligung in E-Mail-Werbung eine höhere Relevanz als bei anderen Rechtsgeschäften. Denn wenn der Minderjährige dem Empfänger persönlich gegenübersteht, kann dieser häufig durch die äußere Erscheinung auf dessen Alter schließen. Diese Möglichkeit wird bei Einwilligungen zu E-Mail-Werbung nur in den seltensten Fällen gegeben sein. Die Einwilligung erfolgt in der Regel schriftlich oder online, z.B. durch Anklicken eines entsprechenden Feldes auf der Homepage des Werbenden. Die Minderjährigkeit bleibt dabei im Verborgenen.
Bei analoger Anwendung der §§ 104 ff. BGB ohne Modifikationen wäre die Einwilligung

[156] BGHZ 29, 34, 36; BGH NJW 1972, 335, 337; *Baumbach/Hefermehl/Köhler*, § 7 Rn. 44; *Kohte, Wolfhard*, Die rechtfertigende Einwilligung. AcP 185 (1985), S. 105, 114.
[157] RGZ 114, 262; vgl. *Ohly*, "Volenti non fit iniuria" Die Einwilligung im Privatrecht, S. 201.
[158] BGHZ 29, 34.

gemäß § 108 BGB zunächst schwebend unwirksam und bei Verweigerung der Genehmigung durch die Eltern von Anfang an unwirksam.[159] Dies hätte zur Folge, dass der Versand einer E-Mail-Werbung in diesen Fällen einen Verstoß gegen § 7 II Nr. 3 UWG bedeuten würde. Dieses Ergebnis erfordert aus Billigkeitsgründen eine modifizierte Anwendung des § 108 BGB. Denn eine analoge Anwendung würde nicht nur, wie durch das BGB vorgesehen, die Unkenntnis der Minderjährigkeit nicht schützen, sondern auch noch mit den Rechtsfolgen der §§ 8 ff. UWG sanktionieren.

Zur Bewertung der Einwilligung durch Minderjährige können die Grundsätze zur Einwilligung minderjähriger in ärztliche Heileingriffe herangezogen werden. Die Einwilligung bei § 7 II Nr. 3 UWG ist mit der Einwilligung bei ärztlichen Eingriffen vergleichbar. Der BGH stellt für die Wirksamkeit der Einwilligung zu ärztlichen Eingriffen darauf ab, ob der Minderjährige nach seiner geistigen und sittlichen Reife die Bedeutung und Tragweite seiner Einwilligung zu ermessen vermag.[160] Diese Kriterien sind auch für die Einwilligung i.S.d. § 7 II Nr. 3 UWG anzulegen.[161] Nach meiner Einschätzung kommt es bei der Bewertung, ob der Minderjährige die Tragweite seiner Einwilligung zu ermessen vermag, neben der persönlichen Entwicklung auf die Situation, in der er seine Einwilligung abgibt, insbesondere auf die Deutlichkeit der Mitteilungen des Werbenden, an. Zur Bewertung, ob der Werbende deutlich mitgeteilt hat, dass z.B. durch das Anklicken eines Feldes die Einwilligung zum Empfang von E-Mail-Werbung gegeben wird, können die Wertungen zur Ausnutzung der geschäftlichen Unerfahrenheit von Kindern und Jugendlichen des § 4 Nr. 2 UWG herangezogen werden. So sind an Seiten, die sich an Jugendliche richten, andere Anforderungen als an solche, die vornehmlich Erwachsene ansprechen, zu stellen.

(4) Willensmängel Willensmängel bei der Abgabe der Einwilligung in E-Mail-Werbung werfen durch die gegenläufigen Interessen der Beteiligten Probleme auf. Der Absender

[159] Vgl. *MünchKommBGB/Schmitt*, § 108 Rn. 4.
[160] BGHZ 29, 34, 36.
[161] *Baumbach/Hefermehl/Köhler*, § 7 Rn. 46.

von E-Mail-Werbung möchte sich darauf verlassen, dass die Einwilligung so gilt, wie er sie verstehen durfte. Der Empfänger möchte nur solche E-Mail-Werbung erhalten, in die er auch tatsächlich eingewilligt hat. Diesen Interessenkonflikt gilt es durch Modifikation der §§ 104 ff. BGB zu lösen.[162] In der Literatur besteht über das Maß der Modifikation insoweit Einhelligkeit, als nur eine von wesentlichen Willensmängeln freie Einwilligung wirksam ist. Welche Willensmängel wesentlich sind, entzweit die Meinungen.[163] Die Rechtsprechung äußert sich zu dieser Problematik nur sehr vereinzelt und der BGH hat sich lediglich in einem Urteil[164] mit den Auswirkungen eines Irrtums auf die Einwilligung im Zivilrecht näher auseinander gesetzt. Aus dieser Entscheidung lässt sich ersehen, dass die Rechtsprechung eine Abgrenzung nach Verantwortungsbereichen vornimmt.[165] Liegt ein Irrtum vor, der durch Täuschung oder Zwang herbeigeführt worden ist, so fällt der Irrtum in den Verantwortungsbereich des Empfängers. Folge ist, dass die Einwilligung nicht nur anfechtbar ist, sondern in Abweichung zu § 123 BGB von vornherein unwirksam ist.[166] Liegt ein selbsterzeugter Irrtum vor, so führt dieser nicht zur Unwirksamkeit der Einwilligung.[167] Der Einwilligende kann also nicht rückwirkend anfechten[168], aber jederzeit, unabhängig von Willensmängeln, die Einwilligung mit Wirkung für die Zukunft widerrufen.[169]

Nach meiner Ansicht ist auch bei der Einwilligung i.S.d. § 7 II Nr. 3 UWG nach Verantwortungsbereichen abzugrenzen. Eine solche Abgrenzung wird auch durch die Definition der Einwilligung in Richtlinie 95/46/EG als eine Willensbekundung ohne

[162] *Ohly*, "Volenti non fit iniuria" Die Einwilligung im Privatrecht, S. 359; *Rönnau*, S. 177; BGHZ 7, 198, 207.

[163] Vgl. zu den einzelnen Ansätzen: *Ohly*, "Volenti non fit iniuria" Die Einwilligung im Privatrecht, S. 361; *Amelung, Knut/Eymann, Frieder*, Die Einwilligung des Verletzten im Strafrecht. JuS 2001, S. 937, 943. Grundlegend: *Arzt*, S. 7 ff.

[164] BGH NJW 1964, 1177.

[165] RGST 41, 392, 395; BGHSt 16, 309, 310; BGH NJW 1964, 1177, 1178.

[166] RGZ 168, 2067, 210; bestätigt in BGHZ 7, 198, 207.

[167] BGH NJW 1964, 1177, 1178.

[168] *Staudinger/Hager*, § 823 Rn. I 111; *Ohly*, "Volenti non fit iniuria" Die Einwilligung im Privatrecht, S. 371. Ließe man eine Anfechtung mit ex-tunc Wirkung zu, so entzöge diese einem lauteren Handeln den Boden und es würde zu einem unlauteren werden.

[169] *Ohly*, "Volenti non fit iniuria" Die Einwilligung im Privatrecht, S. 346; *Amelung, Knut/Eymann, Frieder*, Die Einwilligung des Verletzten im Strafrecht. JuS 2001, S. 937, 945.

Zwang und in Kenntnis der Sachlage gestützt. Die Abgrenzung nach Verantwortungsbereichen hat zur Folge, dass zwischen Willensmängeln und der Aufklärung des Werbenden eine enger Zusammenhang besteht. Der Werbende hat es durch die Art der Aufklärung selbst in der Hand, in welchen Verantwortungsbereich mögliche Willensmängel fallen.

(5) Vertragliche Einwilligung Von der einseitigen ist die vertragliche Einwilligung zu unterscheiden. Bei der vertraglichen Einwilligung ist die Einwilligung Hauptleistungspflicht, der Schuldner ist zur Erteilung der Einwilligung verpflichtet.[170] Bei der Einwilligung zum Erhalt von E-Mail-Werbung ist eine Einwilligung als Hauptleistungspflicht insbesondere in den Fällen denkbar, in denen der Schuldner hierfür Leistungen erhält, für die er neben seiner Einwilligung keine anderen Leistungen erbringen muss. Eine solche Konstellation liegt z.B. vor, wenn einer Vertragspartei die Möglichkeit der Nutzung eines E-Mail-Dienstes eingeräumt wird, wenn im Gegenzug das Einverständnis zum Erhalt von E-Mail-Werbung erklärt wird.

(6) AGB-Kontrolle Sowohl bei der einseitigen als auch bei der vertraglichen Einwilligung ist von Interesse, in welchem Umfang eine vom Werbenden vorformulierte Einwilligungserklärung in E-Mail-Werbung einer AGB-Kontrolle unterliegt. Voraussetzung für eine AGB-Kontrolle durch die §§ 305 ff. BGB ist zunächst, dass es sich bei vorformulierten Einwilligungserklärungen tatsächlich um AGB handelt. Gemäß § 305 BGB sind AGB „für eine Vielzahl von Verträgen vorformulierte Vertragsbedingungen". Wie erläutert, ist zumindest die widerrufliche Einwilligung eine einseitige Erklärung und kein Vertrag, was die Anwendbarkeit der §§ 305 ff. BGB in Zweifel ziehen könnte. Aus dem Schutzzweck dieser Normen ergibt sich aber, dass auch die vom Verwender vorformulierten einseitigen rechtsgeschäftlichen Erklärungen den Regelungen

[170] *Ohly*, "Volenti non fit iniuria" Die Einwilligung im Privatrecht, S. 279.

der §§ 305 ff. BGB zu unterstellen sind.[171] Begründung hierfür ist, dass der Verwender der Klausel die rechtsgeschäftliche Gestaltungsfreiheit für sich ebenso in Anspruch nimmt wie bei der Vorformulierung eines Vertragstextes und der Kunde nur darauf, ob er die Erklärung abgegeben will, nicht aber auf ihren Inhalt, Einfluss hat. Da also auch Einwilligungen einer AGB-Kontrolle zugänglich sind, gilt es relevante Konstellationen zu betrachten.

Allgemeine Geschäftsbedingungen werden gemäß § 305 II BGB nur dann Bestandteil, wenn bei Vertragsschluss auf sie hingewiesen wird. Bei der Beurteilung, ob dies bei der die Einwilligung betreffenden Klauseln geschehen ist, muss zwischen dem zugrunde liegenden Vertrag und der Einwilligung unterschieden werden. So liegt z.B. keine wirksame Einbeziehung vor, wenn der Theaterbesucher nicht bereits bei Vertragsschluss durch aushängende AGB darauf hingewiesen wird, dass er mit dem Kauf der Karte in Bildaufnahmen einwilligt, sondern einen entsprechenden Hinweis erst auf der Rückseite seiner Karte findet.[172] Für den Bereich der E-Mail-Werbung bedeutet dies, dass keine wirksame Einbeziehung vorliegt, wenn der Kunde nicht schon bei Vertragsschluss darauf hingewiesen wird, dass er in den Empfang von Werbung einwilligt, sondern ihm erst zu einem späteren Zeitpunkt mitgeteilt wird, er habe durch den Vertragsschluss eingewilligt.

Vorrangiger Prüfungsmaßstab bei AGB-Kontrollen ist das Verbot der unangemessenen Benachteiligung in § 307 BGB. Rechtsprechung liegt zu dieser Frage zwar noch nicht für E-Mail-Werbung, aber zur Telefonwerbung Vor. Der BGH sieht in einer vorformulierten Einwilligung in Telefonwerbung eine unangemessene Benachteiligung des Kunden.[173] Zur Begründung wird angeführt, jede andere Sicht der Dinge würde Wettbewerber zu einer entsprechenden Angleichung ihrer Geschäftsbedingungen ermuntern und zu eben der massiven Belästigung führen, der das Erfordernis des Einverständnisses entgegenwirken solle.[174]

[171] BGHZ 141, 124, 126; BGH GRUR 2000, 818, 818 - Telefonwerbung VI.
[172] *Ohly*, "Volenti non fit iniuria" Die Einwilligung im Privatrecht, S. 440.
[173] BGH GRUR 2000, 818, 819 - Telefonwerbung VI; BGH WRP 1999, 847, 851 - Private Vorsorge bei Arbeitslosigkeit; BGHZ 141, 124, 124.
[174] BGHZ 141, 124, 128.

Der BGH ist bei der Ablehnung einer Einwilligung durch AGB rigoros. So sei eine Einwilligung auch dann unwirksam, wenn der Kunde sie gesondert unterschreiben oder sich durch Ankreuzen eines Kästchen für Telefonwerbung aussprechen müsse.[175] An der Unwirksamkeit ändere auch eine jederzeitige Widerruflichkeit nichts, da der Kunde die Einwilligung ohnehin jederzeit widerrufen könne.[176] Diese strenge Haltung des BGH stößt in der Literatur auf Kritik.[177] Kern dieser Kritik ist, dass ein individuelles Aushandeln i.S.d. § 305 I S. 3 BGB auf Grund der strengen Anforderungen an dieses in der Praxis nie wirksam sein würde.

Welche Anforderungen ergeben sich nun aus dieser Rechtsprechung für die Einwilligung in E-Mail-Werbung? Zunächst ist festzuhalten, dass die Rechtsprechung zur Telefonwerbung auf E-Mail-Werbung übertragbar ist. Es ist somit nach der Rechtsprechung von der Unwirksamkeit einer durch AGB erteilten Einwilligung in E-Mail-Werbung auszugehen. Allerdings ist die Kritik an dieser Rechtsprechung zu teilen. Das Gesetz bestimmt in § 7 II Nr. 3 UWG, dass E-Mail-Werbung bei einer Einwilligung des Adressaten zulässig ist. Deshalb kann nach meiner Ansicht, gestützt auf das Argument, dass wegen der strengen Anforderungen an ein individuelles Aushandeln in der Praxis überhaupt keine Einwilligungen erlangt werden könne, nicht jede formularmäßige Einwilligung als eine nicht vereinbare Abweichung vom Grundgedanken des Gesetzes gemäß § 307 II Nr. 1 BGB angesehen werden. Eine unangemessene Benachteiligung allein durch das Ob der Einwilligung kann nur angenommen werden, wenn sie sich nicht auf Werbung im Rahmen des konkreten Vertragsverhältnisses beschränkt, sondern auch die Werbung für sonstige Vertragsschlüsse ermöglichen soll.[178] Unzulässig kann eine formularmäßige Einwilligung freilich durch das Wie der Einwilligung sein. Hierfür gelten die allgemeinen Regeln,

---

175 BGH GRUR 2000, 818, 819 - Telefonwerbung VI; BGHZ 141, 124, 125; vgl. auch *Lettl, Tobias*, Rechtsfragen des Direktmarketings per Telefon und e-mail. GRUR 2000, S. 977, 978.

176 BGHZ 141, 124, 125; vgl. *Lettl, Tobias*, Die AGB-rechtliche Relevanz einer Option in der formularmäßigen Einwilligungserklärung zur Telefonwerbung. NJW 2001, S. 42, 42.

177 *Imping, Andreas*, Anmerkung zum Urteil des BGH v. 16.03.1999. MDR 1999, S. 857, 857; *Möllers, Thomas*, Anmerkung zum Urteil des BGH v. 16.03.1999. JZ 2001, S. 102, 103; *Ayad, Patrick/Schafft, Thomas*, Einwilligung ins Direktmarketing - formularmäßig unwirksam? BB 2001, S. 1711, 1713.

178 *Baumbach/Hefermehl/Köhler*, § 7 Rn. 47.

insbesondere das Transparenzgebot des § 307 I 2 BGB und der Schutz vor überraschenden Klauseln durch § 305 c I BGB.

(7) Konkludente Einwilligung Durch § 7 II Nr. 3 UWG werden keine gesetzlichen Formvorschriften für die Einwilligung aufgestellt. Aus diesem Grund kann eine konkludente Erklärung für eine Einwilligung ausreichen.[179] Die Zulässigkeit einer konkludenten Einwilligung verleitet dazu, eine solche vorschnell zu unterstellen. Die Annahme einer konkludenten Einwilligung darf aber nicht vorschnell, sondern nur nach sorgfältiger Prüfung erfolgen, da die Einwilligung die Preisgabe eines Rechtsgutes darstellt und eine solche grundsätzlich nicht zu vermuten ist.[180] Insbesondere liegt nicht bereits in der widerspruchslosen Duldung eines fremden Tätigwerdens eine konkludente Einwilligung.[181] Auch das Merkmal „für den konkreten Fall" der Definition der Einwilligung in Art. 2 lit h) der Richtlinie 95/46/EG[182] schränkt die Annahme einer konkludenten Einwilligung ein. Den strengen Anforderungen an eine konkludente Einwilligung folgend, liegt in der bloßen Bekanntgabe der E-Mail-Adresse in öffentlichen Verzeichnissen, Briefköpfen, Visitenkarten und dergleichen keine Einwilligung gegenüber jedermann in die Zusendung von Werbung.[183] Um so weniger ist die bloße Einrichtung eines E-Mail-Accounts Einwilligung in Werbung.[184]

(8) Mutmaßliche Einwilligung Fehlt es an einer Einwilligung des Adressaten, stellt sich die Frage, ob auch eine mutmaßliche Einwilligung ausreichend sein kann. Der Wortlaut des § 7 II Nr. 3 UWG lässt nur eine ausdrückliche oder konkludente Einwilligung

[179] *Gloy/Hasselblatt*, § 71 Rn. 56.; *Kohte, Wolfhard*, Die rechtfertigende Einwilligung. AcP 185 (1985), S. 105, 123.
[180] *Kohte, Wolfhard*, Die rechtfertigende Einwilligung. AcP 185 (1985), S. 105, 123; RGZ 118, 63, 66.
[181] *Baston-Vogt*, S. 234.
[182] Richtlinie 95/46/EG des Europäischen Parlaments und des Rates vom 24. Oktober 1995 zum Schutz natürlicher Personen bei der Verarbeitung personenbezogener Daten und zum freien Datenverkehr.
[183] *Baumbach/Hefermehl/Köhler*, § 7 Rn. 73.
[184] *Fezer/Mankowski*, § 7 Rn. 104.

genügen. So wird auch von Teilen der Literatur eine mutmaßliche Einwilligung kategorisch abgelehnt.[185] Andere Stimmen sprechen sich bei der Telefonwerbung gegenüber Privatpersonen - auch hier lässt der Wortlaut des Gesetzes in § 7 II Nr. 2 UWG eine mutmaßliche Einwilligung nicht genügen - für deren Zulässigkeit in Ausnahmefällen aus.[186] Zur Beantwortung der Frage, ob auch bei E-Mail-Werbung in Ausnahmefällen eine mutmaßliche Einwilligung genügen kann, ist festzustellen, dass die Aufzählung in Absatz 2 nur eine typisierte Interessenabwägung der „unzumutbaren Belästigung" in § 7 I UWG ist.[187] Es ist daher nicht ausgeschlossen, dass eine Interessenabwägung im Einzelfall zu einem anderen Ergebnis gelangt.[188] Eine mutmaßliche Einwilligung kann also auch bei E-Mail-Werbung in Einzelfällen genügen. Für die Beurteilung, ob ein solcher Fall vorliegt, ist zunächst die Subsidiarität der mutmaßlichen Einwilligung zu beachten. Sie kommt nur in Betracht, wenn die Einwilligung nicht eingeholt werden kann.[189] Dementsprechend kann eine Interessenabwägung nur in Ausnahmefällen ergeben, dass eine mutmaßliche Einwilligung ausreicht.[190]

(9) Beweislastverteilung Die Beweislast für das Vorliegen der Einwilligung trifft den Werbenden.[191] Neben der Beweislast hat der Werbende durch geeignete Maßnahmen sicherzustellen, dass es nicht durch Dritte zu einer fehlerhaften Zusendung einer E-Mail zu Werbezwecken kommt.[192] Zu einer solchen versehentlichen Zusendung könnte es etwa kommen, wenn ein Dritter durch ein Schreibversehen bei der Einwilligung nicht seine,

[185] *Fezer/Mankowski*, § 7 Rn. 104.

[186] *Baumbach/Hefermehl/Köhler*, § 7 Rn. 54; *Steinbeck, Anja*, Anmerkung zum Urteil des BGH v. 08.12.1994 - Telefonwerbung V. GRUR 1995, S. 492, 492; *Zöller, Alexander*, Telefonwerbung ist nicht grundsätzlich unzulässig. GRUR 1992, S. 297, 300.

[187] *Baumbach/Hefermehl/Köhler*, § 7 Rn. 54.

[188] BGH GRUR 2001, 1181, 1183 - Telefonwerbung für Blindenwaren.

[189] *Fischer FS Deutsch*, S. 551; *Ohly*, "Volenti non fit iniuria" Die Einwilligung im Privatrecht, S. 217; BGHSt 16, 309, 312.

[190] In der Literatur werden derartige Fälle etwa bei Rückfragen bei einer Reparatur wegen sofort zu behebender Sicherheitsmängel angenommen. Vgl. *Baumbach/Hefermehl/Köhler*, § 7 Rn. 54.

[191] BGH GRUR 2004, 517, 517 - E-Mail-Werbung.

[192] BGH GRUR 2004, 517, 519 - E-Mail-Werbung.

sondern eine fremde E-Mail-Adresse eingibt. Es gilt also zu klären, auf welchem Weg der Werbende die Einwilligung des Empfängers nachweisen und sicherstellen kann, dass es nicht zu versehentlichen Zusendungen von E-Mail-Werbung kommt. Diese beiden Fragen stehen in engem Zusammenhang. Wenn der Werbende nachweisen kann, dass ein bestimmter Empfänger in den Erhalt von E-Mail-Werbung eingewilligt hat, ist gleichzeitig ausgeschlossen, dass er die Werbe-E-Mail irrtümlich erhalten hat. Erfolgt die Einwilligung in schriftlicher Form, so ergeben sich keine besonderen Probleme, diesen Anforderungen gerecht zu werden. Anders ist dies bei einer online erteilten Einwilligung. Der BGH schlägt bei dieser als geeignete Maßnahme vor, zu überprüfen, ob derjenige, der die Werbung anfordert, auch mit dem Empfänger identisch ist.[193] Für eine derartige Überprüfung kommen mehrere Möglichkeiten mit unterschiedlicher Geeignetheit in Betracht.

Der sicherste Weg den Beweisanforderungen zu genügen, könnte darin bestehen, vom Einwilligenden eine qualifizierte digitale Signatur zu fordern. Abgesehen davon, dass dieses Verfahren praktisch bisher kaum nutzbar ist[194], würde es dem datenschutzrechtlichen Prinzip der Datensparsamkeit und der Datenvermeidung (§ 3 a BDSG) widersprechen[195]. Es ist deshalb als nicht geeignet anzusehen.

Als weitere Möglichkeit könnte die Speicherung der IP-Adresse der anfordernden Stelle und deren Abgleich mit der des Empfängers in Betracht gezogen werden. Wie bereits dargestellt[196], liegt die Aufgabe der IP-Adressen in der Datenübertragung. Sie stellen sicher, dass die Datenpakete ihren Bestimmungsort finden. Sie sind keine Sicherungsmechanismen. Daher sind Versuche, IP-Adressen als Sicherungsmechanismen einzusetzen, zum Scheitern verurteilt. Dies ist auch in der vorliegenden Konstellation so. Zunächst kann die Speicherung der IP-Adresse nur erwogen werden, wenn die Anmeldung via

[193] BGH GRUR 2004, 517, 519 - E-Mail-Werbung.

[194] *Hoeren, Thomas*, Anmerkung zum Urteil des LG Bonn v. 07.08.2001 - 2 O 450/00. CR 2002, S. 295, 296.

[195] *Eckhardt, Jens*, Anmerkung zum Beschluß des LG Berlin v. 19.09.2002 - 16 o 515/02. CR 2003, S. 220, 221.

[196] Vgl. A. III.

E-Mail erfolgt. Dient eine Eingabemaske zur Anmeldung, so sind die IP-Adressen des für die Anmeldung genutzten Computers und die des für den Empfang der E-Mail genutzten Mailservers nicht identisch. Aber auch bei der Anmeldung via E-Mail ist die Speicherung der IP-Adresse kein taugliches Verfahren. Zum einen werden die meisten IP-Adressen dynamisch zugewiesen. Zum anderen ist nicht jede E-Mail-Adresse mit einer eigenen IP-Adresse verknüpft, da E-Mails über Mailserver versandt und deren IP-Adressen übermittelt werden. Alle Nutzer eines Mailservers haben daher die gleiche IP-Adresse. So teilen sich etwa alle Nutzer von "GMX" die zu gmx.de gehörende IP-Adresse. Daneben werden gegen die Speicherung der IP-Adresse auch datenschutzrechtliche Bedenken vorgebracht.[197] Gemäß § 4 VI TDDSG muss eine anonyme oder zumindest pseudonyme Nutzung von Telediensten möglich sein. Die Speicherung der IP-Adresse verletze diese Vorgaben.[198] Diesen Bedenken ist insoweit zuzustimmen, als die Speicherung der IP-Adresse datenschutzrechtlich problematisch ist. Dies gilt allerdings nicht für die vorliegende Konstellation, da beim Empfang einer E-Mail zwangsläufig die IP-Adresse des versendenden Mailservers gespeichert wird. Die Speicherung der IP-Adresse kann aus diesen Gründen nicht als geeignet eingestuft werden.[199]

Eine weitere Möglichkeit besteht darin, die Anforderung von E-Mail-Werbung nur durch E-Mails zuzulassen und die Werbung nur an die anfordernde E-Mail-Adresse zu senden.[200] Problematisch bei diesem Verfahren ist der Beweiswert, der einer E-Mail beigemessen werden kann. Denn grundsätzlich kann eine beliebige E-Mail-Adresse in das "From" und „Sender" Feld des E-Mail-Header geschrieben werden, die nicht mit der dem Account zugeordneten Adresse übereinstimmen muss.[201] Die überwiegende

---

[197] *Eckhardt, Jens*, Anmerkung zum Urteil des BGH v. 11.3.2004 - I ZR 81/01 - E-Mail-Werbung. CR 2004, S. 448, 449.

[198] Vgl. *Rossnagel, Alexander/Scholz, Philip*, Datenschutz durch Anonymität und Pseudonymität. MMR 2000, S. 721, 727; *Eckhardt, Jens*, Anmerkung zum Urteil des BGH v. 11.3.2004 - I ZR 81/01 - E-Mail-Werbung. CR 2004, S. 448, 449.

[199] *Eckhardt, Jens*, Anmerkung zum Urteil des BGH v. 11.3.2004 - I ZR 81/01 - E-Mail-Werbung. CR 2004, S. 448, 449.

[200] Diese Möglichkeit wird durch das LG Berlin als einzig rechtmäßiges Verhalten eingestuft.(LG Berlin CR 2002, 606, 608)

[201] Vgl. B. I. 2. b).

Auffassung sieht einfache, ungesicherte E-Mails daher richtigerweise als unzureichend an, um die bestrittene Unverfälschtheit der vorgelegten Erklärung oder die Zurechnung zum angeblichen Aussteller zu beweisen.[202] Der teilweise in der Literatur[203] geforderte Anscheinsbeweis für E-Mails ist aus Gründen der daraus folgenden nicht gerechtfertigten Risikoverteilung abzulehnen.[204] Auf Grund des nicht gegebenen Beweiswertes von E-Mails ist auch diesem Verfahren die Geeignetheit abzusprechen.

Schließlich besteht noch die Möglichkeit des Double-Opt-in-Verfahrens. Hierbei wird an die E-Mail-Adresse des in den Erhalt von Werbung Einwilligenden eine E-Mail mit dem Inhalt versandt, die über die Einwilligung benachrichtigt und einen Link enthält, den der Empfänger anklicken muss, um die Einwilligung nochmals zu bestätigen. Alternativ kann auch die Rücksendung der E-Mail gefordert werden. Durch diese Methode kann der Beweis geführt werden, dass tatsächlich nur derjenige E-Mail-Werbung erhält, der diese auch angefordert hat. Schwachstelle dieses Verfahrens ist, dass der Versand der E-Mail mit der Aufforderung zur Bestätigung durch Dritte ausgelöst werden kann. Aus diesem Grund erklärt das LG Berlin das Verfahren für unzulässig, da bereits die Zusendung der E-Mail mit der Aufforderung zur Bestätigung eine unverlangte E-Mail-Werbung darstelle.[205] Dem ist zu widersprechen. Diese E-Mail ist Teil des Anmeldevorgangs und nicht Bestandteil der Werbung.[206]

Dieses System erfüllt auch die Anforderung des BGH an die Vermeidung von fehlerhafter Zusendung von E-Mail-Werbung. Hiergegen spricht nicht die Möglichkeit der versehent-

---

202 *Rossnagel, Alexander/Pfitzmann, Andreas*, Der Beweiswert von E-Mail. NJW 2003, S. 1209, 1209; *Hoeren, Thomas*, Anmerkung zum Urteil des LG Bonn v. 07.08.2001 - 2 O 450/00. CR 2002, S. 295, 295; *Rossnagel, Alexander*, Anmerkung zum Urteil des OLG Köln v. 06.09.2002 - 19 U 16/02. K&R 2003, S. 384, 384; OLG Köln CR 2002, 55, 55; LG Bonn CR 2002, 293, 293; a.A. AG Ettlingen JurPC Web-Dok. 65/2002; AG Hannover WuM 2000, 412.

203 *Mankowski, Peter*, Wie problematisch ist die Identität des Erklärenden bei E-Mails wirklich ? NJW 2002, S. 2822, 2827.

204 *Rossnagel, Alexander/Pfitzmann, Andreas*, Der Beweiswert von E-Mail. NJW 2003, S. 1209, 1211; LG Bonn CR 2002, 293, 293.

205 LG Berlin CR 2002, 219, 219.

206 *Eckhardt, Jens*, Anmerkung zum Beschluß des LG Berlin v. 19.09.2002 - 16 o 515/02. CR 2003, S. 220, 221. Dies gilt nur, wenn tatsächlich ein Anmeldevorgang durchgeführt wird. Hält der Werbende einen solchen nicht bereit und versandt E-Mails, die den Anschein eines Anmeldvorgangs erwecken, so sind diese als unverlangte E-Mail-Werbug anzusehen.

lichen Zusendung der E-Mail mit der Bitte um Bestätigung. Zum einen ist diese keine Werbung, sondern Teil des Anmeldevorgangs, zum anderen spricht nach meiner Ansicht auch die Rechtsprechung des BGH zur fehlenden Unlauterkeit von Ausreißern[207] dafür. In seiner Entscheidung „Briefkastenwerbung“ hat der BGH die vereinzelte Nichtbeachtung von „Keine-Werbung“ Aufklebern dann nicht für unlauter erachtet, wenn der Werbende alles zur Beachtung dieser Aufforderung durch die Austräger unternommen hat.[208] Nach dieser Rechtsprechung sind also einzelne Ausreißer in einem funktionierendem System zur Vermeidung von Wettbewerbsverstößen nicht als wettbewerbswidrig anzusehen. Das Double-Opt-in-Verfahren stellt derzeit das zuverlässigste System zum Nachweis der Einwilligung in E-Mail-Werbung dar. Mit dessen Anwendung unternimmt der Werbende daher sein Möglichstes, um den ungewollten Erhalt von E-Mails zu verhindern. Die durch Dritte verursachte Versendung der Bestätigungs-E-Mail kann er nicht verhindern, sie ist daher als Ausreißer zu betrachten.
Mit dem Double-Opt-in-Verfahren kann der Werbende also am zuverlässigsten den Nachweis führen, dass ein bestimmter Empfänger in Werbung eingewilligt hat und gleichzeitig den versehentlichen Versand von E-Mail-Werbung verhindern.

c) Ausnahmsweise Zulässigkeit von E-Mail-Werbung (§ 7 III UWG)

In § 7 III UWG macht das Gesetz eine enge Ausnahme von der grundsätzlichen Wettbewerbswidrigkeit der E-Mail-Werbung. In Umsetzung des Art. 13 II EKDatenschutz-RL erlaubt § 7 III UWG Werbung durch elektronische Post bei der kumulativen Erfüllung von vier Voraussetzungen. Der Unternehmer muss die elektronische Postadresse im Zusammenhang mit dem Verkauf von Waren oder Dienstleistungen erhalten haben, die Adresse darf nur zur Direktwerbung für eigene ähnliche Waren oder Dienstleistungen verwendet werden, der Kunde darf der Verwendung nicht widersprochen haben und der Kunde muss

207 Vgl. BGH GRUR 1992, 617, 617 - Briefkastenwerbung.
208 BGH GRUR 1992, 617, 618 - Briefkastenwerbung.

bei Erhebung der Adresse und bei jeder Verwendung klar und deutlich darauf hingewiesen werden, dass er der Verwendung jederzeit widersprechen kann, ohne dass dafür andere als die Übermittlungskosten nach den Basistarifen entstehen. Die durch diese Regelung eröffnete Möglichkeit zur Nutzung der Vorteile der E-Mail-Werbung wird jedoch durch Unklarheiten der Norm erschwert.[209]

aa) Rechtsnatur der Regelung Die Rechtsnatur der Regelung ist umstritten. Es wird vertreten, diese stelle ein „Opt-out-Modell“ dar[210], sei ein „Soft-opt-in“[211], lediglich eine „Abmilderung“ der Regelung des § 7 II Nr. 3 UWG[212], eine „typische Fallgruppe des stillschweigenden Einverständnisses“[213], oder ein normierter Fall einer vermuteten Einwilligung[214].

Zur Bestimmung der Rechtsnatur ist Art. 13 II EKDatenschutz-RL, den § 7 III UWG umsetzt, heranzuziehen. Bereits aus der systematischen Stellung des Art. 13 II EKDatenschutz-RL ergibt sich, dass die Regelung kein stillschweigendes Einverständnis darstellt, da bereits Art. 13 I EKDatenschutz-RL - ebenso wie § 7 II Nr. 3 UWG - die Möglichkeit eines stillschweigenden Einverständnisses bietet und die Regelung somit überflüssig wäre.

Aus der Systematik des Art. 13 EKDatenschutz-RL ergibt sich ebenfalls, dass die Regelung keine unabhängige Opt-out-Regelung darstellt.[215] Art. 13 V EKDatenschutz-RL

[209] Vgl. *Wiesche, Jens Schulze zur*, Die neuen Zulässigkeitsgrenzen für Direktmarketing. CR 2004, S. 742, 748.

[210] *Baumbach/Hefermehl/Köhler*, § 7 Rn. 86.

[211] *Weiler, Frank*, Spamming - Wandel des europäischen Rechtsrahmens. MMR 2003, S. 223, 227; So auch das britische Departement of Trade and Industry zu Art. 13 II EKDatenschutz-RL.(Consultation Document, Implementation of Directive on Privacy and Electronic Communications. S. 36: http://www.dti.gov.uk/industry_files/word/chapter_6.doc - Zugriff am 20.12.2005)

[212] *Ohlenburg, Anna*, Die neue EU-Datenschutzrichtlinie 2002/58/EG. MMR 2003, S. 82, 84.

[213] So der Referentenentwurf der daher eine ausdrückliche Umsetzung des Art. 13 II EKDatenschutz-RL für nicht erforderlich hielt.(*Bundesministerium der Justiz*, Referentenentwurf, Entwurf eines Gesetzes gegen den unlauteren Wettbewerb, Stand: 23.01.2003, Begründung, S. 32)

[214] *Leistner, Matthias/Pothmann, Julia*, Direktwerbung im neuen europäischen Recht und in der UWG-Reform. WRP 2003, S. 815, 822, 827; *Köhler, Helmut/Lettl, Tobias*, Das geltende europäische Lauterkeitsrecht, der Vorschlag für eine EG-Richtlinie über unlautere Geschäftspraktiken und die UWG-Reform. WRP 2003, S. 1019, 1026 Fn. 52.

[215] *Leistner, Matthias/Pothmann, Julia*, Direktwerbung im neuen europäischen Recht und in der UWG-Reform. WRP 2003, S. 815, 822 Fn. 64.

bestimmt, dass dessen Absätze 1 und 3 nur für Teilnehmer gelten, die natürliche Personen sind. Die Opt-in-Regelung ist also nur für diese vorgeschrieben. Für den Gesetzgeber bestand daher die Möglichkeit, bei der Umsetzung der Richtlinie für E-Mail-Werbung gegenüber juristischen Personen eine Opt-out-Regelung einzuführen. Gemäß Art. 13 V EKDatenschutz-RL gilt Absatz 2 des Artikels auch für juristische Personen. Durch Absatz 2 wird ein höherer Schutz verlangt als bei einer Opt-out-Regelung. Würde man nun Absatz 2 bei einer angenommen Opt-out-Regelung für juristische Personen als unabhängige Regelung betrachten, so hätte dies zu Folge, dass bei Werbung gegenüber juristischen Personen strengere Vorschriften gälten, wenn bereits eine Kundenbeziehung bestünde. Dieser Wertungswiderspruch zeigt, dass die Regelung keine unabhängige Opt-out-Regelung, sondern eine besondere Form des Opt-in, nämlich eine gesetzlich vermutete Einwilligung, ist.[216]

bb) Verkauf Der Unternehmer[217] muss im Zusammenhang mit dem Verkauf einer Ware oder Dienstleistung die E-Mail-Adresse des Kunden[218] durch diesen erhalten haben. Das Tatbestandsmerkmal „Verkauf" ist nicht wie bei § 433 BGB auf verkehrsfähige Vermögensgegenstände beschränkt[219], da die Vorschrift auch den Absatz von Dienstleistungen einbezieht. Es muss lediglich ein Umsatzgeschäft zum Absatz von Waren oder Dienstleistungen vorliegen.[220] Das Merkmal „Verkauf" erfordert die Zahlung eines Kaufpreises durch den Kunden. Das Erlangen von E-Mail-Adressen bei unentgeltlichen Leistungen wie Gewinnspielen oder der Abgabe von kostenlosen Warenproben wird damit nicht privilegiert, insoweit bleibt also eine Opt-in-Erklärung des Kunden erforderlich.[221] Umstritten ist, ob

[216] *Harte/Henning/Ubber*, § 7 Rn. 19; *Leistner, Matthias/Pothmann, Julia*, Direktwerbung im neuen europäischen Recht und in der UWG-Reform. WRP 2003, S. 815, 822 Fn. 64.

[217] Die Definition des Unternehmers entspricht der des § 14 BGB.(*Harte/Henning/Ubber*, § 7 Rn. 186)

[218] Der Begriff des Kunden ist nicht auf Verbraucher i.S.d. § 13 BGB beschränkt, sondern bezieht sich auch auf sonsitge Marktteilnehmer(*Lettl*, Das neue UWG, S. 240 Fn. 1791).

[219] *Lackner/Berger*, § 433 Rn. 10.

[220] *Fezer/Mankowski*, § 7 Rn. 122; *Eckhardt, Jens*, Datenschutzrichtlinie für elektronische Kommunikation - Auswirkungen auf Werbung mittels elektronischer Post. MMR 2003, S. 557, 559.

[221] *Wiesche, Jens Schulze zur*, Die neuen Zulässigkeitsgrenzen für Direktmarketing. CR 2004, S. 742, 745.

das Merkmal „im Zusammenhang mit dem Verkauf" einen Vertragsschluss voraussetzt[222] oder, ob bloße Verhandlungen ohne Abschluss ausreichend sind[223]. Für das Erfordernis eines vorangegangenen Vertragsschlusses könnte die Verwendung des Wortes „Kunde" in Abs. 3 sprechen.[224] In Abgrenzung zu § 7 II Nr. 3 UWG verwendet dieser Absatz nicht „Adressat" sondern „Kunde". Nach allgemeinem Sprachgebrauch wird aber auch bereits ein potenzieller Käufer als Kunde bezeichnet.[225] Allein auf die Verwendung des Begriffs „Kunde" kann also nicht das Erfordernis eines Vertragsschlusses gestützt werden. Für ein solches spricht aber, dass die Zulassung bloßer Vertragsverhandlungen dazu führen könnte, nur scheinbare Verhandlungen aufzunehmen, die lediglich zum Ziel haben, die Voraussetzungen des § 7 III UWG zu erfüllen. Der Gegenansicht ist zuzugeben, dass es Fälle gibt, in denen die Interessenlage auch für die Zulassung bloßer Vertragsverhandlungen spricht.[226] Solche liegen etwa vor, wenn der Kunde weit gediehene Vertragsverhandlungen ohne Begründung abbricht und der Unternehmer ihn nun mit einem besseren Angebot für ein ähnliches Produkt umstimmen möchte. Trotz dieser Interessenlage im Einzelfall ist doch das Argument der Gefahr nur vorgetäuschter Vertragsverhandlungen das ausschlaggebende. Der Ausnahmecharakter der Vorschrift des § 7 III UWG gegenüber § 7 II Nr. 3 UWG muss gewahrt bleiben. Ließe man im Einzelfall Vertragsverhandlungen genügen, würde dies zu Abgrenzungsschwierigkeiten führen, die diesen Ausnahmecharakter gefährdeten. Es ist als Folge hinzunehmen, dass diejenigen Unternehmer privilegiert werden, die bereits Vertragsabschlüsse getätigt haben.

Durch das Erfordernis eines Vertragsschlusses ergibt sich die Frage, welche Auswirkungen eine Anfechtung oder die Ausübung von Widerrufsrechten hat. In der Literatur wird unter

---

[222] *Baumbach/Hefermehl/Köhler*, § 7 Rn. 88; *Fezer/Mankowski*, § 7 Rn. 123; *Wiesche, Jens Schulze zur*, Die neuen Zulässigkeitsgrenzen für Direktmarketing. CR 2004, S. 742, 745.

[223] *Ohlenburg, Anna*, Die neue EU-Datenschutzrichtlinie 2002/58/EG. MMR 2003, S. 82, 84; *Eckhardt, Jens*, Datenschutzrichtlinie für elektronische Kommunikation - Auswirkungen auf Werbung mittels elektronischer Post. MMR 2003, S. 557, 559; *Leistner, Matthias/Pothmann, Julia*, Direktwerbung im neuen europäischen Recht und in der UWG-Reform. WRP 2003, S. 815, 822.

[224] So *Fezer/Mankowski*, § 7 Rn. 124.

[225] Vgl. etwa die Definition in Brockhaus.

[226] *Leistner, Matthias/Pothmann, Julia*, Direktwerbung im neuen europäischen Recht und in der UWG-Reform. WRP 2003, S. 815, 822.

Verweis auf die Erheblichkeitsschwelle des § 3 UWG und einen geringen Belästigungsgrad vertreten, es dürfe auch nach Lösung vom Vertrag bis zu einem Widerspruch des Kunden gegen die Werbung nach § 7 III Nr. 3 UWG weiterhin geworben werden.[227] Dieser Ansicht ist aus zwei Gründen zu widersprechen. Zum einen wird die Bagatellschwelle bereits durch eine einzelne E-Mail überschritten.[228] Zum anderen ergibt sich dies aus der Rechtsnatur der Regelung als gesetzlich vermutete Einwilligung. Eine Einwilligung kann nur vermutet werden, wenn eine solche auch bei einem geäußerten Willen vorläge. Im Falle einer geäußerten Einwilligung kämen die Grundsätze von Willensmängeln bei Einwilligungen zum Tragen.[229] Aus diesen Grundsätzen folgt, dass im Falle von Anfechtungsgründen, die in den Verantwortungsbereich des Unternehmers fallen, eine Einwilligung nicht vermutet werden kann und eine weitere Werbung unzulässig ist. Bei in den Verantwortungsbereich des Kunden fallenden Anfechtungsgründen und bei Ausübung eines Widerrufsrechts kann eine Einwilligung bis zu einem Widerspruch gemäß § 7 III Nr. 3 UWG vermutet und weiterhin geworben werden.

Da § 7 III UWG kein Dauerschuldverhältnis erfordert und auch den einmaligen Verkauf geringwertiger Güter ausreichen lässt[230], stellt sich die Frage, ob eine zeitliche Beschränkung für die Zulässigkeit der Werbung nach der Abwicklung des Geschäftes vorzunehmen ist. In der Literatur wird vorgeschlagen, die Zeitspannen nach der Art des verkauften Wirtschaftsgutes unterschiedlich zu bemessen.[231] Bei langlebigen Wirtschaftsgütern soll diese Zeitspanne länger ausfallen als bei Gütern des täglichen Bedarfs. Nach meiner Ansicht ist keine zeitliche Beschränkung vorzunehmen. Für eine solche finden sich keine Anhaltspunkte in der Regelung des §7 III UWG. Dieser geht davon aus, dass so lange Werbung zugesandt werden darf bis der Kunde der Verwendung widerspricht. Wollte man eine zeitliche Beschränkung einführen, so wäre auch das Kriterium für die Dauer nur schwer zu finden. Die vorgeschlagene Differenzierung nach der Art des Wirtschaftsgutes

[227] *Wiesche, Jens Schulze zur*, Die neuen Zulässigkeitsgrenzen für Direktmarketing. CR 2004, S. 742, 745.
[228] Vgl. B. I. 4. b) bb).
[229] Vgl. zu diesen Grundsätzen: B. I. 4. b) ff) (4).
[230] *Fezer/Mankowski*, § 7 Rn. 122; *Lettl*, Das neue UWG, S. 566.
[231] *Wiesche, Jens Schulze zur*, Die neuen Zulässigkeitsgrenzen für Direktmarketing. CR 2004, S. 472, 475.

kann nicht völlig überzeugen, da die Häufigkeit von Werbung nicht zwangsläufig unterschiedlich sein muss. Bei langlebigen Wirtschaftsgütern trifft der Kunde nur selten eine Kaufentscheidung. Um diesen nicht vorhersehbaren Zeitpunkt nicht zu verpassen, müsste der Unternehmer den Kunden häufig Werbung zusenden, ohne dass sie für den Kunden mangels bevorstehender Entscheidung relevant wäre. Bei kurzlebigen Wirtschaftsgütern trifft der Kunde dagegen häufiger Kaufentscheidungen, was ebenfalls häufige Werbung erforderlich macht.

Eine Ausnahme hiervon ist nur im Bereich der Telekommunikationsdienste zu machen. Diese hat ihren Grund in den datenschutzrechtlichen Regelungen des TKG. Gemäß § 95 III TKG sind die Bestandsdaten[232] vom Dienstanbieter mit Ablauf des auf die Beendigung folgenden Kalenderjahres zu löschen. Sowohl die Regelungen der §§ 91 ff. TKG als auch § 7 UWG sind Umsetzungen der EKDatenschutz-RL. Daher muss bei der Auslegung der beiden Regelungen auf deren Einklang geachtet werden.[233] Folge davon ist, dass die gespeicherte E-Mail-Adresse nach Ablauf der Frist des § 95 III TKG gelöscht werden muss und mit diesem Fristablauf auch der Zeitpunkt der zulässigen Werbung nach § 7 III UWG endet.

Neben dieser Ausnahme treten bei der Anwendung des § 7 III UWG auf die Anbieter von Telekommunikationsdienstleistungen noch weitere Schwierigkeiten auf.[234] Die komplexen Rechtsbeziehungen bei der Inanspruchnahme von Telekommunikationsdienstleistungen machen die Bestimmung des „Verkaufs“ i.S.d. § 7 III UWG schwierig. Die Kunden nehmen häufig die Leistungen mehrerer Anbieter gleichzeitig in Anspruch. So unterhält der Kunde von Telefonmehrwertdiensten sowohl einen Vertrag mit dem Telekommunikationsunternehmen über die technische Abwicklung als auch einen Vertrag mit dem Anbieter

---

[232] Gem. § 3 Nr. 3 TKG sind „Bestandsdaten“ Daten eines Teilnehmers, die für die Begründung, inhaltliche Ausgestaltung, Änderung oder Beendigung eines Vertragsverhältnisses über Telekommunikationsdienste erhoben werden. Hierunter kann auch die E-Mail-Adresse fallen, wenn diese für die Abwicklung des Vertragsverhältnisses genutzt wird.

[233] *Eckhardt, Jens*, Datenschutzrichtlinie für elektronische Kommunikation - Auswirkungen auf Werbung mittels elektronischer Post. MMR 2003, S. 557, 561.

[234] Vgl. *Wiesche, Jens Schulze zur*, Die neuen Zulässigkeitsgrenzen für Direktmarketing. CR 2004, S. 472, 475.

des Inhalts des Mehrwertdienstes.[235] Die Frage der bestehenden Vertragsbeziehungen ist hier in jedem Einzelfall zu klären.[236]

cc) Im Zusammenhang mit einem Umsatzgeschäft Der Unternehmer muss die E-Mail-Adresse „im Zusammenhang" mit dem Verkauf erhalten haben. Wieweit dieser Zusammenhang zu fassen ist, wird durch das Gesetz nicht konkretisiert. Richtigerweise sollte dieses Merkmal großzügig ausgelegt werden. Ein Zusammenhang besteht von der Vertragsanbahnung bis zur Erfüllung nachvertraglicher Verpflichtungen des tatsächlich abgeschlossenen Vertrages.[237] Ein Zusammenhang ist somit etwa bei der Bestellung durch E-Mail, oder der Schadensabwicklung durch die Versicherung gegeben.[238] Die Erlangung bei der Beendigung oder Abwicklung des einzigen zwischen dem Unternehmer und dem Kunden bestehenden Vertrages reicht nicht aus.[239] Der Unternehmer muss die E-Mail-Adresse durch den Kunden selbst oder durch eine von ihm ermächtigte Person erhalten haben.[240] Eine zufällige oder durch Dritte veranlasste Kenntniserlangung ist nicht ausreichend.[241] Aus dem Gebot der richtlinienkonformen Auslegung[242] ergibt sich ein weiteres Erfordernis für die rechtmäßige Erlangung der E-Mail-Adresse. Art. 13 II EKDatenschutz-RL erfordert, dass die E-Mail-Adresse gemäß der Richtlinie 95/46/EG[243] erhalten wurde. Die Adresse muss also im Einklang mit den datenschutzrechtlichen Bestimmungen dieser Richtlinie erlangt worden sein.[244] Es wäre auch sinnwidrig, wenn das UWG die Verwendung personenbezogener Daten für Zwecke der Direktwerbung in einem Rahmen billigen

---

[235] *Eckhardt, Jens*, Anmerkung zum Urteil des BGH v. 22.11.2001 - II ZR 5/01. CR 2002, S. 109, 109.

[236] *Wiesche, Jens Schulze zur*, Die neuen Zulässigkeitsgrenzen für Direktmarketing. CR 2004, S. 743, 745.

[237] *Fezer/Mankowski*, § 7 Rn. 126; *Baumbach/Hefermehl/Köhler*, § 7 Rn. 88; *Wiesche, Jens Schulze zur*, Die neuen Zulässigkeitsgrenzen für Direktmarketing. CR 2004, S. 472, 475; *Lettl*, Das neue UWG, S. 240.

[238] *Baumbach/Hefermehl/Köhler*, § 7 Rn. 88; *Lettl*, Das neue UWG, S. 240.

[239] *Lettl*, Das neue UWG, S. 240.

[240] *Fezer/Mankowski*, § 7 Rn. 127.

[241] *Fezer/Mankowski*, § 7 Rn. 128.

[242] Vgl. zum Gebot der richtlinienkonformen Auslegung bei § 7 UWG: B. I. 4. b) aa).

[243] Richtlinie 95/46/EG des Europäischen Parlaments und des Rates vom 24. Oktober 1995 zum Schutz natürlicher Personen bei der Verarbeitung personenbezogener Daten und zum freien Datenverkehr Amtsblatt Nr. L 281 vom 23/11/1995 S. 31.

[244] *Harte/Henning/Ubber*, § 7 Rn. 188; BT-Drucks. 15/1487 S.21.

würde, der weiter gesteckt ist als der datenschutzrechtliche.

dd) Eigene ähnliche Waren oder Dienstleistungen Der Unternehmer darf gemäß § 7 III Nr. 2 UWG die E-Mail-Adresse nur für eigene ähnliche Waren oder Dienstleistungen verwenden. Weder das Gesetz selbst noch die Gesetzesbegründung, bieten bei der Auslegung des Erfordernisses der Ähnlichkeit Hilfestellung. Dies ist um so bedauerlicher, als gerade dieses Merkmal einer genauen Bestimmung bedarf. Denn der Unternehmer hat ein Interesse möglichst viele seiner Waren zu bewerben. Deshalb wird er versuchen, den Kreis der eigenen ähnlichen Waren vollständig auszunutzen, so er ihn denn bestimmen kann.

(1) Ähnliche Waren oder Dienstleistungen Im UWG selbst könnte der einzige Anhaltspunkt für die Bestimmung der Ähnlichkeit in § 8 II Nr. 2 UWG liegen. In dieser Vorschrift wird das Tatbestandsmerkmal „Waren oder Dienstleistungen gleicher oder verwandter Art“ verwendet. Durch dieses Tatbestandsmerkmal soll eine sachliche Marktabgrenzung zur Bestimmung eines abstrakten Wettbewerbsverhältnisses erfolgen.[245] Dieser Begriff ist weit auszulegen. Die vertriebenen Waren oder gewerblichen Leistungen müssen sich derart gleichen oder nahe stehen, dass der Vertrieb der einen durch den Vertrieb der anderen beeinträchtigt werden kann.[246] Hierzu genügt die gewisse Wahrscheinlichkeit einer nicht gänzlich unbedeutenden potenziellen Beeinträchtigung.[247] Bei näherer Betrachtung der zu § 8 II Nr. 2 UWG ergangenen Rechtsprechung zeigt sich nach meiner Ansicht, dass die dort aufgestellten Kriterien nicht für die Bestimmung der sachlichen Nähe von Waren oder Dienstleistungen bei § 7 III UWG geeignet sind. Der Kreis der ähnlichen Waren würde zu weit gezogen werden. Dies lässt sich an der bekannten Entscheidung des BGH

---

[245] *Harte/Henning/Bergmann*, § 8 Rn. 288.

[246] BGH GRUR 2001, 260, 260 - Vielfachabmahner; BGH WRP 1998, 42, 42 - Unbestimmter Unterlassungsantrag III; BGH GRUR 2000, 438, 440 - Gesetzeswiederholende Unterlassungsanträge; *Hintz, Bernd*, Die Bedeutung des Wettbewerbsverhältnisses für die Anwendung des UWG. GRUR 1988, S. 173, 179.

[247] BGH WRP 1996, 1102, 1103 - Großimporteur; BGH GRUR 1996, 804, 805.

„Statt Blumen ONKO-Kaffee“[248] veranschaulichen. In dieser Entscheidung wurde im konkreten Fall ein Wettbewerbsverhältnis zwischen Blumen und Pulverkaffee angenommen, da beide als Geschenk dienen können.

(2) Abgrenzungskriterien aus dem Markengesetz Teile der Literatur schlagen vor, Maßstäbe für die Ähnlichkeit aus dem Markengesetz zu entnehmen.[249] In den §§ 9 I Nr. 2, 14 II Nr. 2 MarkenG ist das Tatbestandsmerkmal der „Ähnlichkeit der durch die Marke erfassten Waren oder Dienstleistungen“ enthalten. Einer Anlehnung an diese Normen des nationalen Markenrechts würde nicht das Erfordernis der richtlinienkonformen Auslegung des § 7 III Nr. 2 UWG entgegenstehen, da die genannten Vorschriften des Markenrechts selbst umgesetztes Gemeinschaftsrecht sind.[250] Zu beachten ist aber, dass das Merkmal der „Ähnlichkeit“ im Markenrecht eine andere Ausrichtung als in § 7 II Nr. 2 UWG hat. Die Ähnlichkeit von Waren oder Dienstleistungen ist im Markenrecht ein Kriterium, das in Wechselwirkung mit den Faktoren Zeichenähnlichkeit und Kennzeichenkraft der Marke zur Bestimmung der Verwechslungsgefahr dient.[251] Trotz dieser abweichenden Ausrichtung können jedoch bei deren Beachtung Wertungen des Markengesetzes zur Ähnlichkeit übernommen werden.[252] Das Problem bei der Übernahme von Wertungen aus dem Markenrecht liegt darin, dass das Markenrecht selbst keine festen, leicht zu subsumierenden Kriterien entwickelt hat.[253] Bei der Bestimmung der Warenähn-

[248] BGH GRUR 1972, 553, 553 - Statt Blumen ONKO-Kaffee.

[249] *Wiesche, Jens Schulze zur*, Die neuen Zulässigkeitsgrenzen für Direktmarketing. CR 2004, S. 472, 746.

[250] Die Ähnlichkeit von Waren und Dienstleistungen ist in Art. 4 lit. b; Abs. 1 lit. b MarkenRL (Erste Richtlinie 89/104/EWG des Rates vom 21. Dezember 1988 zur Angleichung der Rechtsvorschriften der Mitgliedstaaten über die Marken Amtsblatt Nr. L 040 vom 11.02.1989 S. 01-07.) im gemeinschaftlichen Markenrecht verankert.(Vgl. *Fezer/Mankowski*, § 7 Rn. 136; *Ingerl/Rohnke*, § 9 Rn. 1; *Ingerl/Rohnke*, § 14 Rn. 215)

[251] *Schultz/Schweyer*, § 14 Rn. 44; *Fezer*, Markenrecht, § 14 Rn. 333; *Piper, Henning*, Der Schutz der bekannten Marken. GRUR 1996, S. 429, 431; BGH GRUR 2004, 865, 866 - Mustang; BGH GRUR 2004, 544, 544 - Bank 24.

[252] *Wiesche, Jens Schulze zur*, Die neuen Zulässigkeitsgrenzen für Direktmarketing. CR 2004, S. 472, 746.

[253] Vgl. *Berlit*, Markenrecht, S. 70; *Bous, Ulrich*, Die Kehrtwende des BGH bei Auslegung des Begriffs der Ähnlichkeit von Waren und Dienstleistungen - Zugleich der Versuch einer Begriffsbestimmung. GRUR 2002, S. 19, 19.

lichkeit wird im Markenrecht eine relative[254] und absolute[255] Betrachtungsweise vertreten. Die relative Betrachtungsweise ist nach meiner Ansicht nicht zur Übertragung auf § 7 III Nr. 2 UWG geeignet, da bei dieser die Kennzeichnungskraft einer Marke als Kriterium für die Ähnlichkeit mit einbezogen wird und dieses Kriterium für die Ähnlichkeit i.S.d. § 7 III Nr. 2 UWG nicht relevant sein kann. Es gilt also den im Markenrecht von der absoluten Betrachtungsweise entwickelten Kriterienkatalog zu betrachten und die einzelnen Merkmale auf ihre Geeignetheit zur Bestimmung der „Ähnlichkeit“ bei § 7 III Nr. 2 UWG zu untersuchen. Die Grundzüge der Kriterien für die Warenähnlichkeit im Markenrecht wurden durch den EuGH[256] festgelegt und durch die Rechtsprechung des BGH erweitert und konkretisiert.[257]

Zunächst spricht im Markenrecht für eine Ähnlichkeit dieselbe Herstellungsstätte oder ein einheitlicher Vertriebsweg.[258] Dies sind keine für § 7 III 2 UWG tauglichen Kriterien. Denn das Merkmal desselben Vertriebsweges kann bei § 7 III 2 UWG keine Rolle spielen, da ansonsten das Merkmal „ähnliche“ im Tatbestand überflüssig wäre. Wenn das Merkmal „eigene“ erfüllt ist, liegt auch immer derselbe Vertriebsweg vor. Gleiches gilt für dieselbe Herstellungsstätte. Ist der Unternehmer zugleich Hersteller, so stammen seine „eigenen“ Waren auch aus einer Herstellungsstätte.

Ein auch für § 7 III Nr. 2 UWG taugliches Kriterium des Markenrechts ist die funktionale Nähe. Eine solche ist gegeben, wenn die Waren dem gleichen oder ähnlichen Verwendungszweck dienen.[259] Dies ist der Fall, wenn die Waren sich gegenseitig ersetzen (Substituti-

[254] *Fezer*, Markenrecht, § 14 Rn. 336a.

[255] Die Praxis folgt der absoluten Betrachtungsweise. Vgl. *Eisenführ, Günther*, So ähnlich wie gleichartig. GRUR 1998, S. 214, 216; *Bous, Ulrich*, Die Kehrtwende des BGH bei Auslegung des Begriffs der Ähnlichkeit von Waren und Dienstleistungen - Zugleich der Versuch einer Begriffsbestimmung. GRUR 2002, S. 19, 19; EuGH GRURInt 1998, 875, 877 - Canon; BGH GRUR 2004, 544, 544 - Bank 24.

[256] EuGH GRURInt 1998, 875, 875 - Canon.

[257] Vgl. *Steinbeck, Anja*, Veränderungen bei der Beurteilung der Warenähnlichkeit. GRUR 2005, S. 108, 110.

[258] *Piper, Henning*, Der Schutz der bekannten Marken. GRUR 1996, S. 429, 432; BGH GRUR 2001, 507, 508 - EVIAN/REVIAN; BGH GRUR 1999, 158, 159 - Garibaldi; BGH GRUR 1999, 496, 497 - Tiffany.

[259] *Steinbeck, Anja*, Veränderungen bei der Beurteilung der Warenähnlichkeit. GRUR 2005, S. 108, 110; BGH GRUR 1995, 216, 218 - Oxygenol II.

onsgüter)[260] oder ergänzen[261].

Standardbeispiel für ein Substitutionsgut sind Butter und Margarine.[262] Bei der Bestimmung der Substituierbarkeit ist entscheidend, auf welchen abstrakten gemeinsamen Nenner abgestellt wird. Nimmt man z.B. als gemeinsamen Nenner „Lebensmittel, die aus geschmacklichen Gründen konsumiert werden“, so kommt man zu einer Substituierbarkeit zwischen Kaugummi und Schokolade.[263] Stellt man hingegen auf Lebensmittel ab, die tatsächlich verzehrt werden, so wären die Waren nicht mehr Substitutionsgüter. Dies zeigt, wie wenig griffig die Kriterien zur Substituierbarkeit sind. Bei § 7 III Nr. 2 UWG sollten diese Kriterien großzügig angewendet werden. Allerdings ist natürlich fraglich, wo diese Großzügigkeit ihre Grenzen haben sollte. Soll es zulässig sein, dem Kunden, der Kaviar bestellt hat, Werbung für „Spam“[264] zu schicken, nur weil beides Nahrungsmittel sind?

Für eine funktionale Nähe spricht im Markenrecht ebenfalls die funktionale Ergänzung von Waren.[265] Eine solche Ergänzung ist gegeben, wenn die Waren im Gebrauch aufeinander bezogen sind.[266] Der Bezug kann entweder ein zwingender sein oder sich aus dem üblichen Verbraucherverhalten ergeben. Zwingend ist er, wenn die Waren nicht unabhängig voneinander genutzt werden können.[267] Aus dem Verbraucherverhalten ergibt sich ein Zusammenhang, wenn die Waren nicht zwingend, aber typischerweise zusammen verwendet werden.[268] Auch beim Merkmal der funktionalen Ergänzung ist eine Grenzziehung schwierig. Eine Grenze ist spätestens erreicht, wenn die gemeinsame Nutzung nur rein zufällig und nicht produktspezifisch ist.[269] Ein Ineinandergreifen der Verwendungszwecke

---

260 *Ingerl/Rohnke*, § 14 Rn. 463.

261 *Steinbeck, Anja*, Veränderungen bei der Beurteilung der Warenähnlichkeit. GRUR 2005, S. 108, 110.

262 RPA MuW 1933, 425, 425. Weitere Beispiel können der Sammlung „*Richter/Stoppel*“ der Spruchpraxis zur Ähnlichkeit von Waren und Dienstleistungen entnommen werden.

263 Vgl. OLG Köln WRP 2001, 57, 60 - Kinder Kram.

264 Dosenfleisch (Spiced Ham).

265 Der EuGh hebt dieses Merkmal ausdrücklich als Ähnlichkeitskriterium hervor.(EuGH GRURInt 1998, 875, 875 - Canon)

266 *Steinbeck, Anja*, Veränderungen bei der Beurteilung der Warenähnlichkeit. GRUR 2005, S. 108, 110.

267 Ein zwingender Bezug ist z.B. bei Videofilmkassetten und Aufzeichnungsgeräten gegeben.(BGH GRUR 1999, 731, 733 - Canon.)

268 Z.B. Tabakwaren und Raucherartikel im Verbrauch.(BGH GRUR 1999, 496, 497 - TIFFANY)

269 *Steinbeck, Anja*, Veränderungen bei der Beurteilung der Warenähnlichkeit. GRUR 2005, S. 108, 111.

der Waren kann auch auf Grund des Funktionszusammenhangs zwischen einem Gesamtprodukt und seinen Teilen und Zubehör vorliegen.[270]
Auf dem Gebiet des Markenrechts steht ein weiteres Merkmal für die Ähnlichkeit zur Diskussion. Anknüpfend an ein Urteil des OLG Köln[271] wird diskutiert, ob nicht die markenrechtliche Lizenzierung eine Warenähnlichkeit begründen kann. Dies hätte zur Folge, dass z.B. ein von der Modemarke „Calvin Klein" lizenziertes Parfüm Warenähnlichkeit mit einem Kleid von „Calvin Klein" hätte. Im Bereich des Markenrechts wird eine allein mit der Lizenzierung begründete Warenähnlichkeit abgelehnt.[272] Nach meiner Ansicht kann dieses Merkmal für die Ähnlichkeit bei § 7 III Nr. 2 UWG Relevanz besitzen. Die Ablehnung im Markenrecht stützt sich im Kern darauf, dass der Verwechslungsschutz nach § 14 II Nr. 2 MarkenG verwischt werde.[273] Dieses Argument hat jedoch für § 7 III Nr. 2 UWG keine Relevanz, da durch die Ähnlichkeit nicht die Verwechslungsgefahr bestimmt wird. Für die Einbeziehung dieses Kriteriums spricht folgende Überlegung. Für viele Kunden ist die Marke kaufentscheidend. Den Vertragsschluss, in dessen Zusammenhang der Unternehmer die E-Mail-Adresse erhalten hat, haben sie nur mit diesem Unternehmer getätigt, da er die Marke ihrer Wahl führt. Hat ein solcher Kunde etwa ein Kleid von seiner Wunschmarke erworben, so ist für ihn eher ein Parfum dieser Marke ähnlich, als ein Kleid einer anderen Marke.
Die eben aufgezeigten Beurteilungsgrundsätze und Ähnlichkeitsfaktoren haben grundsätzlich auch Gültigkeit für die Ähnlichkeit von Dienstleistungen.[274] Für die Ähnlichkeit von Dienstleistungen steht in erster Linie Art und der Zweck der Dienstleistung entsprechend der Vorstellung des Verkehrs im Vordergrund.[275]
Die Wertungen des Markenrechts können also einen Beitrag zur Bestimmung der „Ähnlichkeit" bei § 7 III Nr. 2 UWG leisten. Dieser Beitrag ist allerdings insoweit beschränkt,

---

[270] *Ingerl/Rohnke*, § 14 Rn. 485.
[271] OLG Köln GRUR-RR 2003, 243, 243 - Tosca/Tosca Blu.
[272] *Steinbeck, Anja*, Veränderungen bei der Beurteilung der Warenähnlichkeit. GRUR 2005, S. 108, 113; BGH GRUR 2004, 594, 596 - Ferrari-Pferd.
[273] *Steinbeck, Anja*, Veränderungen bei der Beurteilung der Warenähnlichkeit. GRUR 2005, S. 108, 111.
[274] *Ingerl/Rohnke*, § 14 Rn. 503; BGH GRUR 2002, 626, 627 - IMS; BGH WRP 2002, 537, 539 - Bank 24.
[275] *Ingerl/Rohnke*, § 14 Rn. 503; BGH GRUR 2001, 164, 165 - Wintergarten.

als das Markenrecht selbst keine festen Maßstäbe entwickelt hat.

(3) Abgrenzungskriterien aus dem Kartellrecht Ein anderer Ansatz in der Literatur zieht zur Bestimmung der „Ähnlichkeit“ i.S.d. § 7 III Nr. 2 UWG die Maßstäbe des Kartellrechts zur Bestimmung sachlich relevanter Märkte im Rahmen des Bedarfsmarktkonzepts heran.[276] Mit dem Bedarfsmarktkonzept wird im Kartellrecht die sachliche, räumliche und zeitliche Abgrenzung des Marktes vorgenommen, um auf dem so abgegrenzten Markt die Marktbeherrschung zu bestimmen.[277] Für die Abgrenzung nach dem Bedarfsmarktkonzept wird auf die Austauschbarkeit von Waren und Dienstleistungen abgestellt.[278] Das Kartellrecht hat für die Austauschbarkeit verschieden Kriterien entwickelt. Diese Kriterien sind im Nachfolgenden zu betrachten und auf ihre Eignung für die Bestimmung der „Ähnlichkeit“ im Rahmen des § 7 III Nr. 2 UWG zu untersuchen. Als ein grundlegendes Kriterium dient der Verwendungszweck der Waren.[279] Bei einem einheitlichen Verwendungszweck werden die Waren demselben sachlichen Markt zugeordnet.[280] Diese Abgrenzung folgt subjektiven Maßstäben und stellt daher keine griffigeren Abgrenzungskriterien als die der funktionalen Nähe im Markenrecht zur Verfügung. Abgesehen davon ist auch die für dieses Merkmal entwickelte Einteilung im Kartellrecht nicht auf § 7 III Nr. 2 UWG übertragbar. So werden z.B. Ersatzteile in einen anderen Markt eingeteilt als die Hauptware.[281] Eine derartige Wertung ist bei der Bestimmung der „Ähnlichkeit“ bei § 7 III Nr. 2 UWG nicht stimmig. Wenn der Unternehmer Ersatzteile zur Hauptware anbietet, so sind dies ähnliche Waren. Diesem Kriterium kann also keine neue Erkenntnis für die „Ähnlichkeit“ bei § 7 III Nr. 2 UWG entnommen werden.

Neben diesem subjektiven Kriterium erfolgt die Abgrenzung nach dem Bedarfsmarkt-

[276] *Harte/Henning/Ubber*, § 7 Rn. 191; *Leistner, Matthias/Pothmann, Julia*, Direktwerbung im neuen europäischen Recht und in der UWG-Reform. WRP 2003, S. 815, 822.

[277] Vgl. *Bechtold*, § 19 Rn. 1; *Bunte*, S. 188.

[278] Vgl. *Bunte*, S. 188.

[279] *Bechtold*, § 19 Rn. 8 ; *Rösler, Patrick*, Der relevante Markt in der Europäischen Fusionskontrolle. NZG 2000, S. 761, 762.

[280] *Bunte*, S. 189.

[281] *Immenga/Mestmacker/Möschel*, § 19 Rn. 25; *Bunte*, S. 189; KG 16.12.1987 WuW/E OLG 4167 - Kampfmeyer/Plange.

konzept auch mit Hilfe des objektiven Kriteriums der Kreuzpreiselastizität.[282] Dieses Kriterium entstammt der Wettbewerbstheorie und beruht auf dem Gedanken, dass sich die Ausweichmöglichkeiten der Nachfrager in ihren Reaktionen auf Preisbewegungen zeigen müssen.[283] In der Rechtswissenschaft zielt dieses Konzept nicht auf die Berechnung bestimmter Einzelwerte, sondern dient nur der Bestimmung des relevanten Marktes.[284] Durch die Kreuzpreiselastizität können Substitutionsgüter und komplementäre Güter bestimmt werden.[285] Ein Substitutionsgut ist gegeben, wenn der Preisanstieg eines Produktes zu einer erhöhten Nachfrage nach einem anderen Produkt führt.[286] Lässt hingegen der steigende Preis eines Produktes die Nachfrage nach einem anderen Produkt sinken, so liegen komplementäre Güter vor.[287] Die Kreuzpreiselastizität lässt sich durch Berechnungen exakt bestimmen. In der Literatur wird dieser Ansatz insoweit kritisiert, als er verkenne, dass Produktpreise das Resultat von Preisstrategien seien und Unternehmer dadurch die Kreuzpreiselastizität beeinflussen könnten.[288] Ungeachtet dieser Kritik verwendet insbesondere die Europäische Kommission die Kreuzpreiselastizität zur Bestimmung des relevanten Marktes.[289] Diese Kritik kann hier außer Betracht bleiben, da nicht anzunehmen ist, dass ein Unternehmer die Erfüllung der Kriterien des § 7 III Nr. 2 UWG zum Maßstab seiner Preisgestaltung machen wird.

In der Literatur wird eine Heranziehung der Kreuzpreiselastizität zur Bestimmung der Ähnlichkeit von Waren und Dienstleistungen im Rahmen des § 7 III Nr. 2 UWG befürwortet.[290] Dafür spricht nach meiner Ansicht die Objektivität des Merkmals. Dies ist

---

[282] Die Theorie der Kreuzpreiselastizität der Nachfrage wurde von *Robert Triffin* begründet. Vgl. *Triffin*, S. 98 ff.

[283] *Immenga/Mestmacker/Möschel*, § 19 Rn. 33; *Langen/Ruppelt*, § 19 Rn. 13; *Mestmacker*, S. 9 ff.

[284] *Klauss*, S. 115; *Neveling*, S. 54.

[285] Vgl: *Gabler Wirtschaftslexikon.*

[286] Beispiel: Ein höherer Heizölpreis lässt die Nachfrage nach Brennholz steigen.

[287] Beispiel: Steigt der Bezinpreis, geht die Nachfrage nach Autos zurück.

[288] *Immenga/Mestmacker/Möschel*, § 19 Rn. 33; *Hopmann*, S. 38.

[289] Vgl. Bekanntmachung der Kommission über die Definition des relevanten Marktes im Sinne des Wettbewerbsrechts der Gemeinschaft(ABlEG 1997 C 372, 5 ff.); *Dörr, Dieter/Haus, Florian*, Das Wettbewerbsrecht des EGV. JuS 2001, S. 313, 316.

[290] *Leistner, Matthias/Pothmann, Julia*, Direktwerbung im neuen europäischen Recht und in der UWG-Reform. WRP 2003, S. 815, 822; *Harte/Henning/Ubber*, § 7 Rn. 191.

nämlich das einzige Merkmal, mit dem sich nicht nur durch subjektive Wertungen, sondern durch mathematisch exakte Berechnungen eine Ähnlichkeit feststellen lässt. Gegen eine Verwendung dieses Merkmal spricht allerdings die Komplexität des Vorgehens. Denn die Berechnung der Kreuzpreiselastizität ist umfangreich und kostspielig. Im Ursprungsbereich dieses Ansatzes, dem Kartellrecht, mag dieser Aufwand im Hinblick auf die Seltenheit der Verfahren gerechtfertigt sein. Im Anwendungsbereich des § 7 III Nr. 2 UWG wird die Anzahl der Fälle ungleich höher sein als im Kartellrecht. Ohne die Bedeutung des § 7 III UWG reduzieren zu wollen, muss doch festgehalten werden, dass Fälle im Kartellrecht in der Regel einen anderen Hintergrund haben. Nach meiner Ansicht kann aber die vorhandene auf der Kreuzpreiselastizität basierende kartellrechtliche Rechtsprechung zur Ähnlichkeit von Waren durchaus für § 7 III Nr. 2 UWG übernommen werden. Nicht verlangt werden kann jedoch eine eigene Berechnung der Kreuzpreiselastizität zur Bestimmung der „Ähnlichkeit". Zur Bestimmung der Ähnlichkeit kann auf gleich zu zeigende Maßstäbe zurückgegriffen werden.

(4) Eigener Ansatz Bei der Betrachtung der Maßstäbe des Marken- und Kartellrechts zur Bestimmung der Ähnlichkeit von Waren und Dienstleistungen hat sich deren nur bedingte Übertragbarkeit auf die Bestimmung der „Ähnlichkeit" bei § 7 III Nr. 2 UWG gezeigt. Dies verwundert insofern nicht, als diese Gesetze andere Zweckrichtungen verfolgen. Im Markenrecht dient die Ähnlichkeit der Feststellung einer Verwechslungsgefahr und im Kartellrecht der Bestimmung sachlicher relevanter Märkte. Die Zweckrichtung der „Ähnlichkeit" bei § 7 III Nr. 2 UWG ergibt sich aus der Funktion des § 7 III UWG. Wie bereits dargestellt, ist diese Norm ein Fall der gesetzlich vermuteten Einwilligung.[291] Durch den Charakter als gesetzlich vermutete Einwilligung wird auch der Maßstab zur Bestimmung der „Ähnlichkeit" vorgegeben. Eine Ware oder Dienstleistung ist eine „ähnliche" i.S.d. § 7 III Nr. 2 UWG, wenn für dieses Produkt eine Einwilligung in E-Mail-Werbung vermutet werden kann. Wann dies zu vermuten ist, ergibt sich ebenfalls aus dem Zweck

[291] Vgl. B. I. 4. b) ff) (2).

des § 7 III 2 UWG. Dieser geht davon aus, dass bei Vorliegen seiner Voraussetzungen eine unzumutbare Belästigung nicht anzunehmen ist. Ähnlich ist eine Ware oder Dienstleistung also dann, wenn Werbung hierfür keine Belästigung darstellt. Wann dies der Fall ist, kann nur eine Bewertung des Einzelfalls zeigen. Für diese Bewertung können Indizien aus dem Marken- und Kartellrecht entnommen werden. Insbesondere kann die in diesen Bereichen ergangene Rechtsprechung zur Ähnlichkeit Orientierung bieten. Eine „Ähnlichkeit" kann bei § 7 III Nr. 2 UWG aber auch dann vorliegen, wenn eine solche im Marken- und Kartellrecht zu verneinen ist. Dies ist etwa beim bereits aufgeführten Beispiel des markenfixierten Kunden, für den die Bewerbung aller Produkte der Marke keine Belästigung darstellt, der Fall. Auch wird der Bereich der „Ähnlichkeit" im Bereich von Zubehör generell weiter zu fassen sein, als im Marken- und Kartellrecht. Der Kunde wird sich eher durch wiederholende Werbung für den gekauften Gegenstand belästigt fühlen als durch Werbung für Zubehör zu seinem Kauf.

ee) Eigene Waren Die beworbenen Waren und Dienstleistungen müssen gemäß § 7 III Nr. 2 UWG nicht nur „ähnliche", sondern auch „eigene" sein. Werben darf also nur, wer auch die Kontaktinformationen erhalten hat.[292] Der Unternehmer darf weder Waren anderer Unternehmen bewerben noch die Adresse an andere Unternehmen weiterleiten.[293] Ebenso ist eine gemischte Vermarktung eigener und fremder Leistung, die der Vermarktung der fremden Leistung dient, unzulässig.[294] Entscheidend für die Beurteilung der „eigenen" Leistung ist, wie weit der Begriff des Unternehmens gefasst wird. Einen für alle Rechtsgebiete gültigen Unternehmensbegriff kennt das deutsche Recht nicht.[295] Der Begriff findet zwar im Konzernrecht[296], im Aktiengesetz [297] und im Mitbestimmungsgesetz[298] Anwendung. Die dort definierten Unternehmensbegriffe haben jedoch keine Allgemeingül-

[292] Erwägungsgrund Nr. 41 RL 2002/58/EG.
[293] *Baumbach/Hefermehl/Köhler*, § 7 Rn. 89.
[294] *Fezer/Mankowski*, § 7 Rn. 134.
[295] *Baumbach/Hopt/Hopt*, Einl. v. § 1 Rn. 31; *Karsten Schmidt*, Gesellschaftsrecht, § 17 I 2 c).
[296] Vgl. *Karsten Schmidt*, Gesellschaftsrecht, § 17 I 2 c).
[297] §§ 15 ff. AktG; Vgl. *Hüffer*, § 15 Rn. 8.
[298] § 1 MitbestG; Vgl. *Wendeling-Schröder, Ulrike*, Mehrere Unternehmen / ein Betrieb. NZA 1984, S. 247, 247.

tigkeit. Denn der Unternehmensbegriff ergibt sich aus dem jeweiligen Gesetzeszweck. Er ist teleologisch determiniert.[299] Der Zweck des § 7 UWG, vor unzumutbarer Belästigung zu schützen, stimmt mit keinem der genannten Gesetze überein.[300] Daher scheitert die Übernahme der Definition aus einem dieser Gebiete.

Eine eigene Konkretisierung des Begriffs des „Unternehmers" i.S.d. § 7 UWG ist noch nicht erfolgt. In der Literatur bestehen verschiedene Ansichten, wie weit der Begriff des Unternehmens bei dieser Konkretisierung zu fassen sei. Ein Teil der Literatur fordert eine enge Auslegung.[301] Nach dieser Ansicht muss Vertragspartner das Unternehmen sein, welches auch die Kontaktinformationen erhalten hat. Unternehmen im gleichen Konzern sollen nicht mehr zum „Unternehmen" i.S.d. § 7 UWG gehören. Die Gegenansicht vertritt eine weite Auslegung.[302] Nach dieser widerspräche es nicht dem Schutzzweck der Norm, wenn der Unternehmer den Kunden über ähnliche Produkte anderer Anbieter informiert, da hinsichtlich der Intensität der Belästigung kein Unterschied bestehe, ob die ähnlichen Waren oder Dienstleistungen Teil des eigenen Angebots des werbenden Unternehmers sind.

Nach meiner Ansicht ergibt sich der Unternehmensbegriff des § 7 UWG aus dem Charakter der Norm als Fall der gesetzlich vermuteten Einwilligung.[303] Entscheidend ist, wann ein Einverständnis des Kunden für Werbung vermutet werden kann. Ausschlaggebend dafür ist, welches Unternehmen er als dasjenige ansieht, bei dem er den Kauf getätigt hat. Erhält er von diesem Unternehmen Werbung, so werden „eigene" Waren angeboten. Hierbei ist von einer tatsächlichen und keiner rechtlichen Betrachtungsweise auszugehen. Der Vertrieb einzelner „ähnlicher" Waren oder Dienstleistungen kann auf verschiedene

[299] *Karsten Schmidt*, Handelsrecht, § 4 I 1; *Kiethe, Kurt*, Der Schaden beim Unternehmenskauf - Probleme der Anspruchsdurchsetzung -. DStR 1995, S. 1756, 1756; *Schmidt, Karsten*, „Unternehmen'" und „Abhängigkeit" : Begriffseinheit und Begriffsvielfalt im Kartell- und Konzernrecht. ZGR 1980, S. 277, 277 ff.

[300] Vgl. zu den Gesetzeswecken des Konzern-, Kartell- und Arbeitsrechts: *Karsten Schmidt*, Handelsrecht, § 4 I 1.

[301] *Fezer/Mankowski*, § 7 Rn. 134.

[302] *Schmoll, Christian*, E-Mail-Werbung im Rahmen bestehender Kundenbeziehungen. JurPC Web-Dok. 283/2004, Abs. 16.

[303] Vgl. B. I. 4. b) ff) (2).

Rechtsträger aufgeteilt sein, der Kunde nimmt sie aber als ein „Unternehmen" wahr. Da tatsächliche und nicht rechtliche Gesichtspunkte ausschlaggebend sind, kann die Bestimmung der „eigenen" Waren oder Dienstleistungen nur im Einzelfall erfolgen.

ff) Fehlender Widerspruch Der Kunde darf gemäß § 7 III Nr. 3 UWG der E-Mail-Werbung nicht widersprochen haben. Der Widerspruch kann mit jedem Kommunikationsmittel[304] und zu unterschiedlichen Zeitpunkten eingelegt werden. Er kann sowohl ausdrücklich als auch konkludent erfolgen.[305] Der Widerspruch stellt ebenso wie die Einwilligung keine Willenserklärung, sondern eine geschäftsähnliche Handlung dar, die dem Unternehmer analog § 130 BGB zugehen muss.[306] Der Kunde erklärt den Widerspruch insbesondere, wenn er bei der Erhebung seiner Adresse der Verwendung zu Werbezwecken ausdrücklich widerspricht.[307] Ein solcher Widerspruch kann etwa durch das Durchstreichen entsprechender Klauseln erfolgen. Der Widerspruch des Kunden ist aber nicht auf den Zeitpunkt der Erhebung seiner Adresse beschränkt, sondern kann auch noch nach mehrmaligem Erhalt von Werbung erfolgen.

In der Literatur wird vertreten, es reiche auch ein abstrakter Widerspruch gegen jedwede E-Mail-Werbung, insbesondere durch Eintragung in eine Robinsonliste, aus.[308] Zur Begründung wird auf Art. 7 II E-Commerce-Richtlinie[309] verwiesen. Nach meiner Ansicht kann der abstrakte Widerspruch durch Eintragung in eine Robinsonliste nicht für den Widerspruch i.S.d. § 7 III Nr. 3 UWG ausreichen. Eine solche Möglichkeit wird auch nicht durch Art. 7 II E-Commerce-Richtlinie eröffnet. Nach dieser Vorschrift müssen die Mitgliedsstaaten durch geeignete Maßnahmen sicherstellen, dass Diensteanbieter

---

[304] *Baumbach/Hefermehl/Köhler*, § 7 Rn. 90.
[305] *Harte/Henning/Ubber*, § 7 Rn. 190; *Wiesche, Jens Schulze zur*, Die neuen Zulässigkeitsgrenzen für Direktmarketing. CR 2004, S. 742, 746.
[306] *Baumbach/Hefermehl/Köhler*, § 7 Rn. 90.
[307] *Fezer/Mankowski*, § 7 Rn. 140.
[308] *Fezer/Mankowski*, § 7 Rn. 141; *Harte/Henning/Ubber*, § 7 Rn. 190.
[309] Richtlinie 2000/31/EG des Europäischen Parlaments und des Rates vom 8. Juni 2000 über bestimmte rechtliche Aspekte der Dienste der Informationsgesellschaft, insbesondere des elektronischen Geschäftsverkehrs, im Binnenmarkt („Richtlinie über den elektronischen Geschäftsverkehr") Amtsblatt Nr. L 178 vom 17/07/2000 S. 1 - 16.

dass Diensteanbieter, die nicht angeforderte kommerzielle Kommunikation durch elektronische Post übermitteln, regelmäßig so genannte Robinsonlisten konsultieren, in die sich natürliche Personen eintragen können, die keine derartigen kommerziellen Kommunikationen zu erhalten wünschen. Die Vorschrift bezieht sich aber nur auf nicht angeforderte Kommunikation sie findet also nur Anwendung, wenn der nationale Gesetzgeber einen Opt-out-Ansatz verfolgt.[310] Wie bereits dargestellt, hat der deutsche Gesetzgeber mit § 7 UWG eine Opt-in-Lösung gewählt.[311] Auch die Regelung des § 7 III UWG stellt keine Ausnahme von diesem Prinzip dar.[312] Mangels einer Opt-out-Regelung findet Art. 7 II E-Commerce-Richtlinie also keine Anwendung auf den Widerspruch in § 7 III Nr. 3 UWG und kann folglich nicht als Begründung für das Genügen eines abstrakten Widerspruchs dienen.

Das Kernproblem des § 7 III Nr. 3 UWG liegt in der Verteilung der Beweislast. Im Regierungsentwurf lautete die Formulierung der Vorschrift noch „es sei denn, der Kunde hat diese Nutzung untersagt“.[313] Durch die Formulierung „es sei denn“ wurde die Beweislast für den Widerspruch dem Kläger auferlegt. Im Zuge der Beratungen des Rechtsausschusses wurde diese Formulierung gestrichen.[314] Durch die vorgenommenen Änderungen sollte die Vorschrift klarer und verständlicher werden.[315] Die Folge dieser Streichung war gravierend, da sie zur Änderung der Beweislast führte. Der Unternehmer hat nun das Fehlen eines Widerspruchs seitens des Kunden zu beweisen.[316] Diese Regelung gefährdet die gesamte Anwendbarkeit des § 7 III UWG. Denn der Unternehmer muss einen Beweis dafür antreten, dass ein Ereignis, nämlich der Widerspruch, nicht stattgefunden hat. Der sicherste Weg für diesen Beweis wäre die Einholung einer Einwilligung. Mit einer solchen Einwilligung wären aber bereits die Voraussetzungen § 7 II Nr. 3 UWG erfüllt und § 7 III UWG

[310] *Boehme-Neßler, Volker*, Europäisches Internetrecht. EWS 2001, S. 149, 155; *Weiler, Frank*, Spamming - Wandel des europäischen Rechtsrahmens. MMR 2003, S. 223, 225; *Spindler, Gerald*, E-Commerce in Europa. MMR-Beilage 7/2002 2002, S. 4, 14.

[311] BT-Drucks. 15/1487 S.21; vgl. B. I. 4.

[312] Vgl. B. I. 4. b) ff) (2).

[313] Vgl. RegE. BT-Drucks. 15/1487 S. 7, 21.

[314] Vgl. BT-Drucks. 15/2795 S. 7, 21.

[315] Vgl. BT-Drucks. 15/2795 S. 21.

[316] *Fezer/Mankowski*, § 7 Rn. 120.

wäre ohne tatsächlichen Anwendungsfall. Will der Unternehmer die Möglichkeiten des § 7 III UWG nutzen, muss er in einem möglichen Prozess den Beweis für den fehlenden Widerruf antreten. Ist der Empfänger der Werbung Verbraucher, so kann der Unternehmer ihn als Zeugen benennen. Denn ein Verbraucher kann gemäß § 8 UWG nicht Schuldner oder Gläubiger eines wettbewerbsrechtlichen Anspruchs und somit nicht Partei sein. Ist der Empfänger hingegen Wettbewerber, wie in der Entscheidung „E-Mail-Werbung" des BGH[317], müsste der Beklagte auf das Mittel der Parteivernehmung gemäß §§ 445 ZPO zurückgreifen. Da der werbende Unternehmer nicht absehen kann, ob der Empfänger Verbraucher ist, muss er den Weg der vorherigen Einwilligung gehen, um vor Ansprüchen sicher zu sein.

Durch diese Beweislastregel wird der Sinn der Regelung des § 7 III UWG vollständig unterlaufen.[318] Aus dem Verhältnis des § 7 III UWG zu § 7 II Nr. 3 UWG ergibt sich, dass dies vom Gesetzgeber nicht beabsichtigt worden sein kann. Hier ist eine gesetzgeberische Klarstellung erforderlich. Die Beweislast für den Widerspruch ist aus Gründen der Praktikabilität dem Kläger aufzuerlegen. Der Gesetzgeber sollte die Regelung wie die des § 355 II S. 4 BGB ausgestalten.[319] Nach dieser trägt der Unternehmer die Beweislast für alle Voraussetzungen, mit Ausnahme der Absendung und dem Zugang des Widerrufs. Diese hat der Kläger zu beweisen.

gg) Widerspruchsmöglichkeit zum Basistarif Schließlich muss der Kunde gemäß § 7 III Nr. 4 UWG bei Erhebung und bei jeder Verwendung seiner E-Mail-Adresse klar und deutlich darauf hingewiesen werden, dass er der Verwendung jederzeit widersprechen kann, ohne dass dafür andere als die Übermittlungskosten nach den Basistarifen entstehen.

Der Hinweis muss bei der „Erhebung" erfolgen. Der Begriff der „Erhebung" ist dem Bun-

[317] MMR 2004, 386, 386 - E-Mail-Werbung.

[318] Vgl. *Eckhardt, Jens*, Datenschutzrichtlinie für elektronische Kommunikation - Auswirkungen auf Werbung mittels elektronischer Post. MMR 2003, S. 557, 559.

[319] Vgl. zu den Voraussetzungen des § 355 II 4 BGB: *Palandt/Heinrichs*, § 355 Rn. 21.

desdatenschutzgesetz entlehnt.[320] Dieses versteht unter „Erhebung“ das der Phase der Datenverarbeitung vorgelagerte Beschaffen von Daten.[321] Da der Hinweis bei Erhebung der Adresse erfolgen muss, stellt sich die Frage, wie vor In-Kraft-treten des § 7 III Nr. 3 UWG erhaltene Adressen zu behandeln sind. Es ist nicht ausreichend, bei deren Erstverwendung unter neuem Recht auf die Widerspruchsmöglichkeit hinzuweisen. Denn die Verarbeitung vorhandener Daten zum Versand ist keine „Erhebung“.[322] Bestandsdaten dürfen daher nicht für E-Mail-Werbung verwendet werden. Wie oben dargelegt, steht aber auch der Erhalt der E-Mail-Adresse im Rahmen einer Vertragsbeziehung „im Zusammenhang“ mit dem Verkauf.[323] Erhält also der Unternehmer im Rahmen der Vertragsbeziehung erneut die E-Mail-Adresse und weist er dabei auf die Widerspruchsmöglichkeit hin, so kann er die Adresse fortan zur Werbung einsetzen.

Das Erfordernis des Hinweises der Widerspruchsmöglichkeit „bei“ Erhebung der Adresse wirft einige Probleme auf. Beim Erhalt der Adresse auf standardisierten schriftlichen Formularen oder Eingabemasken im Internet ist eine Belehrung problemlos möglich. Schwierig wird die Belehrung aber, wenn der Kontakt nicht über solche standardisierten Wege erfolgt.[324] Bei telefonischen Bestellungen könnte eine Belehrung nur durch Unterbrechen des Gespräches erfolgen. Dies würde für den Unternehmer zwar eine Behinderung des Verkaufsgespräches bedeuten, kann ihm aber zugemutet werden. Keine Möglichkeit zur Belehrung „bei“ der Datenerhebung hat der Unternehmer aber, wenn der Kunde eine einseitige Kontaktaufnahme unternimmt. Etwa wenn er ohne Benutzung eines Vordrucks schriftlich per Brief oder E-Mail bestellt. Hier kann der Unternehmer nicht „bei“ Erhebung auf die Widerspruchsmöglichkeit hinweisen. Dieses Erfordernis muss daher großzügig ausgelegt werden. Ausreichend ist der Hinweis in nahem zeitlichen Zusammenhang zum

[320] *Wiesche, Jens Schulze zur*, Die neuen Zulässigkeitsgrenzen für Direktmarketing. CR 2004, S. 742, 746.
[321] *Simitis/Dammann*, § 3 Rn. 107.
[322] *Simitis/Dammann*, § 3 Rn. 108.
[323] Vgl. B. I. 4. c) cc).
[324] Vgl. *Wiesche, Jens Schulze zur*, Die neuen Zulässigkeitsgrenzen für Direktmarketing. CR 2004, S. 742, 746; *Dieselhorst, Jochen/Schreiber, Lutz*, Die Rechtslage zum E-Mail-Spamming in Deutschland. CR 2004, S. 680, 682.

Erhalt der Adresse.[325] Ein solcher Hinweis kann z.B. im Zuge der Auftragsbestätigung oder der Antwort auf die Korrespondenz erfolgen.
Der Hinweis muss „klar und deutlich“ erfolgen. Insbesondere muss dem Kunden verdeutlicht werden, dass er der Werbung nicht nur bei Erhebung, sondern jederzeit widersprechen kann.[326] Die Belehrung muss auch den Hinweis enthalten, dass für den Widerspruch keine über dem Basistarif liegenden Übermittlungskosten entstehen. Selbstverständlich muss der Hinweis auch inhaltlich zutreffend sein.[327] Über dem Basistarif liegen insbesondere Sonderrufnummern die mit 0190 bzw. 0900 beginnen(Premium Rate-Dienste). Aber auch 0180-Rufnummern die ein erhöhtes Entgelt verursachen (Shared Cost-Dienste), genügen den Anforderungen an Übermittlungskosten zum Basistarif nicht.[328]
Schließlich muss nicht nur der Widerspruch ohne Kosten über dem Basistarif möglich sein, es darf auch keine Gebühr für die Einstellung der Werbung erhoben werden.[329]

d) Verbot anonymer Direktwerbung (§ 7 II Nr. 4 UWG)

In Umsetzung des Art. 13 IV EKDatenschutz-RL führt § 7 II Nr. 4 UWG ein explizites Verbot anonymer Direktwerbung ein.[330] Die Vorschrift untersagt anonyme Werbung mit „Nachrichten“. Der Begriff der „Nachricht“ ist in § 2 I Nr. 4 UWG definiert.[331] Diese beschränkt den Anwendungsbereich des § 7 II Nr. 4 UWG auf über ein elektronisches Kommunikationsnetz ausgetauschte „Nachrichten“.[332]
Durch die Vorschrift wird eine zusätzliche Anforderung an die Lauterkeit von E-Mail-

[325] *Wiesche, Jens Schulze zur*, Die neuen Zulässigkeitsgrenzen für Direktmarketing. CR 2004, S. 742, 746.
[326] *Harte/Henning/Köhler*, § 7 Rn. 189.
[327] *Heidelberger Kommentar/Plaß*, § 7 Rn. 79.
[328] *Fezer/Mankowski*, § 7 Rn. 149. Vgl. zur Einstufung der Mehwertdienstnummern: *Böhm, Steffen*, Telefonmehrwertdienste und Angabe des Entgelts. MMR 1998, S. 519, 519; OLG Frankfurt a.M. NJWE-WettbR 1997, 217, 217.
[329] *Baumbach/Hefermehl/Köhler*, § 7 Rn. 91.
[330] Ein Teil der Literatur erachtet beim Verschleiern des Absenders eine Sanktion durch das Wettbewerbsrecht nicht für ausreichend und fordert hierfür einen Straftatbestand.(*Frank, Thomas*, You´ve got (Spam-)Mail. CR 2004, S. 123, 129; *Frank*, Zur strafrechtlichen Bewältigung des Spamming, S. 193)
[331] *Heidelberger Kommentar/Plaß*, § 7 Rn. 77.
[332] Vgl. zur Definition: *Schmittmann, Jens*, Überblick über die rechtliche Zulässigkeit von SMS-Werbung. K&R 2004, S. 58, 58.

Werbung gestellt. Eine eigenständige Bedeutung kommt ihr nur bei Einhaltung der übrigen Voraussetzungen des 7 UWG zu.

Der Werbende muss eine gültige Adresse, an die der Empfänger eine Aufforderung zur Einstellung der Werbung senden kann, angeben. Durch die Angabe der Adresse soll der Adressat in die Lage versetzt werden, jederzeit die Einstellung der Nachrichten zu verlangen.[333] Die Angabe der Anschrift soll lediglich wie bei § 355 II BGB[334] die Zustellbarkeit einer Erklärung und nicht Zustellung einer Klage ermöglichen. Ausgerichtet an diesem Zweck, ist die Angabe einer ladungsfähigen Anschrift nicht erforderlich,[335] sondern eine Postadresse, eine Telefon- oder Faxnummer oder eine E-Mail-Adresse ausreichend.[336] Die angegebene Adresse muss sich auch nicht innerhalb der Bundesrepublik befinden. Daher genügt z.B. auch eine Postfachadresse auf Jersey den Anforderungen.[337]

Schließlich muss die Aufforderung zur Einstellung solcher Nachrichten zu Übermittlungskosten nach den „Basistarifen“ möglich sein.[338]

Abschließend lässt sich zu § 7 II Nr. 4 UWG feststellen, dass diese Vorschrift eher von geringer Relevanz sein wird. Denn sie ergänzt nur die Opt-in-Regelung des § 7 II Nr. 3 UWG. Wenn ein Unternehmer die Einwilligung zur E-Mail-Werbung erhalten hat oder in einer Geschäftsbeziehung gemäß § 7 III UWG steht, wird er kaum die Kundenbeziehung durch anonyme Werbung belasten. Diejenigen Unternehmer, die anonym werben, werden in der Regel auch nicht die Voraussetzungen des § 7 II Nr. 3 UWG erfüllen und schon aus diesem Grund gegen das UWG verstoßen.

---

[333] Vgl. BT-Drucks. 15/1487 S.21.

[334] Vgl. zu § 355 II BGB: BGH GRUR 2002, 720, 720 - Postfachadresse; *Wallstein, Caroline*, Auswirkungen der Schuldrechtsmodernisierung auf den E-Commerce. BC 2002, S. 234, 235. Anders etwas bei der „Adresse“ i.S.d § 6 TDG, die Möglichkeit zur Klage geben soll. Vgl. hierzu *Ernst, Stefan*, Die wettbewerbsrechtliche Relevanz der Online-Informationspflichten des § 6 TDG. GRUR 2003, S. 759, 759.

[335] *Fezer/Mankowski*, § 7 Rn. 112.

[336] *Baumbach/Hefermehl/Köhler*, § 7 Rn. 95.

[337] Vgl. *Fezer/Mankowski*, § 7 Rn. 113.

[338] Vgl. zur Defintion des Basistarifs: B. I. 4. c) gg).

5. Sanktionsmöglichkeiten des UWG gegen unverlangte E-Mail-Werbung

Die bisherigen Ausführungen haben gezeigt, dass der Einsatz von E-Mails zu Werbezwecken nur in engen Grenzen rechtmäßig ist. Die Effektivität dieses Werbemediums verleitet aber viele Werbende dazu, diese Grenzen zu überschreiten. Aus diesem Grund sind gerade in diesem Bereich die Sanktionsmöglichkeiten des UWG und ihre Effektivität gegen unlautere E-Mail-Werbung interessant. Bei der Betrachtung der Sanktionen und ihrer Durchsetzbarkeit zeigt sich ein Problem, welches den gesamten Bereich des Internets durchzieht. Durch die Nutzung des Mediums Internet wird sehr einfach der Kontakt zu einer Vielzahl von Personen hergestellt. Das Recht hat auf diesen Umstand zu reagieren. Da es das Ziel der Wettbewerber im wirtschaftlichen Wettbewerb ist, zu einer möglichst großen Anzahl von Kunden Kontakt zu erhalten, hatte das UWG auch vor dem Einsatz des Internets auf derartige Sachverhalte zu reagieren. Dem Streben der Wettbewerber nach Kundenkontakten hat aber das Internet völlig neue Möglichkeiten eröffnet. Der einzelne Wettbewerber kann mit dessen Hilfe eine für ihn vorher unerreichbare Zahl potenzieller Kunden ansprechen.

Durch die Novelle des UWG wurde eine Trennung zwischen Verboten und Anspruchsgrundlagen eingeführt.[339] In den §§ 3 bis 7 UWG werden die Verbote normiert. Die sich aus Verstößen ergebenden Ansprüche befinden sich in den §§ 8 bis 10 UWG. Der Gesetzgeber hat auch nach der Reform am bewährten System der Durchsetzung des Lauterkeitsrechts mit Hilfe zivilrechtlicher Ansprüche festgehalten. Ausgenommen sind davon die Straftatbestände der §§ 16 bis 19 UWG. Eine Behörde zur Durchsetzung des Lauterkeitsrechts hielt er für entbehrlich.[340]

[339] Vgl. *Baumbach/Hefermehl/Köhler*, § 8 Rn. 1.1.
[340] BT-Drucks. 15/1487 S.22.

a) Beseitigung und Unterlassen (§ 8 I UWG)

Der wettbewerbsrechtliche Abwehranspruch ist in § 8 I UWG geregelt. Dieser umfasst den gegen künftige unlautere Wettbewerbshandlungen gerichteten Unterlassungsanspruch und den gegen bereits eingetretene Beeinträchtigungen gerichteten Beseitigungsanspruch.
Der Unterlassungsanspruch dient der Abwehr künftiger Beeinträchtigungen. Seine Anspruchsvoraussetzungen sind verobjektiviert, Verschulden und Schaden sind nicht erforderlich, so dass er leicht beweisbar ist.[341] Auf Grund dieser Voraussetzungen wurde er von der Rechtsprechung zum wichtigsten Rechtsschutzinstitut des Wettbewerbsrechts herausgebildet.[342]
Innerhalb des Unterlassungsanspruchs wird zwischen dem vorbeugenden Unterlassungsanspruch und dem Verletzungsunterlassungsanspruch unterschieden.
Ein vorbeugender Unterlassungsanspruch ist gegeben, wenn ein rechtswidriger Eingriff erstmals unmittelbar bevorsteht.[343] Bei diesem Unterlassungsanspruch muss der Anspruchsberechtigte die tatsächlichen Umstände, die eine ernstlich drohende und unmittelbar bevorstehende Gefahr erstmaliger Begehung begründen, beweisen. Bei unlauterer E-Mail-Werbung werden dem Anspruchsberechtigten nur in Ausnahmefällen Anhaltspunkte dafür vorliegen, dass ein Wettbewerber eine solche Werbeaktion durchführen will. Der vorbeugende Unterlassungsanspruch kann daher als Maßnahme gegen unlautere E-Mail-Werbung vernachlässigt werden.
Der Verletzungsunterlassungsanspruch setzt eine bereits erfolgte Verletzungshandlung und eine Wiederholungsgefahr voraus.[344] Die Wiederholungsgefahr wird auf Grund des Wettbewerbsverstoßes widerleglich vermutet.[345] Sie entfällt im Allgemeinen nur, wenn der Verletzer eine bedingungslose und unwiderrufliche Unterlassungsverpflichtungserklärung ver-

[341] *Fezer/Büscher*, § 8 Rn. 8; *Oppermann*, S. 26.
[342] Vgl. *Köhler, Helmut*, Die wettbewerbsrechtlichen Abwehransprüche (Unterlassung, Beseitigung, Widerruf). NJW 1992, S. 137, 137; *Oppermann*, S. 26.
[343] BGH GRUR 1992, 318, 319 - Geld-zurück-Garantie; BGH GRUR 19999, 1097, 1099 - Preissturz ohne Ende.
[344] *Fezer/Büscher*, § 8 Rn. 41.
[345] BGH GRUR 1997, 929, 930 - Herstellerwerbung; BGH GRUR 2003, 318, 319 - Olympiasiegerin.

bunden mit einem Vertragsstrafeversprechen abgeben hat.[346] Dieser Anspruch kommt für die Abwehr unlauterer E-Mail-Werbung in Betracht. In der ersten Welle Werbe-E-Mails liegt eine Verletzungshandlung und die Anspruchsberechtigten werden auf den Verletzer aufmerksam und können gegen ihn vorgehen.

b) Schadensersatz (§ 9 I UWG)

Der im UWG a.F. an mehreren Stellen geregelte Schadensersatzanspruch erfuhr durch die Novellierung des UWG in § 9 S. 1 UWG eine einheitliche Regelung. Der Schadensersatzanspruch spielt im Wettbewerbsrecht eine weit geringere Rolle als die zuvor behandelten[347] Abwehr- und Unterlassungsansprüche.[348] Dies liegt im Erfordernis des Verschuldensnachweises - § 9 S. 1 UWG erfordert Vorsatz oder Fahrlässigkeit - und in der Schwierigkeit der Bezifferung und Beweisführung des Schadens begründet.[349] Entsprechend seiner Bedeutung soll der Schadensersatzanspruch hier nur knapp erörtert werden.
Zunächst erfordert § 9 S. 1 UWG einen vorsätzlichen oder fahrlässigen Verstoß gegen § 3 UWG. Ist ein solcher gegeben, steht dem Mitbewerber ein Anspruch auf Schadensersatz zu.[350] Der Anspruch des Mitbewerbers umfasst zunächst die Naturalherstellung, die sich vielfach mit dem verschuldensunabhängigen Beseitigungsanspruch überschneidet.[351] Neben der Naturalherstellung gewährt der Schadensersatzanspruch die Geltendmachung von Vermögensschäden. Hierzu zählen ein entgangener rechtmäßiger Gewinn und die Kosten der Rechtsverfolgung.[352] Dem Verletzten stehen drei Arten der Schadensberechnung zur Verfügung. Die konkrete Schadensberechnung, die Schadensberechnung nach der Lizenzanalogie und die Herausgabe des Verletzergewinns.[353] Der Nachweis eines Schadens

[346] BGH GRUR 1984, 214, 216 - Copy-Charge; BGH GRUR 1984, 593, 595 - Adidas-Sportartikel.
[347] Vgl. B I. 5. a).
[348] Vgl. *Teplitzky*, S. 345.
[349] Vgl. zur Problematik: *Leisse, Gerd/Traub, Fritz*, Schadensschätzung im unlauteren Wettbewerb. GRUR 1980, S. 1, 1; *Tilmann, Winfried*, Gewinnherausgabe im gewerblichen Rechtsschutz und Urheberrecht. GRUR 2003, S. 647, 647; BGH WRP 2001, 276, 276 - Gemeinkostenanteil.
[350] Der „Mitbewerber" ist in § 2 I Nr. 3 legaldefiniert. Verbrauchern und sonstigen Marktpartnern stehen keine Ansprüche zu.(Vgl. *Baumbach/Hefermehl/Köhler*, § 9 Rn. 1.10).
[351] *Baumbach/Hefermehl/Köhler*, § 9 Rn. 1.25.
[352] Vgl. BGH GRUR 1982, 489, 489 - Korrekturflüssigkeit; BGH GRUR 1990, 1012, 1014 - Pressehaftung.
[353] Siehe ausführlich hierzu *Teplitzky*, S. 378 ff.

wird in aller Regel - gleich nach welcher Berechnungsart - nur bei Verstößen, die sich gezielt gegen einen Mitbewerber richten, gelingen. Bei lediglich „marktbezogenen“ Wettbewerbsverstößen ist der Schadensnachweis in aller Regel nicht zu führen.[354] Bei unlauterer E-Mail-Werbung handelt es sich um einen solchen „marktbezogenen“ Wettbewerbsverstoß. Aus diesem Grund hat die Geltendmachung von Schadensersatzansprüchen in Form des entgangenen Gewinns wenig Aussicht auf Erfolg.

c) Gewinnabschöpfung (§ 10 UWG)

Die bisherigen Ausführungen zu den Sanktionsmöglichkeiten des UWG gegen unlautere E-Mail-Werbung haben gezeigt, dass als Sanktionsfolge nur der Unterlassungsanspruch nach § 8 UWG mit Wirkung für die Zukunft relevant ist. Sanktionen für die Vergangenheit durch Schadensersatzansprüche nach § 9 UWG können nur in den seltensten Fällen geltend gemacht werden. Es kann daher nicht nur in Einzelfällen passieren, dass der Zuwiderhandelnde den Gewinn behalten kann. Auch für den Bereich der unlauteren E-Mail-Werbung gilt, dass das Wettbewerbsrecht eine „stumpfe Waffe“ bleibt, wenn der Unternehmer nur Verbote für die Zukunft fürchten muss, den durch unlautere Wettbewerbshandlungen erzielten Gewinn aber behalten darf.[355] Dies trifft insbesondere für Unternehmen, deren einziger Marktauftritt auf eine einmalige wettbewerbswidrige Handlung beschränkt bleibt, zu. Derartige Unternehmen sind im Bereich unlauterer E-Mail-Werbung häufig anzutreffen. Sie setzen eine einmalige Welle unverlangter E-Mail-Werbung ab und verschwinden dann wieder vom Markt.

Um diese Rechtsdurchsetzungslücke zu schließen, hat der Gesetzgeber im Zuge der Novellierung des UWG mit § 10 UWG einen Gewinnabschöpfungsanspruch der Verbraucherverbände eingeführt.[356] Dieser soll gewissermaßen die Auslesefunktion des Wettbewerbs übernehmen, indem unlautere Geschäftspraktiken durch Abschöpfung des erzielten Ge-

[354] *Baumbach/Hefermehl/Köhler*, § 9 Rn. 1.35.

[355] Vgl. *Köhler, Helmut*, UWG-Reform und Verbraucherschutz. GRUR 2003, S. 265, 265; *Stadler, Astrid/Micklitz, Hans-W.*, Der Reformvorschlag der UWG-Novelle für eine Verbandsklage auf Gewinnabschöpfung. WRP 2003, S. 559, 559; *Fezer/von Braunmühl*, § 10 Rn. 1.

[356] Vgl. BT-Drucks. 15/1487 S. 23.

winns unwirtschaftlich werden und ihnen dadurch der wirtschaftliche Anreiz genommen wird.[357] Die Neuregelung richtet sich insbesondere gegen so genannte Streuschäden.[358] Dies sind Fallkonstellationen, bei denen eine Vielzahl von Abnehmern jeweils mit einer geringen Summe geschädigt wird.[359]

Wie dargestellt[360], ist es Wesen des Internets, eine Vielzahl von Kontakten zu ermöglichen. Diese Eigenschaft tritt bei der massenhaften Versendung unlauterer E-Mail-Werbung besonders hervor. Denn deren Ziel ist es, besonders weit „gestreut" Empfänger zu erreichen. Da durch den Gewinnabschöpfungsanspruch gerade Durchsetzungsdefizite bei Streuschäden behoben werden sollen, erscheint er auf den ersten Blick vielversprechend gegen unlautere E-Mail-Werbung.

aa) Entstehungsgeschichte Der neu eingeführte Gewinnabschöpfungsanspruch der Verbände stellt nicht nur im deutschen Recht ein Novum dar, es fehlen auch unmittelbare Entsprechungen im internationalen Vergleich.[361] Ein Blick auf seine Entstehungsgeschichte ist daher für das Verständnis der Norm hilfreich. In der rechtswissenschaftlichen Literatur reichen die Diskussionen über die Einführung eines solchen Anspruchs weit zurück. Bereits in den Siebzigerjahren wurde im Zuge der damaligen UWG-Reform ein Gewinnabschöpfungsanspruch diskutiert.[362] Auch in jüngerer Zeit war ein solcher Anspruch, verbunden mit der Frage nach der allgemeinen Notwendigkeit der Ausdehnung von Verbandsklagen, Gegenstand der rechtswissenschaftlichen Diskussion.[363]

[357] *Alexander, Christian*, Die strafbare Werbung in der UWG-Reform. WRP 2004, S. 407, 417.

[358] BT-Drucks. 15/1487 S. 23.

[359] *Lettl*, Das neue UWG, S. 285.

[360] Siehe B. I. 5.

[361] *Fezer/von Braunmühl*, § 10 Rn. 6; *Stadler, Astrid/Micklitz, Hans-W.*, Der Reformvorschlag der UWG-Novelle für eine Verbandsklage auf Gewinnabschöpfung. WRP 2003, S. 559, 560; *Sack, Rolf*, Der Gewinnabschöpfungsanspruch von Verbänden in der geplanten UWG-Novelle. WRP 2003, S. 549, 550.

[362] Vgl. *Borck, Hans-Günther*, Zuckerbrot und Peitsche für Verbände. WRP 1978, S. 161 ff.; *Schricker, Gerhard*, Zur Reform des Gesetzes gegen den unlauteren Wettbewerb. GRUR 1979, S. 1, 1 ff.; *Grauel, Holger/Luhrenberg, Klaus*, Mehrerlösabschöpfung im UWG? WRP 1980, S. 521, 521 ff.

[363] Vgl. *Greger, Reinhard*, Verbandsklage und Prozeßrechtsdogmatik - Neue Entwicklungen in einer schwierigen Beziehung. ZZP 113 (2000), S. 399, 399 ff.; *Koch, Harald*, Die Verbandsklage in Europa. ZZP 113 2000, S. 413, 413 ff.; *Micklitz/Stadler*, S. 1 ff.; *Brönneke*, S. 1 ff. Grundlinie der vertretenen Meinungen ist die Befürwortung der Verbandsklage, wenn sie zur Durchsetzung objektiver Normen

Die Geltendmachung des Gewinnabschöpfungsanspruchs durch die Verbandsklage wird in der Literatur zum Teil heftig kritisiert. Dieser Kritik liegt neben dem Einwand der Überflüssigkeit und Systemwidrigkeit[364] die Befürchtung des Missbrauchs des Anspruchs auf Kostenersatz durch „Gewinnabschöpfungsvereine" als Einnahmequelle[365] zugrunde. Im Gesetzgebungsverfahren erfuhr der Anspruch dementsprechend auch mehrere Entwürfe und Änderungen. Der so genannte „Professorenentwurf" beschränkte den Gewinnabschöpfungsanspruch auf bestimmte Täuschungshandlungen gegenüber Verbrauchern.[366] Der abgeschöpfte Gewinn sollte bei den Verbraucherverbänden für deren satzungsgemäße Aufgaben verbleiben. Dieser Entwurf begründet die Notwendigkeit der Einführung einer Verbandsklage damit, dass auch gerichtliche Verbote und Ordnungsgelder Unternehmen nicht immer von Wettbewerbsverstößen, die Gewinne auf Kosten der Verbraucher versprechen, abhalten.[367]

Der Referentenentwurf des Bundesjustizministeriums nahm den Ansatz des Gewinnabschöpfungsanspruchs auf, erweiterte aber den Anspruch auf alle mit Vorsatz oder grober Fahrlässigkeit begangenen Verstöße und sah eine Abführung der Gewinne an den Bundeshaushalt vor.[368] In der Formulierung des Entwurfs hieß es noch „auf Kosten der Abnehmer". Der Gesetzentwurf der Bundesregierung verschärfte die Verschuldensform durch Streichung des Erfordernisses der groben Fahrlässigkeit und nahm noch andere kleinere Änderungen vor.[369]

Nach einer Anhörung im Rechtsausschuss wurde die Formulierung „auf Kosten" durch „zu

erforderlich ist.

[364] Vgl. exemplarisch für diese Kritik: *Engels, Stefan/Salomon, Thomas*, Vom Lauterkeitsrecht zum Verbraucherschutz: UWG-Reform 2003. WRP 2004, S. 32, 42.

[365] *Sack, Rolf*, Der Gewinnabschöpfungsanspruch von Verbänden in der geplanten UWG-Novelle. WRP 2003, S. 549, 555.

[366] Vgl. § 9 II des Entwurfs.(*Köhler, Helmut/Bornkamm, Joachim/Henning-Bodewig, Frauke*, Vorschlag für eine Richtlinie zum Lauterkeitsrecht und eine UWG-Reform. WRP 2002, S. 1317, 1322)

[367] *Köhler, Helmut/Bornkamm, Joachim/Henning-Bodewig, Frauke*, Vorschlag für eine Richtlinie zum Lauterkeitsrecht und eine UWG-Reform. WRP 2002, S. 1317, 1322.

[368] Vgl. § 9 des Referentenentwurfs.(*Bundesministerium der Justiz*, Referentenentwurf, Entwurf eines Gesetzes gegen den unlauteren Wettbewerb, Stand: 23.01.2003, Begründung, S. 45)

[369] Vgl. BT-Drucks. 15/1487 S. 7.

Lasten" ersetzt.[370] Der Bundesrat übte erhebliche Kritik am Entwurf der Bundesregierung und verwies das Gesetz in den Vermittlungsausschuss.[371] Dort konnte kein Ergebnis erzielt werden und das Gesetz wurde an den Bundestag zurückverwiesen, wo es in der Formulierung des Rechtsausschusses verabschiedet wurde.

bb) Das Merkmal „zu Lasten" Auf der Tatbestandsseite erfordert § 10 UWG neben einer vorsätzlichen Zuwiderhandlung gegen § 3 UWG die Erzielung eines Gewinns zu Lasten einer Vielzahl von Abnehmern. Eine Vielzahl ist in Anlehnung an das AGB-Recht bei drei Abnehmern erreicht.[372] Diese Grenze wird von jeder E-Mail-Werbung unproblematisch überschritten, da gerade das Erreichen einer möglichst großen Zahl von Abnehmern Ziel solcher Aktionen ist.

Genauso entscheidend wie umstritten für die Anwendbarkeit des § 10 UWG ist, wann die Erzielung eines Gewinns zu Lasten der Abnehmer angenommen werden kann. Mit dem Ausgang des Streits steht und fällt die Anwendbarkeit der Norm auf die Fälle der unlauteren E-Mail-Werbung.

Um sich dieser Streitfrage zu nähern, muss zunächst zwischen zwei Fallgestaltungen unterschieden werden. Bei der einen ist Gleichwertigkeit zwischen Leistung und Gegenleistung gegeben, bei der anderen fehlt es an dieser.

(1) Gleichwertigkeit zwischen Leistung und Gegenleistung Zunächst soll die erste Konstellation betrachtet werden, die sich durch Gleichwertigkeit zwischen Leistung und Gegenleistung auszeichnet. Eine solche Fallgestaltung ist etwa bei der E-Mail-Werbung für Computer zu angemessenen Preisen gegeben.

Einigkeit bei der Bewertung dieser Konstellation besteht insoweit, als zwischen Gewinn auf Kosten der Mitbewerber und zu Lasten der Abnehmer abzugrenzen ist. Führt der Wettbewerbsverstoß zu Mehrumsätzen zu Lasten der Mitbewerber, aber nicht zu Lasten

[370] Vgl. Anhörung vor dem Rechtsausschuss, Protokoll Nr. 38 S. 21 ff.
[371] BT-Drucks. 15/1487 S.29 ff.; BR-Drucks. 288/1/04 S. 3 ff.
[372] *Baumbach/Hefermehl/Köhler*, § 10 Rn. 12; vgl. zum AGB-Recht: BGH NJW 2002, 138, 139.

der Abnehmer, so begründet dies keinen Anspruch aus § 10 UWG.[373] Uneinigkeit entzündet sich aber an der Frage, wann dies der Fall, also wann Gewinn nicht nur zu Lasten der Mitbewerber, sondern auch der Abnehmer, erzielt wird.

Eine Auffassung, namentlich vertreten durch *Köhler*, sieht einen Gewinn nur dann zu Lasten der Abnehmer erzielt, wenn die Abnehmer für Waren oder Dienstleistungen bezahlen, die sie nicht haben wollen oder die ihr Geld nicht wert sind.[374] Dies soll nur der Fall sein, wenn dem Abnehmer aus dem Geschäft, das für den Verletzer einen Gewinn abwirft, bürgerlichrechtliche Rechte und Ansprüche zur Sicherung seiner Vermögensinteressen gegen den Verletzer zustünden. Solche seien insbesondere Mängelrechte nach §§ 434 ff. BGB, Ansprüche aus c.i.c. nach §§ 311 II, 280 I BGB oder unerlaubter Handlung nach §§ 823 ff BGB. Zur Erklärung wird unter Verweis auf die Begründung des Regierungsentwurfs angeführt, Sinn und Zweck der Vorschrift sei das Marktversagen, dass Abnehmer ihnen zustehende Rechte nicht geltend machen, zu korrigieren. Diese Ansicht erlaubt eine eindeutige Abgrenzung. Aus Vertragsabschlüssen auf Grund unlauterer E-Mail-Werbung für Produkte zu angemessenen Preisen ergeben sich keine zivilrechtlichen Ansprüche der Abnehmer. Ein Gewinnabschöpfungsanspruch wäre deshalb nach dieser Ansicht zu verneinen.

Demgegenüber stehen Stimmen in der Literatur, die einen Gewinn zu Lasten der Abnehmer auch dann annehmen, wenn dem Abnehmer keine Sekundäransprüche aus dem Vertragsschluss zustehen. Diese Ansicht argumentiert ausgehend vom Gesetzeswortlaut, dass die Veränderung der Formulierung von „auf Kosten“ in „zu Lasten“ eine Öffnung des Tatbestands auch in Bezug auf Beeinträchtigungen sonstiger Rechtsgüter mit nur mittelbar vermögensbezogenem Einschlag zulasse.[375] Zur Bewertung dieser Meinung muss zunächst untersucht werden, ob nicht auch schon bei der Formulierung „auf Kosten“ eine solche Ausdehnung möglich gewesen wäre. Könnte dies angenommen werden, so wäre ein „Erst-recht-Schluss“ bei dem Merkmal „zu Lasten“ möglich. Der Gesetzgeber wollte durch das

[373] Vgl. *Baumbach/Hefermehl/Köhler*, § 10 Rn. 8; *Fezer/von Braunmühl*, § 10 Rn. 176; *Alexander, Christian*, Die strafbare Werbung in der UWG-Reform. WRP 2004, S. 407, 418.

[374] *Köhler, Helmut*, UWG-Reform und Verbraucherschutz. GRUR 2003, S. 265, 266; *Lettl*, Das neue UWG, S. 287.

[375] *Fezer/von Braunmühl*, § 10 Rn. 176.

Merkmal „auf Kosten" klarstellen, dass der Tatbestand nur dann greife, wenn der Gewinnerzielung unmittelbar ein Vermögensnachteil der Abnehmer gegenüberstehe.[376] An einem Vermögensnachteil fehle es grundsätzlich, wenn der vom Zuwiderhandelnden erzielte Preis völlig angemessen sei und der Abnehmer auch keinen sonstigen Nachteil, beispielsweise in Form von Aufwendungen, die ohne die unlautere Wettbewerbshandlung nicht angefallen wären, erlitten habe. Aus dieser Begründung ergibt sich nach meiner Ansicht, dass ein Anspruch aus § 10 UWG nur gegeben sein soll, wenn ein Schaden im zivilrechtlichen Sinne vorliegt. Dennoch wird in der Literatur von *Alexander* ein Ansatz vertreten, der das Merkmal „auf Kosten" weiter fasst.[377] Dieser interpretiert das Merkmal „auf Kosten" in Anlehnung an § 812 I BGB. Nach der Zuweisungstheorie liegt ein Eingriff i.S.d. § 812 BGB in der unbefugten Nutzung eines Guts, welches die Rechtsordnung einer bestimmten Person zugewiesen hat.[378] *Alexander* sieht nun ausgehend von der Zuweisungstheorie in den Abnehmerinteressen das maßgebliche Schutzgut des § 10 UWG und versteht das Merkmal „auf Kosten" als Eingriff in den wettbewerbsrechtlich geschützten Interessenkreis des Abnehmers.[379] Das geschützte Interesse könne in dem Schutz vor Vermögensschädigung bestehen, müsse dies aber nicht zwangsläufig.

Nach meiner Ansicht spricht gegen eine auf § 812 BGB gestützte Ausdehnung des Merkmals „auf Kosten" die oben bereits erwähnte Begründung des Gesetzgebers. Selbst wenn man einer Anlehnung an § 812 I BGB grundsätzlich zustimme, so wären die von dieser Ansicht gezogenen Schlüsse nach meiner Meinung nicht zwingend. Die Abnehmerinteressen lassen sich nämlich nicht so klar zuweisen, wie es für eine Abgrenzung bei Anwendung dieser Ansicht notwendig wäre. Auch nach der Reform des UWG hat der Gesetzgeber an der Schutzzwecktrias festgehalten und geht insoweit von einem gleichberechtigten Schutz der Mitbewerber, der Verbraucher und der Allgemeinheit aus.[380] Folglich können nicht

[376] BT-Drucks. 15/1487 S. 24.

[377] *Alexander, Christian*, Die strafbare Werbung in der UWG-Reform. WRP 2004, S. 407, 407 ff.; zustimmend: *Fezer/von Braunmühl*, § 10 Rn. 172.

[378] Vgl. *Baumbach/Hefermehl/Schlechtriem*, § 823 Rn. 50.

[379] *Alexander, Christian*, Die strafbare Werbung in der UWG-Reform. WRP 2004, S. 407, 418.

[380] BT-Drucks. 15/1487 S. 15. Vgl. ausführlich zur Schutzzwecktrias: *Baumbach/Hefermehl/Köhler*, § 1 Rn. 3.

die Interessen der Verbraucher isoliert betroffen sein, die anderen Schutzinteressen sind zumindest mitbetroffen. Auch *Alexander* erkennt an, dass § 10 UWG keine Anwendung finden soll, wenn ein Gewinn ausschließlich auf Kosten der Konkurrenten erzielt wurde.[381] Nach meiner Einschätzung kann diese bei § 10 UWG gewünschte Unterscheidung aus den eben aufgeführten Gründen nicht nach dem Schutzzweck erfolgen. Einzige Möglichkeit zur Unterscheidung ist, ob dem Abnehmer ein Schaden im zivilrechtlichen Sinne entstanden ist. Dieser Ansicht kann daher nicht gefolgt werden. Eine Ausdehnung des Tatbestands auf Beeinträchtigungen sonstiger Rechtsgüter mit nur mittelbar vermögensbezogenem Einschlag kann daher nicht bereits beim Merkmal „auf Kosten“ erfolgen.

Daher muss untersucht werden, ob die Veränderung der Formulierung in „zu Lasten“ eine solche Betrachtung zulässt. Der Rechtsausschuss begründet seine Empfehlung zur Veränderung des Begriffs mit der Klarstellung, dass der Gewinnabschöpfungsanspruch nicht die Ermittlung von einzelfallbezogenen Nachteilen voraussetzt. Vielmehr sei erforderlich, aber auch ausreichend, dass durch die Zuwiderhandlung bei einer Vielzahl von Abnehmern eine wirtschaftliche Schlechterstellung eingetreten sei. Eine Veränderung des materiellrechtlichen Gehalts der Anforderung der Vorschrift vermag ich, im Gegensatz zu der durch *von Braunmühl*[382] vertretenen Auffassung, nicht zu erkennen. Ausweislich der Begründung sollte nur eine Klarstellung und keine Veränderung erfolgen. Es ist somit der Auffassung *Köhlers* zuzustimmen und ein Gewinnabschöpfungsanspruch abzulehnen, wenn die angebotene Ware oder Dienstleistung ihr Geld wert ist.

(2) Fehlende Gleichwertigkeit zwischen Leistung und Gegenleistung Die zweite Fallgruppe zeichnet sich durch fehlende Gleichwertigkeit zwischen Leistung und Gegenleistung aus. Bei den durch unlautere E-Mail-Werbung angebotenen Waren und Dienstleistungen, wie Produkten des grauen Kapitalmarkts[383] oder zweifelhaften Medikamenten zur Behandlung von Zivilisationskrankheiten, fehlt es häufig an dieser Gleichwertigkeit. Bei die-

[381] *Alexander, Christian*, Die strafbare Werbung in der UWG-Reform. WRP 2004, S. 407, 418.
[382] *Fezer/von Braunmühl*, § 10 Rn. 176.
[383] Vgl. zur Begrifflichkeit: *Cramer*, S. 13.

ser Konstellation hängt ein Anspruch aus § 10 UWG davon ab, welchen Zusammenhang man zum einen zwischen dem Gewinn des unlauter Handelnden und der wirtschaftlichen Schlechterstellung der Abnehmer, zum anderen zwischen der wirtschaftlichen Schlechterstellung der Abnehmer und dem Wettbewerbsverstoß fordert.

Ausweislich der Begründung des Regierungsentwurfs sollte durch das Merkmal „auf Kosten“ klargestellt werden, dass der Tatbestand nur dann greift, wenn der Gewinnerzielung unmittelbar ein Vermögensnachteil der Abnehmer gegenübersteht.[384] Daher war nach dieser Formulierung noch eine Stoffgleichheit zwischen dem Gewinn des Rechtsverletzers und dem Schaden des Abnehmers erforderlich.[385] Dieses Unmittelbarkeitserfordernis wurde von verschiedenen Seiten kritisiert[386] Der Gesetzgeber änderte daher die Formulierung in „zu Lasten“. Dadurch soll klargestellt werden, dass der Gewinnabschöpfungsanspruch nicht die Ermittlung von einzelfallbezogenen Nachteilen voraussetze.[387] Vielmehr sei erforderlich, aber auch ausreichend, dass durch die Zuwiderhandlung bei einer Vielzahl von Abnehmern eine wirtschaftliche Schlechterstellung eingetreten ist. Durch die Formulierung „zu Lasten“ wurde also das Erfordernis einer Stoffgleichheit aufgegeben.[388]

Trotz der Aufgabe dieses Unmittelbarkeitserfordernisses sind Gewinn und wirtschaftliche Schlechterstellung nicht völlig voneinander losgelöst. Verbindendes Glied ist die vorsätzliche Zuwiderhandlung gegen § 3 UWG, die für beide ursächlich gewesen sein muss.[389] Welche Anforderungen an die Ursächlichkeit des Wettbewerbsverstoßes zu stellen sind, ist noch weitgehend ungeklärt.[390]

Nachfolgend soll untersucht werden, ob durch Verstöße gegen § 7 II Nr. 3 UWG ein für § 10 UWG ausreichender Zusammenhang zwischen dem Gewinn beim Rechtsverletzer

---

[384] BT-Drucks. 15/1487 S. 24.

[385] *Harte/Henning/Goldmann*, § 10 Rn. 75; *Fezer/von Braunmühl*, § 10 Rn. 185; *Leistner, Matthias/ Pothmann, Julia*, Direktwerbung im neuen europäischen Recht und in der UWG-Reform. WRP 2003, S. 815, 829.

[386] Vgl. Stellungnahme des Verbraucherzentrale Bundesverband vom 24.09.2003; Stellungnahme des Bundesrates BT-Drucks. 15/1487 S. 34.

[387] Vgl. Beschlussempfehlung und Bericht des Rechtsausschusses BT-Drucks. 15/2795 S. 21.

[388] *Harte/Henning/Goldmann*, § 10 Rn. 77; *Fezer/von Braunmühl*, § 10 Rn. 185.

[389] *Fezer/von Braunmühl*, § 10 Rn. 186.

[390] *Fezer/von Braunmühl*, § 10 Rn. 192.

und der wirtschaftlichen Schlechterstellung beim Abnehmer hergestellt wird. Ein ausreichender Zusammenhang könnte darin gesehen werden, dass der Vertrag, bei dem es an Gleichwertigkeit zwischen Leistung und Gegenleistung fehlt, durch E-Mail-Werbung veranlasst wurde. Gegen eine solche Annahme spricht aber, dass der Veranlassung eines Vertrages durch E-Mail-Werbung noch nicht die wirtschaftliche Schlechterstellung der Abnehmer bezüglich des Vertragsgegenstandes innewohnt. Die Abnehmer können auch für sie wirtschaftlich vorteilhafte Verträge für Waren oder Dienstleistungen schließen, auf die sie durch unlautere E-Mail-Werbung aufmerksam geworden sind. Die Schlechterstellung tritt ein, wenn der Inhalt der unlauteren E-Mail-Werbung irreführend ist. Die E-Mail-Werbung ist an sich nicht irreführend, sie ist nur Kommunikationsweg einer irreführenden Werbung. In diesen Fällen greift das Verbot der irreführenden Werbung des § 5 UWG. Ein Gewinnabschöpfungsanspruch ist bei einer Irreführung allgemein anerkannt.[391] Dieser begründet sich also bei irreführender unlauterer E-Mail-Werbung nicht darauf, dass für die Werbung die Form der E-Mail-Werbung gewählt wurde, sondern diese irreführend ist. Auf den Umstand, dass unverlangte E-Mails häufig Transportmittel für eine irreführende Werbung sind, genügt also nicht für die Begründung eines ausreichenden Zusammenhang zwischen unlauterer E-Mail-Werbung und wirtschaftlicher Schlechterstellung.

Ein ausreichender Zusammenhang zwischen Gewinn beim Rechtsverletzer und Schlechterstellung beim Abnehmer könnte sich aus dem Vorteil des unlauteren Handelns in Form der unlauteren E-Mail-Werbung gegenüber redlichen Werbemethoden ergeben. Unternehmer nutzen die wettbewerbswidrige Form der E-Mail-Werbung auf Grund ihrer sehr geringen Kosten. Wollte man die Anzahl von Verbrauchern mit anderen Werbemethoden erreichen, so wären die aufzuwendenden Kosten immens. Diese Kostendifferenz könnte als Ansatz für einen ausreichenden Zusammenhang zwischen dem Gewinn beim Rechtsverletzer und der Schlechterstellung beim Abnehmer dienen. Dieser Umstand kann aber nur Ansatzpunkt sein, wenn die Versender nicht nur Kosten einsparen, sondern wenn sie tatsächlich Kosten auf die Abnehmer abwälzen würden. Ersparte Kosten, wie etwa Briefporto, kom-

[391] Vgl. *Baumbach/Hefermehl/Köhler*, § 10 Rn. 10.

men also nicht in Betracht. Als abgewälzte Kosten könnte zunächst die vom Empfänger aufgewendete Zeit zum Lesen der E-Mails angesehen werden. Zeit ist jedoch, zumindest bei Privatpersonen[392], nicht ersatzfähig. Zudem haben diese Kosten für Zeit keine Entsprechung beim Werbenden. Dementsprechend liegt hier kein Abwälzen vor.
Als weitere Kosten kommen die für den Abnehmer anfallenden Onlinekosten für den Abruf der E-Mail in Betracht. Teile der Literatur stufen diese Kosten als wirtschaftliche Schlechterstellung der Abnehmer ein und stützen darauf den Anspruch aus § 10 UWG.[393] Nach meiner Ansicht spricht die sehr geringe Höhe dieser Kosten gegen diese Einschätzung.[394] Normzweck des § 10 UWG ist zwar gerade, so genannte Streuschäden, also die Schädigung einer Vielzahl von Abnehmern mit geringen Schadenshöhen, zu erfassen,[395] es muss aber dennoch eine Schadenshöhe bezifferbar sein. Dies fehlt bei den Onlinekosten für den Abruf einer einzelnen E-Mail, insbesondere deshalb, weil sich immer mehr das Gebührenmodell der Flatrates durchsetzt. Letztlich sind es auch nicht die Gebühren für den Abruf der Werbe-E-Mails, die sich der Versender erspart, sondern die immensen Kosten für eine lautere Werbemaßnahme mit gleicher Wirkung. Es ergibt sich also auch aus den Kosten für den Abruf der E-Mail-Werbung kein ausreichender Zusammenhang zwischen unlauterer E-Mail-Werbung und der wirtschaftlichen Schlechterstellung.

cc) Ergebnis Es ist also abschließend festzustellen, dass durch den alleinigen Versand unlauterer E-Mail-Werbung kein Anspruch auf Gewinnabschöpfung nach § 10 UWG begründet wird. Ein solcher ergibt sich nur, wenn durch die E-Mail-Werbung gleichzeitig noch ein anderer Wettbewerbsverstoß, regelmäßig durch irreführende Werbung, verwirklicht wird.

---

[392] Vgl. zur Ersatzfähigkeit von Freizeit: *Palandt/Heinrichs*, vor § 249 Rn. 38.
[393] *Fezer/von Braunmühl*, § 10 Rn. 190.
[394] Wegen der geringen höhe der Kosten begründen auch nicht diese, sondern das in jeder einzelnen E-Mail-Werbung angelegte Umsichgreifen die Unlauterkeit.(Vgl. *Brautigam/Leupold*, S. 1029; BGH CR 2004, 445, 447 - E-Mail-Werbung. Siehe ausführlich hierzu: B. I. 3)
[395] *Baumbach/Hefermehl/Köhler*, § 10 Rn. 3.

d) Kreis der Berechtigten

Nach der Bestimmung der möglichen Ansprüche gilt es kurz zu bestimmen, wem diese Ansprüche zustehen. Der Kreis der Berechtigten wird durch § 8 III UWG festgelegt. Während des Gesetzgebungsverfahrens wurde von verschiedenen Seiten die Forderung erhoben, auch individuelle Ansprüche des Verbrauchers in das UWG aufzunehmen oder das UWG als Schutzgesetz i.S.d. § 823 II BGB anzuerkennen.[396] Diese Forderung wurde damit begründet, dass nun auch der Verbraucher als Schutzsubjekt durch den Gesetzgeber anerkannt wurde.[397] Der Gesetzgeber kam diesen Forderungen aber nicht nach und stellte in der Gesetzesbegründung klar, dass der Verbraucher auch weiterhin nicht dem Kreis der Berechtigten angehören soll.[398] Dies hat zur Folge, dass das UWG auch weiterhin kein Schutzgesetz im Sinne des § 823 II BGB ist. Seine Ablehnung begründete der Gesetzgeber mit der Gefahr einer zu Standortnachteilen führenden Klagewelle durch die mit individuellen Ansprüchen ausgestatteten Verbraucher. Um diese Gefahr zu bannen, hätte sonst das Schutzniveau des UWG abgesenkt werden müssen, was letztlich den Verbrauchern geschadet hätte.[399]

Die Anspruchsberechtigten sind in § 8 III UWG abschließend aufgezählt. Im Bezug auf unlautere E-Mail-Werbung sind lediglich zwei Konstellationen erwähnenswert. Eine Besonderheit ergibt sich aus der Struktur des Marktes[400] für einige durch unlautere E-Mail-Werbung vertriebene Produkte, wie gefälschte Markenartikel oder Medikamente. Auf diesen Märkten sind nur Wettbewerber tätig, die kein Interesse an der Durchsetzung wettbewerbsrechtlicher Ansprüchen haben. In diesen Fällen sind es also nicht die Mitbewerber[401], sondern die übrigen in § 8 III UWG benannten Anspruchsberechtigten, welche die An-

---

[396] *Fezer, Karl-Heinz*, Das wettbewerbsrechtliche Vertragsauflösungsrecht in der UWG-Reform. WRP 2003, S. 127, 142; *Wimmer-Leonhardt, Susanne*, UWG-Reform und Gewinnabschöpfungsanspruch oder „Die Wiederkehr der Drachen". GRUR 2004, S. 12, 20; a.A. *Köhler, Helmut*, UWG-Reform und Verbraucherschutz. GRUR 2003, S. 265, 265.

[397] Vgl. BT-Drucks. 15/1487 S. 22. Der Verbraucher als Schutzsubjekt ist in § 1 UWG normiert.

[398] BT-Drucks. 15/1487 S. 22.

[399] BT-Drucks. 15/1487 S. 22.

[400] Vgl. zur Bestimmung des sachlich relevanten Marktes: *Baumbach/Hefermehl/Köhler*, § 2 Rn. 64.

[401] Das UWG definiert den „Mitbewerber" in § 2 Nr.3 UWG. Vgl. hierzu ausführlich: A. II. 4.

sprüche durchsetzen.

Eine Betrachtung bedarf auch eine mögliche Anspruchsberechtigung der Provider von E-Mail-Diensten. Diese haben aus mehreren Gründen ein Interesse, diese E-Mails zu unterbinden. Zum einen müssen sie durch den Anstieg der E-Mails größere Speicher- und Übertragungskapazitäten bereithalten und für diese Investitionskosten aufwenden, zum anderen erhöht eine gute Spamabwehr die Attraktivität ihres Angebotes.

Für wettbewerbsrechtliche Ansprüche müssten die Versender der E-Mail-Werbung und die Provider auf demselben sachlichen Markt tätig sein. Dies ist nur in dem Ausnahmefall, dass der Versender selbst für Provider-Dienste wirbt, der Fall. Ansprüche aus Wettbewerbsrecht stehen dem Provider daher in der Regel nicht zu. Er muss auf die Unterlassungsansprüche, die ihm durch den Eingriff der Versender in seinen Gewerbebetrieb erwachsen, zurückgreifen.[402] Es ist vielmehr so, dass der Provider den fremden Wettbewerb der Versender unlauterer E-Mail-Werbung fördert. Selbstverständlich kann er hierfür nicht in Anspruch genommen werden, da es ihm an der Absicht zur Förderung fremden Wettbewerbs fehlt. Er wird von den Versendern zur Förderung ihres Wettbewerbs missbraucht.

e) Durchsetzung der Ansprüche

Die Durchsetzung der Ansprüche gegen die Versender unlautere E-Mail-Werbung wir durch tatsächliche und rechtliche Gegebenheiten erschwert. Unproblematisch sind die Fälle, in denen ein deutscher Anbieter legale Produkte anbietet. Gegen diesen ist eine effektive Durchsetzung der Ansprüche möglich, da seine Identität bekannt ist und er im Geltungsbereich der deutschen Gerichtsbarkeit seinen Sitz hat. Diese Konstellation ist aber nur selten anzutreffen. In den meisten Fällen ist bereits die Identifizierung der Absender unmöglich, da diese zahlreiche technische Möglichkeiten zur Verschleierung ihrer Identität nutzen. Sollte eine Identifizierung in Ausnahmefällen gelingen, so befindet sich der Sitz

[402] Vgl. ausführlich zu diesen Ansprüchen: *Härting, Niko/Eckart, Christian*, Provider gegen Spammer. CR 2004, S. 119, 120.

des Versenders regelmäßig außerhalb des Gebiets der Bundesrepublik. In diesen Fällen stellt sich die Frage, ob überhaupt ein wettbewerbsrechtlicher Anspruch gegen aus dem Ausland versandte E-Mail-Werbung besteht und wie dieser durchzusetzen ist.

Für das Bestehen eines Anspruchs müsste zunächst das deutsche UWG auf diesen Sachverhalt anwendbar sein. Entscheidend für die Anwendung deutschen Rechts ist, ob auf den Sachverhalt das Marktort - oder das Herkunftslandprinzip zur Anwendung kommt. Grundsätzlich ist das Marktortprinzip anzuwenden.[403] Dieses besagt, dass das Recht des Marktortes anzuwenden ist. Dieser ist dort, wo die wettbewerblichen Interessen der Mitbewerber aufeinander treffen.[404] Im Bereich des elektronischen Handels wird dieses Prinzip weitgehend durch das Herkunftslandprinzip ersetzt. Dieses wird durch die E-Commerce-Richtlinie[405] angeordnet und besagt, dass das Recht des Landes anzuwenden ist, in dem der Handelnde seinen Sitz hat.[406] Von diesem nimmt die Richtlinie aber durch ihren Art. 3 III i.V.m. Anhang 8. Spiegelstrich unlautere E-Mail-Werbung aus. Daher ist auf diese das Marktortprinzip anzuwenden. Bei dieser findet der Wettbewerb um den Kunden dort statt, wo die E-Mail empfangen wird. Marktort ist also die Bundesrepublik für dort empfangene Mails.[407] Auf unlautere E-Mail-Werbung kann daher deutsches UWG angewendet werden.

Durch die Anwendbarkeit des deutschen UWG ist jedoch noch nicht viel gewonnen. Effektiven Rechtsschutz erfährt der Kläger erst, wenn er das in Deutschland ergangene Urteil auch vollstrecken kann. Dies wird ihn in den meisten Fällen vor unüberbrückbare rechtliche und tatsächliche Schwierigkeiten stellen. Sollte der Versender seinen Sitz innerhalb der EU haben, so kann der Kläger mit Hilfe des EuGVVO[408] eine Vollstreckung mit

[403] Vgl. OLG München GRUR-RR 2004, 85, 85; *Palandt/Heldrich*, Art. 40 EGBGB Rn. 11; *Lindacher FS Lüke*, Die internationale Verbandsklage in Wettbewerbssachen, in: Festschrift für Gerhard Lüke zum 70. Geburtstag , hrsg. von Hanns Prütting u. a., S. 382; *Grandpierre*, S. 4.

[404] *Baumbach/Hefermehl/Köhler*, UWG Einl. Rn. 5.5; BGHZ 35, 329, 333 - Kindersaugflaschen; BGH GRUR 1991, 463, 464 - Kauf im Ausland.

[405] Richtlinie 2000/31/EG Amtsblatt Nr. L 178 vom 17/07/2000 S. 0001 - 0016.

[406] *Baumbach/Hefermehl/Köhler*, Einl. UWG Rn. 5.21; *Naskret*, S. 23.

[407] *Mankowski, Peter*, Besondere Formen von Wettbewerbsverstößen im Internet und Internationales Wettbewerbsrecht. GRURInt 1999, S. 995, 1001.

[408] Verordnung (EG) Nr. 44/2001 des Rates vom 22. Dezember 2000 über die gerichtliche Zuständigkeit und die Anerkennung und Vollstreckung von Entscheidungen in Zivil- und Handelssachen Amtsblatt

Erfolgsaussichten einleiten.[409] Befindet sich der Versender jedoch im außereuropäischen Ausland, so wird der Versuch der Vollstreckung schwierig bis aussichtslos. Treten bereits bei der Vollstreckung in den USA erhebliche Probleme auf.[410], so ist der Versuch einer Vollstreckung beispielsweise in China nahezu aussichtslos.

6. Technische Möglichkeiten der Abwehr

Die vorangegangenen Ausführungen haben gezeigt, dass das Recht allein keine wirkungsvollen Lösungen bereithält, um ein Problem wie „Spamming“, das seinen Ursprung im technischen Bereich hat, zu bekämpfen. Von Interesse ist daher, ob dieses Problem durch technische Maßnahmen bekämpft werden kann. Der Versender bedient sich der technischen Möglichkeiten, die ihm das Internet bietet. Hält dieses auch Möglichkeiten für den Empfänger bereit, den Versender mit seinen „eigenen Waffen“ zu schlagen?
Vor Betrachtung der technischen Abwehrmöglichkeiten gilt es der Frage nachzugehen, warum im Internet überhaupt die Möglichkeit des Spamversandes besteht. Die Antwort ist in der Struktur des Internets zu finden. Das Internet wurde zunächst für militärische und später für wissenschaftliche Zwecke entwickelt.[411] Es wurde nicht für die Wirtschaft geschaffen.[412] Die wirtschaftliche Nutzung erfordert im Gegensatz zur wissenschaftlichen Sicherungs- und Identifizierungsmechanismen. Das Fehlen solcher Mechanismen in der Grundstruktur des Internets begründet Schwachstellen, die den Versand von Spam ermöglichen. Diese bestehen bei den E-Mail-Servern und bei dem für den E-Mail-Versand zuständigen Protokoll[413]. Neben diesen Schwachstellen ermöglichen auch Sicherheitslücken bei der verwendeten Software der Endanwender den Versand von Spam durch den Einsatz von Viren und Trojanern. Diese Probleme basieren zwar nicht auf der Struktur

Nr. L 12/1 vom 16.1.2001.

409 Vgl. *Stein, Andreas*, Neuere Entwicklungen bei der gegenseitigen Anerkennung und Vollstreckung von zivilrechtlichen Urteilen in Europa. WiRO 2003, S. 289, 289.

410 Vgl. *Schütze*, S. 509.

411 Vgl. zur Entwicklung des Internets: *Köhler/Arndt*, S. 2.

412 Die National Science Foundation untersagte bis 1991 jede kommerzielle Nutzung des Internets.(Vgl. *Lessig*, S. 80)

413 Das Simple Mail Transfer Protocol (SMTP) regelt den E-Mail-Verkehr.

des Internets, führen aber zur Schwächung der Sicherheitsmechanismen im Internet.

a) Spamfilter

Als technische Maßnahmen zur Spamabwehr kommen momentan hauptsächlich Spamfilter zum Einsatz. Diese Programme überprüfen eingehende E-Mails auf Auffälligkeiten, um Spam zu separieren. Hierzu werden die drei Merkmale Herkunft, Inhalt und das Versendeaufkommen des Servers zum Zeitpunkt des Versandes der E-Mail näher untersucht. Die Herkunft der E-Mails wird darauf hin überprüft, ob sie von einer bereits bekannten Spam-Quelle stammt. Diese Methode ist allerdings nur bedingt erfolgreich, da die Spammer ständig ihre Identität wechseln. Erfolgreicher ist die Filterung basierend auf dem Inhalt der E-Mail. Hierbei wird die Betreffzeile und die eigentliche Nachricht auf häufig in Spammails auftauchende Schlagwörter und Sätze durchsucht.[414] Das Versandaufkommen des versendenden E-Mail-Servers wird darauf hin überprüft, ob es signifikant das Normalmaß überschreitet. Sollte dies der Fall sein, so werden die E-Mails einer zusätzlichen rechenintensiveren Untersuchung unterzogen.

Unerwünschter Nebeneffekt aller Spamfilter ist das irrtümliche Aussortieren erwünschter E-Mails als Spam. Die Anzahl solcher „false positives“ nimmt mit der Strenge des Filters zu. Hier die richtige Balance zu finden, ist schwierig. Aus diesem Grund werden E-Mails oft nur als Spam für den Empfänger markiert, damit dieser über die weitere Behandlung der Mail entscheiden kann.

Alle Spamfilter sehen sich einem grundlegenden Problem gegenüber. Sie basieren auf dem Vergleich von Merkmalen. Derartige Vergleiche sind aber mathematisch sehr aufwendig und müssen pro E-Mail in einem erträglichen Rahmen gehalten werden. Desto genauer ein Spamfilter arbeitet, desto mehr Zeit ist für die Überprüfung erforderlich. Wenn ein

[414] Ein Programm, welches diese Filtermethode sehr effektiv anwendet ist, z.B. Spamassassin.(http://spamassassin.apache.org - Zugriff am 20.12.2005) Das Programm basiert auf einem Punktesystem. Für jede Auffälligkeit werden Punkte vergeben. Überschreitet die Summe aller Punkte einen gewissen Schwellenwert, wird diese E-Mail als Spam eingestuft und als solcher gekennzeichnet.

Spamfilter eine Sekunde braucht um eine E-Mail zu bearbeiten, aber jede Sekunde zwei E-Mails zur Bearbeitung erhält, kann er nur 50% aller E-Mails sofort bearbeiten und muss die übrigen E-Mails für eine spätere Bearbeitung zwischenspeichern. Dies führt zu einer Verzögerung der Zustellung der E-Mail und im schlimmsten Fall zur Erschöpfung des Speichers. Ohne weitere Speicherkapazität müssen eingehende E-Mails entweder ungefiltert zugestellt oder gelöscht werden. Aus diesem Grund ist der Effizienz von Spamfiltern eine Grenze gesetzt. Diese versuchen letztlich nur, die Auswirkungen der Defizite im Aufbau des Internets zu bekämpfen. Eine nachhaltig effektive Spamabwehr ist nur durch deren Beseitigung möglich. Schwierig, wahrscheinlich sogar unmöglich, macht deren Behebung der nicht zu kontrollierende dezentrale Aufbau des Internets, der einen einfachen Austausch der verwendeten Protokolle unmöglich macht. Aus diesem Grund ist allen Ansätzen der Spambekämpfung, die auf ein einheitliches Handeln aller Internetnutzer aufbauen, nur geringe Erfolgsaussichten zuzusprechen.[415] Die Problematik der Uneinigkeit zeigt sich auch wieder bei aktuellen Ansätzen der Spambekämpfung. Zwischen den großen Anbietern von E-Mail-Diensten besteht Übereinstimmung, dass es sinnvoller ist, nur noch erwünschte E-Mails von den globalen Mailservern annehmen zu lassen, anstatt unerwünschte E-Mails auszusortieren. Dieses Ziel soll durch eine gegenseitige Identifizierung der Absender-Domains erreicht werden. Die Einigkeit endet allerdings bei der Frage, welches Verfahren für die Authentifizierung eingesetzt werden soll. AOL und Andere präferieren das „Sender Policy Framework“, während Microsoft auf „SenderID“ und Yahoo und Google Mail auf „Domain Keys“ setzen. Funktionieren kann auch dieser Ansatz nur bei einem einheitlichen Verfahren.

Auf Grund des Erfordernisses des gemeinschaftlichen Handelns kann in mittlerer Zukunft nicht mit einer befriedigenden technischen Lösung für das Spamproblem gerechnet werden.

[415] Solche Ansätze sind etwa eine Gebühr oder Rechenzeit für jede Mail.

b) Rechtliche Zulässigkeit der Filterung

Es bestehen nicht nur keine absolut wirksamen technischen Möglichkeiten zu Abwehr von Spam, deren Einsatz durch Unternehmen und Accesprovider stehen auch noch rechtliche Einschränkungen entgegen.

aa) § 206 StGB Der Einsatz von Spamfiltern kann eine Strafbarkeit wegen Verletzung des Post- oder Fernmeldegeheimnisses (§ 206 StGB) nach sich ziehen. Der Straftatbestand des § 206 StGB schützt ausweislich seines Absatzes 5 jede Art der individuellen Nachrichtenübermittlung und damit auch E-Mails.[416]

Abwehrmaßnahmen einsetzende Unternehmen und Accesprovider gehören auch zum Täterkreis des § 206 StGB. Zu diesem gehören Personen, die Beschäftigte oder Inhaber eines Unternehmens sind, das geschäftsmäßig Telekommunikationsdienste erbringt. Dieser Personenkreis entspricht den gemäß § 85 II TKG zur Wahrung des Fernmeldegeheimnisses verpflichteten Personen.[417] Das TKG zählt zu dem Kreis der Verpflichteten auch Access- und Internet-Service-Provider.[418] Dies gilt auch, wenn diese ihre Dienste kostenlos anbieten.[419] Neben diesen erfüllt aber auch jeder Unternehmer, der seinen Mitarbeitern die private Nutzung ihrer Firmen-E-Mail-Adresse gestattet, die Voraussetzungen des § 85 II TKG, da er dadurch ein Angebot von Übertragungswegen an Dritte macht.[420]

Durch das automatische Aussortieren einer E-Mail liegt nach einhelliger Ansicht kein Ausforschen einer Sendung gemäß § 206 II Nr. 1 StGB vor, da von dieser Tatbestandsalternative nur körperliche Gegenstände erfasst werden.[421]

Anders ist dies bei der Alternative des Unterdrückens gemäß § 206 II Nr. 2 StGB. Da die Sendung hier nicht verschlossen zu sein braucht, werden auch nicht körperliche Gegen-

[416] *Tröndle/Fischer*, § 206 Rn. 15; *Barton, Dirk*, E-Mail-Kontrolle durch Arbeitgeber. CR 2003, S. 839, 843.

[417] *Lackner*, § 206 Rn. 3; BT-Drucks. 13/8016 S. 29.

[418] Vgl. *Heidrich, Joerg/Tschoepe, Sven*, Rechtsprobleme der E-Mail-Filterung. MMR 2004, S. 75, 80.

[419] *Büchner/Büchner*, § 85 Rn. 4.

[420] *Ernst, Stefan*, Der Arbeitgeber, die E-Mail und das Internet. NZA 2002, S. 585, 587; *Däubler*, S. 133; a.A. *Jofer, Robert/Wegerich, Christine*, Betriebliche Nutzung von E-Mail-Diensten: Kontrollbefugnisse des Arbeitgebers. K&R 2002, S. 235, 239.

[421] *Schönke/Schröder/Lenckner*, § 206 Rn. 17.

stände erfasst[422], womit auch E-Mails taugliche Tatobjekte sind.

Die Sendung muss dem Unternehmen „zur Übermittlung anvertraut" sein. Dies ist bei einer E-Mail spätestens dann der Fall, wenn die Anfrage zur Übermittlung von Daten den Mail-Server des Unternehmens erreicht hat und der versendende Mailserver die Daten dem empfangenden Server übermittelt hat.[423]

Ferner ist für die Tatbestandsverwirklichung ein „Unterdrücken" erforderlich. Ein solches ist bei E-Mails gegeben, wenn durch Eingriffe in den Übermittlungsvorgang die vollständige oder unverstümmelte Übertragung verhindert wird.[424] Dies ist der Fall, wenn E-Mails ausgefiltert oder blockiert werden.[425]

Es muss also festgehalten werden, dass durch den Einsatz von technischen Abwehrmöglichkeiten gegen Spam der Tatbestand des § 206 StGB erfüllt wird.

bb) § 303 a StGB Neben dem Straftatbestand des § 206 StGB kann auch der des § 303 a StGB (Datenveränderung) verwirklicht werden. Bei dieser Norm ist der Täterkreis nicht wie bei § 206 StGB auf Inhaber oder Beschäftigte von Unternehmen, die geschäftsmäßig Telekommunikationsdienstleistungen erbringen, beschränkt. Daher gehören auch Unternehmer, die ihren Mitarbeitern die private E-Mail-Nutzung untersagt haben, zum tauglichen Täterkreis. Die Tathandlung des Löschens, Unterdrückens, oder Unbrauchbarmachens wird durch das Ausfiltern von E-Mails erfüllt.[426]

cc) Rechtfertigungsgrund Um eine Strafbarkeit zu vermeiden, muss der Einsatz von Filtern daher rechtlich abgesichert werden.

Unternehmen können ein strafrechtlich relevantes Verhalten i.S.d. § 206 StGB vermeiden, wenn sie den Mitarbeitern die Nutzung der Firmen-E-Mail-Adressen zu privaten

[422] *Schönke/Schröder/Lenckner*, § 206 Rn. 20; OLG Karlsruhe, Beschluss vom 10.01.2005, 1 Ws 152/04 JurPC Web-Dok. 52/2005, Abs. 21.

[423] OLG Karlsruhe, Beschluss vom 10.01.2005, 1 Ws 152/04 JurPC Web-Dok. 52/2005, Abs. 21; *Heidrich, Joerg/Tschoepe, Sven*, Rechtsprobleme der E-Mail-Filterung. MMR 2004, S. 75, 77.

[424] *Schönke/Schröder/Lenckner*, § 206 Rn. 20.

[425] OLG Karlsruhe, Beschluss vom 10.01.2005, 1 Ws 152/04 JurPC Web-Dok. 52/2005, Abs. 21; *Heidrich, Joerg/Tschoepe, Sven*, Rechtsprobleme der E-Mail-Filterung. MMR 2004, S. 75, 77.

[426] *Heidrich, Joerg/Tschoepe, Sven*, Rechtsprobleme der E-Mail-Filterung. MMR 2004, S. 75, 78.

Zwecken untersagen, da sie dann nicht mehr Anbieter von Telekommunikationsleistungen für Dritte sind. Für Acess- und Internet-Service-Provider ist dieser Weg nicht gangbar. Sie benötigen einen Rechtfertigungsgrund. Ein solcher ist für § 206 StGB gegeben, wenn sie nicht „unbefugt" i.S.d. der Norm handeln. Dem Tatbestandsmerkmal „unbefugt" kommt bei § 206 StGB eine Doppelfunktion zu. Ein Einverständnis schließt bereits die Tatbestandsmäßigkeit des § 206 StGB aus, im Übrigen handelt es sich um ein allgemeines Rechtswidrigkeitsmerkmal.[427]

Ein tatbestandsausschließendes Einverständnis können Providern durch Vereinbarungen mit ihren Kunden erzielen. Dabei müssen diese wegen des Verweises in § 3 I TDSV auf § 4 II 2 BDSG schriftlich geschlossen werden. Unternehmer können Betriebsvereinbarungen oder Einzelvereinbarungen zur Erlangung des Einverständnisses schließen.[428]

Rechtfertigend kann auch § 109 I Nr. 2 TKG greifen. Dieser verpflichtet den Betreiber[429] einer Telekommunikationsanlage, diese vor unerlaubten Zugriffen zu schützen. Solche unerlaubten Zugriffe können durch Viren erfolgen, die sich in Dateianhängen von E-Mails befinden. Sollte also eine virenbehaftete E-Mail eingehen, wäre deren Löschung durch § 109 I Nr. 2 TKG gerechtfertigt.[430]

Um eine Strafbarkeit nach § 303 a StGB zu vermeiden, ist ebenfalls ein tatbestandsausschließendes Einverständnis oder der Rechtfertigungsgrund des § 34 StGB bei virenbehafteten E-Mails erforderlich

dd) Ergebnis Abschließend ist also festzuhalten, dass durch den Einsatz technischer Abwehrmöglichkeiten gegen Spam die objektiven Tatbestände der Verletzung des Fernmeldegeheimnisses gemäß § 206 StGB und der Datenveränderung gemäß § 303 a StGB verwirklicht werden. Um sich nicht strafbar zu machen, muss der Einsetzende geeignete Vorkehrungen treffen. Für Provider empfiehlt sich, verdächtige E-Mails in Spam-Ordner

427 *Schönke/Schröder/Lenckner*, § 206 Rn. 11.

428 *Dickmann, Roman*, Inhaltliche Ausgestaltung von Regelungen zur privaten Internetnutzung im Betrieb. NZA 2003, S. 1009 ff.

429 Wie oben dargelegt können auch Unternehmen unter diesen Begriff fallen.

430 *Heidrich, Joerg/Tschoepe, Sven*, Rechtsprobleme der E-Mail-Filterung. MMR 2004, S. 75, 78.

zu verschieben und den Empfänger die Entscheidung zu überlassen, welche E-Mails er löschen möchte. Möchte er nicht diese Lösung verfolgen und verdächtige Mails löschen, so hat er das schriftliche Einverständnis der Empfänger einzuholen. Bei Unternehmen ist es wegen § 303 a StGB nicht ausreichend, die private Nutzung von E-Mails zu untersagen. Es müssen entsprechende Betriebs- oder Individualvereinbarungen getroffen werden. Für die Löschung virenbehafteter E-Mails stehen sowohl Provider als auch Unternehmer Rechtfertigungsgründe zu Seite, so dass hierfür kein Einverständnis vorliegen muss.

II. Wettbewerbsrechtliche Beurteilung von Hyperlinks

1. Begriffsbestimmung und technische Darstellung des Linking

Hyperlinks[431] verbinden einzelne Webseiten und sind dadurch zentrales Element des Internets. Programmiertechnisch sind Links ein Verweis für den Browser auf weitere Ressourcen. Ressourcen können alle Arten von Daten sein. So kommen E-Mail-Adressen, einzelne Elemente von Internetseiten oder ganze Internetseiten als Ressourcen in Betracht. Links enthalten die Adresse der Ressource und können durch den Programmierer mit einem Namen verknüpft werden, um dem Nutzer zu verdeutlichen, welche Ressource er durch ihn aufrufen kann. Unter diesem Namen wird er dann als Link auf der Webseite angezeigt. Das Herunterladen einer Seite durch einen Link unterscheidet sich nicht vom Aufruf eine Seite durch manuelle Eingabe der URL.[432] Technisch gesehen gibt es also nur eine Art von Link, nämlich den Verweis auf eine Ressource. Unterschiede ergeben sich erst aus der Verwendung der Ressource.

Ausgehend von der Feststellung, dass aus technischer Sicht nur eine Art von Link existiert, stellt sich die Frage, aus welchem Blickwinkel eine wettbewerbsrechtliche Betrachtung erfolgen muss. Im Wettbewerbsrecht ist auf die kommunikative Wirkung abzustellen.[433] Die

[431] Auch kurz Link; aus dem Englischen für „Verbindung".
[432] Siehe zur Eingabe der URL: A. III.
[433] *Wiebe, Andreas*, „Deep-Links" - Neue Kommunikationsformen im Wettbewerb aus lauterkeitsrechtlicher Sicht. WRP 1999, S. 734, 735; *Keßler, Jürgen*, „Marktordnung, Wettbewerb und Meinungs-

Links müssen deshalb nach der Wahrnehmung durch den Nutzer unterschieden werden, womit die juristische Bewertung von der Bewertung der Informatik abweicht.
Nachfolgend werden daher die Arten der verschiedenen Links entsprechend ihrer Wahrnehmung durch den Nutzer unterschieden und juristisch bewertet. Es lassen sich drei Arten von Links unterscheiden:

a) Link

In seiner Grundform präsentiert sich der Link dem Benutzer als ein durch Unterstreichung kenntlich gemachtes Wort bzw. Satz, den er anklicken muss, um zur Ressource weitergeleitet zu werden.

b) Deep-Link

In der rechtswissenschaftlichen Literatur wird ein bestimmter Problemkreis des Linkings unter dem Begriff Deep-Link diskutiert. Damit wird die Fallgruppe bezeichnet, in welcher der Link nicht auf die Startseite einer Webseite, sondern auf eine tiefere Ebene verweist. Diese Einteilung orientiert sich rein an der Wahrnehmung des Links durch den Nutzer. Denn technisch gesehen gibt es keine Startseite eines Webauftritts. Alle Seiten stehen gleichberechtigt nebeneinander. Als Startseite wird im Allgemeinen die Seite bezeichnet, die bei alleiniger Eingabe des Domainnamens, z.B. www.spiegel.de, angezeigt wird. Diese Seite wird durch den Webmaster festgelegt. Auch diese Startseite hat eine eigene Adresse, wenn man diese kennt, kann man auch die Seite direkt durch einen „Deep-Link“ aufrufen.[434]

freiheit“ - wettbewerbstheoretische und verfassungsrechtliche Aspekte des § 6e UWG. WRP 1987, S. 75, 76.

[434] Bei Eingabe der URL www. bahn.de wird die Seite http://www.bahn.de/-S:PtVOSN:d7cPNtNNWfk7E9NNNOdM/p/view/index.shtml als Startseite angegeben. Würde man diese URL direkt eingeben, so gelangte man direkt zu dieser Seite.

c) Inline-Linking

Der Zugriff und die Darstellung einzelner Inhalte anderer Webseiten auf einer Webseite durch einen Link, der für den Betrachter unbemerkt bleibt, wird als Inline-Link bezeichnet. Die Quellen können eigene oder Seiten Dritter sein. Rechtlich von Interesse sind nur solche Inline-Links, die auf Seiten Dritter verweisen. Durch Inline-Links werden häufig einzelne Bilder von Seiten Dritter auf die eigene übernommen. Die meisten Inline-Links verweisen nicht auf die Startseite und sind somit zugleich Deep-Links.
Werden nicht nur einzelne Inhalte, sondern ganze Seiten übernommen, so wird dies als Framing bezeichnet. Es können mehrere Frames auf einer Seite angezeigt werden. So können Seiten erstellt werden, die aus mehreren Webseiten bestehen.

2. Technische Schutzmaßnahmen gegen Linking

Technische Schutzmaßnahmen gegen Linking können an zwei Stellen ansetzen. Sie können dort, wo die Webseite zum Abruf bereitgehalten wird (Server) oder auf dem PC des Nutzers, der die Seite aufrufen möchte (Client), eingesetzt werden.[435]
Auf dem Client beruhende Schutzmaßnahmen erfordern die Mithilfe des Benutzers. Er kann daher über die Wirksamkeit der Schutzmaßnahme gegen den unerwünschten Link entscheiden. Aus diesem Grund sind solche Schutzmaßnahmen ineffektiv und schränken darüber hinaus nicht selten die gewünschte Nutzbarkeit der Seite ein. Als clientbasierte Schutzmaßnahme werden häufig Bozofilter angeführt.[436] Diese sollen durch die Verwendung eines Java-Scripts das Linking von bestimmten Seiten zulassen oder verhindern.
Wirklich effektiv gegen Linking wirken nur serverbasierte Schutzmaßnahmen.[437] Eine serverbasierte Schutzmaßnahme ist die dynamische Gestaltung der Adresse der Datenquelle. Dabei wird sich der Umstand zunutze gemacht, dass ein Link immer nur statisch auf ei-

[435] Ein Server ist ein Rechner, der als eine Art zentrale Stelle im Netzwerk allen anderen Rechnern bestimmte Dienste anbietet. Die Anwendungen, die den Dienst des Servers in Anspruch nehmen, sind die Clients. Man spricht daher vom Client-Server-Prinzip.

[436] Vgl. *Ott*, Urheber- und wettbewerbsrechtliche Probleme von Linking und Framing, S. 123.

[437] Serverbasierte Schutzmaßnahmen sind generell überlegen, da bei ihnen keine Daten in die Gewalt der Nutzer übergeben werden.

ne Datenquelle verweisen kann.[438] Bei einer dynamisch gestalteten Webseite bleibt immer nur die Adresse der festgelegten Startseite gleich. Diese muss statisch bleiben, um die Auffindbarkeit des Webauftritts zu gewährleisten. Die Adressen von Unterseiten und anderer Quellen werden ständig verändert. Durch die dynamische Generierung der Adressen sind diese dem Nutzer nicht bekannt. Er muss zu deren Erreichung immer über die Startseite gehen, der die aktuellen Adressen bekannt sind. Daher sind auch dem Linksetzer die aktuellen Adressen unbekannt und sein Link geht ins Leere. Zur dynamischen Ausgestaltung von Webseiten gibt es eine Vielzahl von Möglichkeiten. Gebräuchlich ist es, die Adressen von Daten in Zeitintervallen zu verändern oder sie für jeden Benutzer individuell anzulegen. Zur Programmierung dynamischer Webseiten stehen mehrere Programmiersprachen zur Verfügung.[439]

Das dynamische Erzeugen von Seiten wird nicht nur zur Abwehr von Links eingesetzt. Dynamische Seiten werden überall dort verwendet, wo auf die Eingabe des Benutzers reagiert werden muss. Ein Anwendungsfall sind etwa Suchmaschinen. Anhand der Eingabe des Nutzers erstellt die Software der Suchmaschine eine jeweils eigene Liste mit passenden Treffern.

Durch dynamische Webseiten können also Deep-Links verhindert werden, da diese nicht auf die festgelegte Startseite verweisen. Wegen der Notwendigkeit einer statischen Adresse zur Auffindbarkeit der Startseite kann diese Methode aber nicht gegen Links auf die Startseite verwendet werden.

3. Rechtliche Bewertung von Deep-Links

Bei der rechtlichen Beurteilung des Deep-Linkings wird, entsprechend der Zielsetzung der Arbeit, auf die wettbewerbsrechtliche und nicht auf die urheberrechtliche Sicht abgestellt.

[438] Teilweise werden auch Webseiten mit animierten Grafiken als „Dynamische Seiten" bezeichnet. Solche Seiten stehen aber nicht im Zusammenhang mit dem hier beschriebenen.

[439] Gebräuchlich sind ASP, JSP, CGI/PHP, CGI/Python und CGI/Perl.(CGI ist nicht das eigentliche Programm, sondern ist für die Kommunikation zwischen dem eigentlichen Programm und dem Browser des Benutzers zuständig. Im Fall CGI/PHP wird das eigentliche Programm in PHP geschrieben und durch CGI angesprochen.)

Im Vordergrund der Darstellung steht die Paperboy-Entscheidung des BGH.[440]

a) Ergänzender wettbewerbsrechtlicher Leistungsschutz (§ 4 Nr. 9 UWG)

Das Setzen eines Deep-Links könnte aus wettbewerbsrechtlicher Sicht in die Fallgruppe des ergänzenden wettbewerbsrechtlichen Leistungsschutzes einzuordnen sein.

aa) Verhältnis zum Sonderrechtsschutz Wie sich bereits aus der Bezeichnung ergibt, ergänzt diese Fallgruppe die Sonderschutzrechte. Raum für Ergänzung bleibt aber nur dort, wo die Gesetze des Urheberrechts und des gewerblichen Rechtsschutzes ihre Grenzen haben.[441] Denn die unterschiedlichen Schutzrichtungen der Sonderschutzrechte und des UWG verbieten eine Erweiterung der Sonderschutzrechte durch das UWG. Die Sonderschutzrechte schützen die schöpferische Leistung und stellen insoweit eine abschließende Regelung dar.[442] Das Wettbewerbsrecht wendet sich hingegen gegen das Handlungsunrecht, also gegen das „Wie" der Nachahmung und nicht den Umstand der Nachahmung selbst.[443] Daher gewährt das UWG keinen ergänzenden Leistungsschutz, wenn bereits ein Sonderrechtsschutz besteht oder wenn die Regelungen und Wertungen des Sonderrechtsschutzes einen weiter gehenden Schutz ausschließen.[444] Diese grundsätzliche Nachahmungsfreiheit ist Ergebnis der Überzeugung, dass diese als Vehikel des Fortschritts in Technik, Kultur und Wissenschaft unerlässlich ist.[445] Der ergänzende Leistungsschutz des UWG greift, wenn neben dem Verwerten einer fremden Leistung als wettbewerbliches Verhalten noch Umstände hinzutreten, die außerhalb des sondergesetzlichen Tatbestands liegen und das Verhalten als unlauter erscheinen lassen.[446]

---

[440] BGH GRUR 2003, 958 = BGH NJW 2003, 3406 - Paperboy.

[441] *Rittner*, Rn. 77.

[442] *Baumbach/Hefermehl/Köhler*, § 4 Rn. 9.6.

[443] *Köhler/Piper/Piper*, § 1 Rn. 592.

[444] *Baumbach/Hefermehl/Köhler*, § 4 Rn. 9.6.; BGH GRUR 1994, 630, 632 - Cartier-Armreif; BGH GRUR 1987, 814, 816 - Die Zauberflöte.

[445] *Hellenschmidt*, S. 3.

[446] *Köhler/Piper/Piper*, § 1 a.F. Rn. 594; *Baumbach/Hefermehl/Köhler*, § 4 Rn. 9.6.; BGH GRUR 1999, 325, 325 - Elektronisches Pressearchiv ; BGH GRUR 2002, 629, 631 - Blendsegel.

bb) UWG-Novelle Unter der bisherigen Rechtslage wurde der ergänzende wettbewerbsrechtliche Leistungsschutz in die Fallgruppe des Nachahmens fremder Leistung und in die Gruppe des unmittelbaren Übernehmens einer fremden Leistung unterteilt und als Folge unterschiedliche Anforderungen an das Unlauterkeitsmerkmal gestellt. [447]
In das novellierte UWG wurde der ergänzende Leistungsschutz mit § 4 Nr. 9 UWG als Beispielstatbestand aufgenommen. Hierbei wurde im Wesentlichen die Rechtsprechung kodifiziert.[448]
Für die Gewährung ergänzenden wettbewerbsrechtlichen Leistungsschutzes nach § 4 Nr. 9 UWG müssen drei Voraussetzungen erfüllt sein. Ein Unternehmer muss ein Leistungsergebnis eines Mitbewerbers nachahmen und auf dem Markt anbieten. Dieses Leistungsergebnis darf nicht unter Sonderrechtsschutz stehen und muss eine wettbewerbliche Eigenart aufweisen. Schließlich müssen besondere Umstände vorliegen, die das Verhalten unlauter werden lassen.

cc) Waren und Dienstleistungen Nach seinem Wortlaut bezieht sich § 4 Nr. 9 UWG nur auf Waren und Dienstleistungen. Dies hindert jedoch nicht daran, eine Nachahmung durch Deep-Links in Betracht zu ziehen. Denn der Begriff ist weit auszulegen, Gegenstand der Leistungsübernahme können Leistungsergebnisse jeder Art sein.[449] Daher ist begrifflich eine Leistungsübernahme durch Deep-Links grundsätzlich möglich.

dd) Nachahmung Zur Frage der Leistungsübernahme durch Deep-Linking wird ein breites Meinungsspektrum vertreten.

[447] *Köhler/Piper/Piper*, § 1 Rn. 618.
[448] *Köhler, Helmut/Bornkamm, Joachim/Henning-Bodewig, Frauke*, Vorschlag für eine Richtlinie zum Lauterkeitsrecht und eine UWG-Reform. WRP 2002, S.1317, 1326; *Köhler, Helmut*, Das neue UWG. NJW 2004, S.2121, 2123.
[449] *Heidelberger Kommentar/Kotthoff*, § 4 Rn. 375; *Götting, Horst-Peter*, Ergänzender wettbewerbsrechtlicher Leistungsschutz. Mitt 2005, S. 12, 16.

Teilweise wird die Übernahme fremder Leistung durch jegliche Art von Linking verneint, da die Daten auf der vom Fremdanbieter zur Verfügung gestellten Seite verbleiben und lediglich durch den Link auf diese verwiesen wird.[450] Dieser Ansicht ist nicht beizutreten. Denn sie betrachtet die Frage der Leistungsübernahme ausschließlich aus technischer Sicht. Maßgeblich ist aber, wie oben dargelegt[451], die kommunikative Wirkung auf den Adressaten.

Teile der Literatur möchten die Frage der Leistungsübernahme danach entscheiden, ob der Nutzer erkennen kann, dass er es mit einem anderen Anbieter zu tun bekommt[452]. Nach meiner Ansicht ist die Erkennbarkeit der Fremdheit der Leistung kein taugliches Kriterium zur Bestimmung einer Leistungsübernahme. Denn die Erkennbarkeit ist keine Voraussetzung für eine Leistungsübernahme. Auch eine unerkannte Leistungsübernahme ist eine solche. Die Erkennbarkeit wird vielmehr erst bei der Bestimmung der Unlauterkeit der Leistungsübernahme relevant.[453]

Das OLG Celle und Teile der Literatur sind der Meinung, dass durch einen Deep-Link das Arbeitsergebnis der Zielseite übernommen werde und deshalb die Übernahme einer fremden Leistung gegeben sei.[454]

Schließlich nahm der BGH in der Paperboy-Entscheidung zu diesem Problem Stellung.[455] In dieser Entscheidung hatte sich der BGH mit der Zulässigkeit des Vorgehens des Internet-Suchdienstes Paperboy zu befassen. Dessen Geschäftsmodell war die Auswertung einer Vielzahl von Webseiten, insbesondere solcher mit Zeitungsartikeln, auf tagesaktuelle Informationen. Die Nutzer dieses Suchdienstes gaben ein Stichwort ein, zu dem die Suchmaschine eine Liste mit passenden Veröffentlichungen auswarf. Zur besseren Beurteilung

[450] *Dittrich, Jörg*, Zur Frage der urheber- und wettbewerbsrechtlichen Zulässigkeit von Hyperlinks. ⟨URL: `http://www.jurpc.de/aufsatz/20020072.htm`⟩ – Zugriff am 27.07.2004, Abs.24.

[451] Vgl.: B. II. 1.

[452] *Ott*, Urheber- und wettbewerbsrechtliche Probleme von Linking und Framing, S. 441; *Ott, Stephan*, To link or not to link - This was (or still is?) the question - Anmerkung zum Urteil des BGH vom 17. 7. 2003 - I ZR 259/00 (Paperboy). WRP 2004, S. 54; *Naumann*, S. 35.

[453] Vgl. zur vermeidbaren Herkunftstäuschung: *Baumbach/Hefermehl/Köhler*, § 4 Rn. 9.41.

[454] *Plaß, Gunda*, Hyperlinks im Spannungsfeld von Urheber-, Wettbewerbs- und Haftungsrecht. WRP 2000, S. 599, 606; *Naumann*, S.47; *Faulstich*, S. 108; *Börsch*, S. 193; OLG Celle WRP 1999, 865 - weyhe-online.de.

[455] BGH GRUR 2003, 958 = NJW 2003, 3406 - Papberboy.

der Treffer durch die Nutzer enthielt die Ergebnisauflistung auch Stichworte, Satzteile und einzelne Sätze aus den Veröffentlichungen. Jede Fundstelle enthielt einen Verweis zur Quelle mittels eines Hyperlinks. Durch diesen konnte die Quelle unmittelbar aufgerufen werden. Dieser Hyperlink war als Deep-Link ausgestaltet. Dadurch gelangte der Nutzer der Suchmaschine beim Anklicken des Links nicht auf die Startseite des Informationsanbieters, sondern direkt auf die tiefer liegende Ebene, auf der sich der gesuchte Artikel befand. Dabei wurde er auch an der Werbung auf der Startseite vorbeigelinkt. Als weiteren Service bot die Suchmaschine an, dem Nutzer täglich alle tagesaktuellen Veröffentlichungen zu seinen Suchworten per E-Mail zu übermitteln. Klägerin in diesem Verfahren war die Verlagsgruppe der Presseerzeugnisse „Handelsblatt" und „DM". Einzelne Artikel dieser Publikationen werden auch auf Webseiten der Verlagsgruppe öffentlich zugänglich gemacht. Die Suchmaschine Paperboy setzte Deep-Links auf diese zugänglich gemachten Artikel. Die Klägerin hielt dieses Vorgehen für wettbewerbswidrig und verklagte den Betreiber der Suchmaschine auf Unterlassen.

Der BGH wies die Klage ab.[456] Diese Klageabweisung begründete er damit, dass in diesem Vorgehen keine Leistungsübernahme liege, da durch das Setzen des Deep-Links nicht die Leistung der Zielseite übernommen, sondern eine eigene Leistung in Form der Auswertung verschiedener Seiten erbracht werde. Dem ist mit dem Argument, dass die Leistung, einer Webseite aus der Sicht der Nutzer zu bestimmen ist, zuzustimmen. Für die Nutzer besteht die entscheidende Leistung einer Seite, die fremde Inhalte katalogisiert, nicht in den fremden Inhalten, sondern gerade im Aufspüren von Inhalten. Die fehlende Zugänglichkeit einer Information führt zu deren Wertlosigkeit. Ein fremde Inhalte katalogisierendes Angebot erbringt daher mit der Zugänglichmachung eine eigene Leistung.

Auf Grund der für die wettbewerbsrechtliche Betrachtung typischen Berücksichtigung des Einzelfalls [457] ist nun von Interesse, ob der BGH mit dieser Entscheidung eine generelle Aussage zur Zulässigkeit von Deep-Links unter dem Gesichtspunkt der unmittelbaren Lei-

[456] BGH GRUR 2003, 958, 963 - Papberboy.

[457] StRspr. vgl. BGH GRUR 1959, 138, 138 - Italienische Note; BGH GRUR 1984, 593, 593 - Adidas-Sportartikel; BGH GRUR 2000, 521, 521 - Modulgerüst.

stungsübernahme getroffen hat. Gegenstand der Entscheidung des BGH war ausschließlich die Zulässigkeit von Deep-Links im Rahmen der Arbeitsweise des Suchdiensten Paperboy. Da dessen Arbeitsweise der anderer Suchdienste entspricht, kann das Setzen von Deep-Links unter dem Aspekt der Leistungsübernahme für alle Suchdienste für zulässig erklärt werden. Inwieweit nach der Paperboy-Entscheidung von der Zulässigkeit von Deep-Links auch über Suchdienste hinaus ausgegangen werden kann, ergibt sich aus den tragenden Gründen der Entscheidung. Ausschlaggebend für die fehlende Leistungsübernahme, so der BGH, sei der erhebliche zusätzliche Nutzen durch Erschließung von Information auf den Zielseiten des Deep-Links[458]. Deep-Links stellen also immer dann keine Leistungsübernahme dar, wenn sie eine eigene Leistung durch einen zusätzlichen Nutzen bieten. Dieser zusätzliche Nutzen ist aus der Sicht der Internetnutzer zu bestimmen. Der zusätzliche Nutzen eines Deep-Links wird für den Nutzer häufig darin liegen, dass er nicht erst über die Startseite eines Anbieters ein Informationsangebot suchen muss, sondern durch den Deep-Link direkt dorthin gelangen kann. Da der Nutzen des direkten Hinleitens durch Deep-Links diesen immanent ist, wird in den meisten Fällen ein zusätzlicher Nutzen und somit keine Leistungsübernahme vorliegen.

ee) Fehlender Sonderrechtsschutz In den Konstellationen, in denen es an einem zusätzlichen Nutzen fehlt und daher eine Leistungsübernahme durch Deep-Links anzunehmen ist, liegt nicht automatisch eine Verwirklichung des Tatbestandes des § 4 Nr. 9 UWG vor. Für die Tatbestandsverwirklichung ist erforderlich, dass kein Sonderrechtsschutz besteht und die Sonderschutzrechte nicht einen weiter gehenden Schutz durch das UWG ausschließen.

In der Paperboy-Entscheidung hat der BGH einen Verstoß gegen das Urheberrecht durch das Setzen von Deep-Links auf Internet-Informationsangebote Dritter durch einen Internet-Suchdienst verneint.[459] Mit überzeugender Begründung lehnte der BGH einen Unterlassungsanspruch aus § 97 I UrhG ab. Diese Ablehnung stützte er darauf, dass

[458] BGH GRUR 2003, 958, 963 - Papberboy
[459] BGH GRUR 2003, 958 960 - Papberboy.

durch das Setzen eines Deep-Links keine Vervielfältigung gemäß § 16 UrhG gegeben sei und bestätigte damit die h.M. der Literatur, die schon bisher keine Vervielfältigung angenommen hatte. Die für eine Vervielfältigung erforderliche Kopie entstehe nicht bereits durch das Setzen des Links, dieser stelle nur die Verknüpfung her, sondern erst mit dem Anklicken des Links durch den Nutzer auf dessen Computer[460]. Der BGH verneinte auch das Schaffen eines urheberrechtlichen Störungszustandes durch das Setzen eines Links, wenn der Nutzer des Links sich rechtswidrig verhält. Denn durch das Veröffentlichen ohne technische Schutzmaßnahmen im Internet eröffne der Berechtigte selbst die Möglichkeit für Nutzungen und mögliche Verletzungen durch den Nutzer.[461]

Ebenfalls verneinte der BGH auch eine Verletzung des Rechts der öffentlichen Zugänglichmachung durch das Setzen von Deep-Links. Zur Begründung führte er aus, dass durch das Setzen eines Deep-Links das Werk nicht öffentlich zugänglich gemacht, sondern lediglich auf dieses verwiesen und dadurch den Nutzern der bereits öffentliche Zugang erleichtert werde.[462] Um Rechtssicherheit bei dieser Frage zu schaffen, stellt der BGH fest, dass auch der im vorliegenden Fall noch nicht relevante § 19 a UrhG nichts an der Ablehnung einer Verletzung des Rechts der öffentlichen Zugänglichmachung ändere.[463]

Schließlich wurde auch eine Verletzung der Rechte des Datenbankherstellers gemäß § 87 b UrhG abgelehnt, da das Setzen von Deep-Links keine unter § 87 b UrhG fallende Nutzungshandlung sei[464].

Der BGH lässt also Raum für einen ergänzenden wettbewerbsrechtlichen Leistungsschutz durch das UWG.

---

[460] *Loewenheim/Koch*, § 78 Rn. 63; *Ernst/Vassilaki/Wiebe/Wiebe*, Rz.29; *Koch, Frank*, Grundlagen des Urheberrechtsschutzes im Internet und in Online-Diensten. GRUR 1997, S. 417, 430.

[461] BGH GRUR 2003, 958 960 - Papberboy; Vgl. *Ernst, Stefan*, Rechtliche Fragen bei der Verwendung von Hyperlinks im Internet. NJW-CoR 1997, S. 224, 224.

[462] BGH GRUR 2003, 958 961 - Paperboy; vgl. *Dustmann*, S. 188.

[463] Das Recht der öffentlichen Zugänglichmachung in § 19 a UrhG ist zur Umsetzung der Richtlinie zur Informationsgesellschaft am 10.09.2003 neu eingeführt worden. Vgl. hierzu: *Dreier/Schulze/Dreier*, § 19 a Rn. 2.

[464] BGH GRUR 2003, 958 962 - Paperboy, a.A. *Ernst/Vassilaki/Wiebe/Wiebe*, Rz. 68.

ff) Wettbewerbliche Eigenart Aus der Gesetzesbegründung ergibt sich, auch wenn dies nicht im Wortlaut der Norm zum Ausdruck kommt, dass auch nach neuem Recht nur Leistungsergebnisse mit wettbewerblicher Eigenart Nachahmungsschutz genießen sollen.[465] Bei der Bestimmung der wettbewerblichen Eigenart ist die Wechselwirkung der Tatbestandsmerkmale des ergänzenden Leistungsschutzes zu berücksichtigen.[466] Der Grad der wettbewerblichen Eigenart, die Intensität der Nachahmung und die besonderen wettbewerblichen Umstände stehen miteinander in Wechselwirkung.[467] Die zunehmende Intensität der Nachahmung verringert die Anforderungen an die wettbewerbliche Eigenart. Bei einer nachschaffenden Nachahmung ist für eine wettbewerbliche Eigenart erforderlich, dass die konkrete Ausgestaltung oder einzelne Merkmale auf eine betriebliche Herkunft hinweisen.[468] Bei der unmittelbaren Übernahme genügen hingegen Besonderheiten des Erzeugnisses, die dem Erbringer der Leistung Gewinnchancen eröffnen.[469]

Diese Wechselwirkung bedingt es, dass die Art der Nachahmung auch im neuen Recht, auch wenn § 4 Nr. 9 UWG pauschal von Nachahmung spricht, bestimmt werden muss. Es ist zwischen den Fällen der unmittelbaren Leistungsübernahme, der fast identischen Leistungsübernahme und der nachschaffenden Leistungsübernahme zu unterscheiden, wobei der Beitrag an eigener Leistung für die Differenzierung ausschlaggebend ist.

Bewertet man die Leistungsübernahme durch einen Deep-Link anhand der eigenen Leistung, so ist dieser als unmittelbare Leistungsübernahme einzustufen. Denn das fremde Leistungsergebnis wird ohne Anteil an eigener Leistung übernommen. Für eine wettbewerbliche Eigenart der verlinkten Seite genügen daher Besonderheiten der Seite, die dem Betreiber Gewinnchancen eröffnen. Es kann nur im Einzelfall festgestellt werden, ob tatsächlich eine wettbewerbliche Eigenart gegeben ist. Auf Grund des Umstandes, dass nur Gewinnchancen erforderlich sind, wird dies in den meisten Fällen anzunehmen sein.

---

[465] BT-Drucks. 15/1487 S. 18.

[466] *Baumbach/Hefermehl/Köhler*, § 4 Rn. 9.25; *Fezer/Götting*, § 4 Rn. 25.

[467] *Baumbach/Hefermehl/Köhler*, § 4 Rn. 9.69; *Heidelberger Kommentar/Kotthoff*, § 4 Rn. 382.

[468] *Nirk, Rudolf*, Zur Rechtsfigur des wettbewerbsrechtlichen Leistungsschutzes. GRUR 1993, S. 247, 250; BGH GRUR 99, 751-Güllepumpen; BGH GRUR 2000 521, 521 - Modulgerüst.

[469] *Bopp, Thomas*, Sklavischer Nachbau technischer Erzeugnisse - Anmerkungen zu BGH - Vakuumpumpen -. GRUR 1997, S. 34, 37.

gg) Besondere wettbewerbliche Umstände Für die Unlauterkeit müssen neben der Nachahmung besondere Umstände hinzutreten, die diese unlauter werden lassen. Das Gesetz führt - nicht abschließend - einige dieser Umstände in § 4 Nr. 9 lit a bis lit c UWG auf. Ob solche vorliegen, bedarf einer Gesamtwürdigung des Einzelfalls unter Abwägung der einander widerstreitenden Interessen des Schöpfers der Leistung und des Nachahmers sowie der Interessen der Allgemeinheit.[470] Bei dieser Abwägung ist wiederum die Wechselwirkung zwischen den einzelnen Tatbestandsmerkmalen des § 4 Nr. 9 UWG zu beachten.[471] Die Anforderungen an die weiteren wettbewerbsrechtlichen Umstände nehmen mit zunehmender Annäherung ab.[472] Bei der bloßen Nachahmung muss eine vermeidbare Herkunftstäuschung, eine Rufausbeutung, eine Rufbeeinträchtigung oder eine unredliche Kenntniserlangung hinzutreten, um die Unlauterkeit zu begründen.[473] Bei der unmittelbaren Übernahme kann es genügen, wenn die Aneignung des Arbeitsergebnisses zum Schaden dessen geschieht, dem „billigerweise die Früchte davon zukommen müssten", wobei dies durch eine Beurteilung im Einzelfall zu bestimmen ist.[474] Wenn eine Leistungsübernahme durch einen Deep-Link gegeben ist, liegt immer eine unmittelbare vor. Es genügt daher ein Schaden zu Lasten des Betreibers der verlinkten Webseite als besonderer wettbewerblicher Umstand für die Unlauterkeit. Ein solcher Schaden wird meistens gegeben sein.

hh) Ergebnis Bei der Beurteilung von Deep-Links unter dem Gesichtspunkt der unlauteren Nachahmung i.S.d. § 4 Nr. 9 UWG kommt dem Tatbestandsmerkmal „Nachahmung" entscheidende Bedeutung zu. Eine Nachahmung kann nur angenommen werden, wenn der Deep-Link nicht eine eigene Leistung durch einen zusätzlichen Nutzen bietet. Da dieser zusätzliche Nutzen in der Erleichterung des Zugriffs auf die Zielseite liegen kann, ist dieser

---

[470] *Baumbach/Hefermehl/Köhler*, § 4 Rn. 9.69; BGH GRUR 1976, 434, 436 - Merkmalklötze.
[471] *Baumbach/Hefermehl/Köhler*, § 4 Rn. 9.69; *Fezer/Götting*, § 4-9 Rn. 65.
[472] BGH WRP 1976, 370, 371 - Ovalpuderdose; BGH GRUR 1999, 923, 927 - Tele-Info-CD.
[473] *Baumbach/Hefermehl/Köhler*, § 4 Rn. 9.40 ff.
[474] BGHZ 51, 41, 46 - Reprint.

meistens vorhanden und eine Anwendbarkeit des § 4 Nr. 9 UWG scheidet aus.
In den Fällen, in denen keine eigene Leistung gegeben ist, liegt regelmäßig eine unlautere Wettbewerbshandlung gemäß § 4 Nr. 9 UWG vor. Denn in diesen Fällen ist eine unmittelbare Leistungsübernahme gegeben, die zu geringen Anforderungen an die besonderen wettbewerblichen Umstände, die für die Unlauterkeit der Nachahmung erforderlich sind, führt. Diese liegen daher auch in der Regel vor.

b) Werbebehinderung (§ 4 Nr. 10 UWG)

Der Funktionsweise des Deep-Links ist eigen, dass nicht nur an der Eingangsseite, sondern auch an der dort geschalteten Werbung vorbeigelinkt wird. Dieser Umstand wirft die Frage der Werbebehinderung durch Deep-Linking auf.
Durch die UWG-Novelle wurde § 4 Nr. 10 UWG neu geschaffen. Dieser nennt die gezielte Behinderung der Mitbewerber als Beispiel unlauteren Wettbewerbs. Diese weite, generalklauselartige Fassung stellt die Einbeziehung aller Arten des Behinderungswettbewerbs sicher.[475] Durch das Tatbestandsmerkmal des „gezielten" Handelns wird klargestellt, dass eine Behinderung der Mitbewerber als Folge des Wettbewerbs nicht für die Verwirklichung des Tatbestands ausreicht.[476] Vielmehr ergibt sich aus der Natur der Wettbewerbshandlung, dass die „gezielte" Behinderung des Mitbewerbers für die Verwirklichung des Tatbestands erforderlich ist. Die Wettbewerbshandlung ist nämlich immer geeignet den Mitbewerber in seinem Streben nach Geschäftsabschlüssen und Gewinn zu beeinträchtigen, denn Zweck des Wettbewerbs ist, den Mitbewerber zu überflügeln.[477] Daher ist die Beeinträchtigung nur dann wettbewerbswidrig, wenn gezielt der Zweck verfolgt wird, den Mitbewerber an seiner Entfaltung zu hindern und ihn dadurch zu verdrängen.[478]
Das Setzen eines Deep-Links müsste folglich darauf abzielen, die vom Betreiber der Ziel-

[475] *Köhler, Helmut/Bornkamm, Joachim/Henning-Bodewig, Frauke*, Vorschlag für eine Richtlinie zum Lauterkeitsrecht und eine UWG-Reform. WRP 2002, S. 1317, 1326.
[476] Vgl. BT-Drucks. 15/1487 S. 19; *Fezer/Götting*, § 4-10 Rn. 14; *Köhler, Helmut/Bornkamm, Joachim/Henning-Bodewig, Frauke*, Vorschlag für eine Richtlinie zum Lauterkeitsrecht und eine UWG-Reform. WRP 2002, S. 1317, 1326.
[477] *Baumbach/Hefermehl/Köhler*, § 4 Rn. 10.7; BGHZ 19, 935 - Anzeigenblatt.
[478] BGH GRUR 2002, 902, 905 - Vanity-Nummer; BGH GRUR 2001, 1286, 1288 - Mitwohnzentrale.de.

seite geschaltete Werbung zu vereiteln.

Die Frage der Werbebehinderung wird in der Literatur lebhaft diskutiert. Insbesondere *Wiebe* vertritt die Auffassung, dass durch das Vorbeileiten an der Eingangsseite eine Werbebehinderung gegeben sei.[479] Die gegenteilige Literaturmeinung kann in der Verwendung von Deep-Links keine Werbebehinderung erkennen.[480]

In der Paperboy-Entscheidung[481] nahm der BGH zu diesem Problem Stellung und verneinte eine Werbebehinderung. Er begründete die Zulässigkeit von Deep-Links damit, dass derjenige, der Artikel im Internet selbst zugänglich mache, nicht verlangen könne, dass nur der umständliche Weg über die Startseite gegangen werde. Wer die Vorteile des Internets für sein Angebot nutze, müsse auch die Beschränkungen hinnehmen, die sich aus dem Allgemeininteresse an der Funktionsfähigkeit des Internets durch die Nutzung von Hyperlinks ergebe.[482] Der BGH stellte also für die Beurteilung einer möglichen Werbebehinderung eine Interessenabwägung an, bei der er dem Interesse der Allgemeinheit ein stärkeres Gewicht als dem Interesse des Werbenden beimaß. Diese Interessenabwägung verdient Zustimmung.

Im Hinblick auf die im Wettbewerbsrecht typische Berücksichtigung des Einzelfalls[483] stellt sich die Frage, ob dieser Entscheidung eine grundsätzliche Ablehnung der Werbebehinderung durch Deep-Links entnommen werden kann. Auch in dieser Entscheidung verneint der BGH eine Werbebehinderung erst nach einer Interessenabwägung unter Berücksichtigung des Einzelfalls. Eine derartige Abwägung wird also auch in zukünftigen

---

[479] *Ernst/Vassilaki/Wiebe/Wiebe*, Rz.103; *Wiebe, Andreas*, „Deep-Links" - Neue Kommunikationsformen im Wettbewerb aus lauterkeitsrechtlicher Sicht. WRP 1999, S. 734, 739; *Wiebe, Andreas*, Urteilsbesprechung, Urteil des OLG Celle vom 12.05.1999 - Deep-Links. CR 1999, S. 523, 525; *Wiebe, Andreas*, Urteilsbesprechung, Urteil des BGH vom 17.07.2003-Paperboy. LMK 2003, S. 211, 212. Zustimmend: *Moritz/Dreier/Moritz/Hermann*, Teil D Rz. 470; *Faulstich*, S. 109; *Gounalakis/Backhaus*, § 26 Rn. 18; *Seidelberger, Hannes*, Wettbewerbsrecht und Internet. Österreichisches Recht der Wirtschaft 2000, S. 518, 523.

[480] *Rechtshandbuch E-Business/Baetge*, S. 343; *Jopich, Brigitte*, Das Internet als Informationsnetz. CR 2003, S. 504, 509.

[481] BGH GRUR 2003, 958 = NJW 2003, 3406 - Paperboy; siehe zum Sachverhalt der EntscheidungB. II. 3. a) dd).

[482] BGH GRUR 2003, 958, 963 - Paperboy.

[483] Vgl. *Baumbach/Hefermehl/Köhler*, Einl. Rn.72.

Fällen erforderlich bleiben.[484] Ergebnis der erfolgenden Interessenabwägung wird meines Erachtens in den meisten Fällen das Überwiegen der Allgemeininteressen sein.
Darüber hinaus spricht nach meiner Meinung noch ein weiterer Aspekt gegen eine gezielte Behinderung des Mitbewerbers. Der Verlinkende hat in der Regel kein Interesse daran, dass der Mitbewerber seine Leistung nicht mehr auf dem Markt zur Geltung bringen kann. Es ergeben sich keine Vorteile für ihn, wenn der Betreiber der Zielseite sein Angebot auf Grund mangelnder Werbeeinnahmen vom Netz nehmen muss. Denn ein Deep-Link kann nur gesetzt werden, wenn es auch eine Zielseite gibt. Das Umgehen der Werbung auf der Startseite stellt folglich nur einen unbeabsichtigten Nebeneffekt dar und erfolgt ohne Behinderungsabsicht.[485]
Das Setzen eines Deep-Links ist somit grundsätzlich keine Werbebehinderung im Sinne des § 4 Nr. 10 UWG.

c) Rufanlehnung

aa) Die Fallgruppe im neuen UWG Zu § 1 UWG a.F. war die Fallgruppe der Ausbeutung eines fremden Rufes und Anlehnung an einen fremden Ruf einhellig anerkannt.[486] Erfasst wurden von dieser Fallgruppe die Fälle, in denen ein Wettbewerber versucht, die Gütevorstellungen, die der Verkehr mit dem Produkt seines Mitbewerbers verbindet, auf sein Produkt zu übertragen, ohne es nachzuahmen.[487] Eine solche Rufanlehnung ist etwa gegeben, wenn der Werbende sein Produkt neben einem Rolls-Royce abbildet, um den guten Ruf des Wagens auf sein Produkt zu übertragen.[488]
Im neuen Recht sind Fälle der Ausnutzung des guten Rufs ausdrücklich nur in § 4 Nr. 9 lit. b UWG insoweit geregelt, als ein Produkt mit wettbewerblicher Eigen-

[484] Vgl. *Hoeren, Thomas*, Keine wettbewerbsrechtlichen Bedenken mehr gegen Hyperlinks ? - Anmerkungen zum BGH-Urteil „Paperboy". GRUR 2004, S. 1, 4.
[485] Vgl. östOGH-METEO-data, online unter: http://www.jurpc.de/rechtspr/20030307.htm - Zugriff am 20.12.2005.
[486] Vgl. *Baumbach/Hefermehl 22. Auflage*, § 1 Rn. 541 Die Fallgruppe wurde auch unter dem Begriff „Schmarotzen" erfasst.
[487] *Baumbach/Hefermehl 22. Auflage*, § 1 Rn. 541; *Rößler*, S. 88.
[488] Vgl. BGHZ 86, 90 ff. - Rolls-Royce.

art nachgeahmt wird und dadurch die ihm entgegenbrachte Wertschätzung unangemessen ausgenutzt wird. Durch diese Regelung ergibt sich die Frage, ob mit der Novelle des UWG die Fallgruppe der Rufanlehnung aufgegeben wurde und eine Anlehnung nur noch dann unlauter ist, wenn sie mit einer Nachahmung verbunden ist. Die Rechtsprechung hat sich hierzu bisher noch nicht geäußert. Der BGH hatte sich in einer Entscheidung vom 15.07.2004[489] zwar mit einer möglichen Rufausbeutung zu befassen, konnte aber offen lassen, ob Fälle der Anlehnung über § 4 Nr. 9 lit. b UWG hinaus im neuen Recht erfasst werden, da der zur Entscheidung vorliegende Sachverhalt nicht der Fallgruppe der Rufausbeutung zu § 1 UWG a.F. unterfiel.[490] Er verzichtete auch auf eine Feststellung zu dieser Problematik im Rahmen eines obiter dictum.

Beabsichtigte der Gesetzgeber tatsächlich diese Fallgruppe nicht im neuen UWG fortbestehen zu lassen, so müsste dies durch Hinweise in der Gesetzesbegründung belegbar sein. Dieser sind jedoch weder direkte noch indirekte Hinweise für eine solche Absicht entnehmbar. Zwar war die allgemeine Liberalisierung des Wettbewerbsrechts generelles Ziel der Novelle, zugleich sollte aber auch der Kernbereich des UWG, der bisher durch Richterrecht bestimmt war, abgebildet werden.[491] Dass die Rufanlehnung Gegenstand dieser Liberalisierung sein sollte, ist nicht ersichtlich. Es ist also von einem Fortbestand dieser Fallgruppe auszugehen.

Es stellt sich daher die Frage nach der Einordnung dieser Fallgruppe im neuen Recht. Die Rufausbeutung könnte einem der Beispielstatbestände der §§ 4 bis 7 UWG unterfallen oder es könnte auf die Generalklausel des § 3 UWG zurückzugreifen sein. Die Einordnung dieser Fälle unter § 4 Nr. 9 lit. b UWG scheitert daran, dass diese Norm ausdrücklich eine Nachahmung fordert. In der Literatur wird vorgeschlagen, diese Fälle als gezielte Behinderung unter § 4 Nr. 10 UWG zu fassen[492] oder mangels Anwendbarkeit eines Bei-

---

[489] BGH GRUR 2002, 163, 165 - Aluminiumräder.
[490] BGH GRUR 2002, 163, 163 - Aluminiumräder.
[491] Vgl. BT-Drucks. 15/1487 S. 12.
[492] *Baumbach/Hefermehl/Köhler*, § 4 Rn. 10.13 (In Beck-Online aktualisierte Fassung vom 25.02.2005); *Harte/Henning/Omsels*, § 1 Rn..

spielstatbestands auf die Generalklausel zurückzugreifen.[493] Letztlich hat die Einordnung keine Auswirkungen auf die Voraussetzungen und Rechtsfolgen der Fallgruppe. Die Dogmatik gebietet es aber, speziellere Normen vorrangig vor den allgemeinen zu prüfen.[494] Diesem Gesichtspunkt kommt im neuen Lauterkeitsrecht angesichts der detailliert ausgeformten Beispielstatbestände besondere Bedeutung zu.[495] Auch bei der Rufanlehnung ist eine Einordnung unter eine speziellere Norm, nämlich die des § 4 Nr. 10 UWG, möglich. Nach meiner Ansicht sollte daher nicht auf die Generalklausel des § 3 UWG zurückgegriffen werden, sondern die Rufanlehnung unter den Beispielstatbestand des § 4 Nr. 10 UWG gefasst werden.

bb) Verhältnis zu den Sonderschutzrechten Bei der Fallgruppe der Rufanlehnung gilt wie beim ergänzenden wettbewerbsrechtlichen Leistungsschutz der Vorrang der Sonderschutzrechte, insbesondere der des Markenrechts.[496] Wenn das Markenrecht nicht einschlägig ist, so ist auch die Rufanlehnung so lange grundsätzlich zulässig, wie nicht die Wettbewerbswidrigkeit begründende Umstände hinzutreten.[497] Für einen solchen Umstand ist ausreichend, dass mit dem fremden Produkt eine Gütevorstellung verbunden ist, die zum Vorspann bei der Bewerbung der eigenen Ware verwendet wird.[498]

cc) Rufanlehnung durch Deep-Links Die Verwendung von Deep-Links wäre als Rufanlehnung einzuordnen, wenn durch deren Verwendung das Image der Zielseite übertragen werden würde.

Teile der Literatur und das LG Hamburg qualifizieren das Setzen eines Deep-Links als Rufanlehnung.[499] Die besseren Argumente sprechen aber gegen die Annahme einer Ruf-

[493] *Gloy/Harte-Bavendamm*, § 43 Rn. 105; *Boesche*, S. 261.
[494] Vgl. *Zippelius*, S. 39.
[495] *Schünemann, Wolfgang*, „Unlauterkeit“ in den Generalklauseln und Interessenabwägung nach neuem UWG. WRP 2004, S. 925, 928.
[496] *Bornkamm, Joachim*, Markenrecht und wettbewerbsrechtlicher Kennzeichenschutz. GRUR 2005, S. 97,.
[497] *Lehmler*, S. 125; BGH WRP 94, 599 - McLaren.
[498] *Berlit*, Wettbewerbsrecht anhand ausgewählter Rechtsprechung, Rn. 99.
[499] *Sosnitza, Olaf*, Das Internet im Gravitationsfeld des Rechts: Zur rechtlichen Beurteilung so genannter Deep-Links. CR 2001, S.693, 704; *Faulstich*, S. 108; LG Hamburg CR 2001, 265-Bundesliga Manager.

anlehnung. Zunächst dient das Setzen eines Deep-Links nicht der Übertragung eines fremden, sondern dem Aufbau eines eigenen Images.[500] Durch das Setzen von Deep-Links will der Anbieter eine eigene Leistung schaffen und diese eigene Leistung soll auch ein eigenes positives Image erhalten. Für den Nutzer der Seite ist der Anbieter der Seite zwar nicht völlig ohne Belang[501], im Vordergrund steht aber das Angebot[502]. Als weiteres Argument gegen eine Rufausbeutung kommt hinzu, dass die angesprochenen Verkehrskreise erkennen können, dass ein Deep-Link zu einem anderen Inhalt führt.[503]

Schließlich kann auch der Paperboy-Entscheidung ein Argument gegen die Annahme einer Rufausbeutung entnommen werden. Dieses liegt jedoch nicht in den Ausführungen zur Rufausbeutung, sondern an anderer Stelle. Zur Rufausbeutung stellte der BGH nur kurz fest, dass die Herkunft der Artikel nicht verschleiert werde und deshalb keine Ausbeutung des guten Rufs der Anbieter der Zielseiten vorläge.[504] Diese Feststellung ist zu einzelfallbezogen, als dass ihr Allgemeingültigkeit zugesprochen werden könnte. Den Ausführungen zur Leistungsübernahme kann aber ein Argument entnommen werden, welches gegen eine Rufausbeutung spricht. Der BGH hat eine Leistungsübernahme auch deshalb abgelehnt, weil derjenige, der die Vorteile des Internets für seine Angebote nutze, auch die Beschränkungen in Kauf zu nehmen habe, die sich aus dem Allgemeininteresse an der Funktionsfähigkeit des Internets ergeben.[505] Das Gericht räumt also grundsätzlich dem Interesse der Allgemeinheit Vorrang gegenüber dem Interesse des Mitbewerbers ein.[506] Nach meiner Ansicht kann diese Wertung auch bei Beachtung, dass den Entscheidungen

[500] *Wiebe, Andreas*, „Deep-Links" - Neue Kommunikationsformen im Wettbewerb aus lauterkeitsrechtlicher Sicht. WRP 1999, S. 734, 738.

[501] So aber das OLG Düsseldorf. (OLG Düsseldorf MMR 2000, 184, 185 - baumarkt.de.; vgl. hierzu *Leistner, Matthias*, Anmerkung zum Urteil des OLG Düsseldorf vom 29.06.1999 - baumarkt.de. CR 2000, S. 187, 188)

[502] Dies ist derselbe Umstand, der auch zur Verneinung einer Leistungsübernahme führt.(Vgl. B. II. 3. a))

[503] *Schmidbauer, Franz*, Die Zulässigkeit des Linkens aus urheberrechtlicher und wettbewerbsrechtlicher Sicht. ⟨URL: `http://www.jurpc.de/aufsatz/20030176.htm`⟩ – Zugriff am 20.12.2005, Abs. 19.

[504] BGH GRUR 2003, 958 963 - Paperboy.

[505] BGH GRUR 2003, 958 963 - Paperboy.

[506] *Wiebe, Andreas*, Urteilsbesprechung, Urteil des BGH vom 17.07.2003-Paperboy. LMK 2003, S. 211, 212.

immer einzelfallbezogene Güter- und Interessenabwägungen zu Grunde liegen[507], auf die Rufausbeutung übertragen werden. Denn die Interessenlagen sind in beiden Fallgruppen identisch. In beiden Fällen ist das Interesse der Allgemeinheit an der Nutzung von Deep-Links gegen das Interesse der Anbieter, die keine Verweise auf ihr Angebot wünschen, abzuwägen. Es sind keine Gründe ersichtlich, die bei der Rufausbeutung eine andere Bewertung dieser Interessenlagen als bei Leistungsübernahme rechtfertigten.
Es kann also von der Zulässigkeit von Deep-Links unter dem Aspekt der Rufausbeutung ausgegangen werden.

d) Herabsetzung (§ 4 Nr. 7 UWG) und Anschwärzung (§ 4 Nr. 8 UWG)

Wenn der Deep-Link auf einer Seite gesetzt wird, die auf Grund ihrer Inhalte dazu geeignet ist, den Anbieter der Zielseite in einem schlechten Licht erscheinen zu lassen, könnte man an das Vorliegen einer unzulässigen Herabsetzung oder Anschwärzung des Mitbewerbers denken. Die Fälle der so genannten Geschäftsehrverletzung des § 14 UWG a.F. werden seit der UWG-Novelle von §§ 4 Nr. 7, 4 Nr. 8 UWG erfasst.
In den Anwendungsbereich von § 4 Nr. 8 UWG fallen unwahre Tatsachenbehauptungen. Die Norm unterscheidet zwischen zwei Arten von Tatsachenbehauptungen. Bei vertraulichen Mitteilungen, an denen Mitteilender oder Empfänger ein berechtigtes Interesse haben, ist der Tatbestand des § 4 Nr. 8 UWG nur erfüllt, wenn der Verletzte die Unwahrheit beweisen kann. Bei öffentlichen Mitteilungen genügt es, wenn sich die Wahrheit nicht feststellen lässt.
Von § 4 Nr. 7 UWG werden in Abgrenzung zu § 4 Nr. 8 UWG Meinungsäußerungen erfasst.[508] In den Anwendungsbereich fällen daher vor allem Fälle der Schmähkritik, in denen der Mitbewerber pauschal und ohne erkennbaren sachlichen Bezug abgewertet wird.
Das Vorliegen einer Tatsachenbehauptung ist somit Abgrenzungselement zwischen den beiden Normen. Diese Abgrenzung erweist sich oft als schwierig. Von einer Tatsache kann

[507] *Baumbach/Hefermehl/Köhler*, Einl. Rn.72.
[508] Drucksache 15/1487.

ausgegangen werden, wenn die Äußerung dem Wahrheitsbeweis zugänglich ist.[509] Ist sie dies nicht, so stellt sie eine subjektive Meinungsäußerung dar.[510] Sollte die Äußerung sowohl Werturteile als auch Tatsachenbehauptungen enthalten, so ist nach dem Schwerpunkt der Äußerung zu entscheiden.[511] Für alle Wertungen im Zusammenhang mit der Abgrenzung zwischen Tatsachenbehauptung und Werturteil ist allein das Verständnis des angesprochenen Verkehrskreises maßgebend.[512]

Eine Herabsetzung oder Anschwärzung durch einen Deep-Link ist etwa in der Gestalt möglich, dass nicht namentlich auf einen Mitbewerber verwiesen wird, sondern das Wort „Mitbewerber" als Deep-Link ausgestaltet wird und erst durch Anklicken des Links der Mitbewerber, dem die Herabsetzung oder Anschwärzung gilt, erkennbar wird[513]. Deep-Links sind also für Herabsetzungen und Verunglimpfungen verwendbar. Jedoch besteht zwischen der Erfüllung des Tatbestandes und dem Einsatz des Deep-Link kein spezifischem Zusammenhang. Dieser ist unabhängig vom Inhalt der Webseite, von der er gesetzt wird. Der Deep-Link führt nicht zu einer Herabsetzung oder Anschwärzung, er kann lediglich für eine solche verwendet werden.

e) Irreführende Werbung (§ 5 UWG)

Bei der Verwendung von Deep-Links ist zu prüfen, ob durch die Verlinkung eine Irreführung über Qualität und Umfang der Leistung des Verlinkenden entsteht.[514]

Durch die UWG-Novelle erfuhr das Irreführungsverbot eine Veränderung in der systematischen Stellung, blieb inhaltlich aber fast unverändert. Das Irreführungsverbot ist nun Konkretisierung der allgemeinen Generalklausel und nicht mehr eigener Tatbestand.[515]

[509] BGH GRUR 1997, 396, 396 - Polizeichef.
[510] *Baumbach/Hefermehl/Köhler*, § 4 Rn. 8.13.
[511] BVerfG WRP 2003. 69, 70 - Veröffentlichung von Anwalts-Ranglisten.
[512] BGH GRUR 1988, 402, 403 - Mit Verlogenheit zum Geld.
[513] Vgl. auch das Beispiel bei *Börsch*, S. 218.
[514] *Köhler/Arndt*, S. 225.
[515] *Köhler, Helmut/Bornkamm, Joachim/Henning-Bodewig, Frauke*, Vorschlag für eine Richtlinie zum Lauterkeitsrecht und eine UWG-Reform. WRP 2002, S. 1317, 1319.

Mit § 5 UWG hat der Gesetzgeber die Irreführungsrichtlinie[516] in der Fassung der Richtlinie über vergleichende Werbung[517] umgesetzt.[518] Aus diesem Grund sind diese Richtlinien bei Fragen der Auslegung heranzuziehen.[519]

aa) Begriff der Werbung Der Tatbestand erfordert das Vorliegen einer „Werbung“. Das Gesetz selbst gibt keine Definition, knüpft aber an Art. 2 Nr. 1 der Irreführungsrichtlinie[520] an.[521] Unter den Begriff der „Werbung“ fällt demnach jede Äußerung bei der Ausübung eines Handelns, Gewerbes, Handwerks oder freien Berufs mit dem Ziel, den Absatz von Waren oder die Erbringung von Dienstleistungen zu fördern. Diese Definition muss zur Verhinderung planwidriger Regelungslücken dahingehend ergänzt werden, dass auch Werbung zur Nachfrage von Waren und Dienstleistungen, die Tätigkeit von Wirtschaftsverbänden und die werbende Tätigkeit von Mitarbeitern umfasst ist.[522] Eine Einschränkung ist insoweit zu machen, als nur dem Beweis zugängliche Tatsachenbehauptungen von dem Werbungsbegriff des § 5 UWG erfasst werden.[523] Der Begriff der Werbung ist also äußerst weit gefasst, womit viele Fälle der Verwendung von Deep-Links als Werbung i.S.d. § 5 UWG einzustufen sind.

bb) Internetspezifisches Verbraucherleitbild? Auf Grund der vielfältigen Einsatzmöglichkeiten von Deep-Links sind Fallkonstellationen aller im Katalog des § 5 UWG aufge-

---

516 Richtlinie 84/450/EWG des Rates zur Angleichung der Rechts- und Verwaltungsvorschriften der Mitgliedstaaten über irreführende Werbung, ABl.EG Nr. L 250/17.

517 Richtlinie 97/55/EG des Europäischen Parlaments und des Rates vom 6.10.1997 zur Änderung der Richtlinie 84/450/EWG über irreführende Werbung zwecks Einbeziehung der vergleichenden Werbung, ABl.EG Nr. L 290/18.

518 *Harte/Henning/Dreyer*, § 5 Rn. 6.

519 *Harte/Henning/Dreyer*, § 5 Rn. 117.

520 Richtlinie 84/450/EWG des Rates zur Angleichung der Rechts- und Verwaltungsvorschriften der Mitgliedstaaten über irreführende Werbung, ABl.EG Nr. L 250/17.

521 *Fezer/Pfeifer*, § 5 Rn. 101; *Baumbach/Hefermehl/Bornkamm*, § 5 Rn. 2.11.

522 *Köhler, Helmut/Lettl, Tobias*, Das geltende europäische Lauterkeitsrecht, der Vorschlag für eine EG-Richtlinie über unlautere Geschäftspraktiken und die UWG-Reform. WRP 2003, S. 1019, 1022; *Baumbach/Hefermehl/Bornkamm*, § 5 Rn. 2.13.

523 *Harte/Henning/Dreyer*, § 5 Rn. 119.

führten Beispiele denkbar. Entscheidender Punkt in allen Fällen ist, ob ein Deep-Link die Eignung zur Irreführung besitzt. Bei der Prüfung der Geeignetheit zur Irreführung sind nicht objektive Kriterien, sondern die Auffassung der angesprochenen Verkehrskreise entscheidend.[524] Es muss also zunächst der angesprochene Verkehrskreis ermittelt werden. Bei dieser Bestimmung könnte man davon ausgehen, dass für das Internet ein spezifisches Verbraucherleitbild zugrunde zu legen sei.[525] Derartige Annahmen mögen in Zeiten, in denen Untersuchungen zu dem Ergebnis kamen, dass der typische Internetnutzer männlich, jung und von hohem Bildungsniveau sei, noch vertretbar gewesen sein.[526] Die aktuelle Nutzerstruktur lässt keinen Raum für derartige Überlegungen.[527] Es ist somit auch bei irreführender Werbung durch Deep-Links vom allgemeinen Verbraucherleitbild des UWG auszugehen.[528]

Das Verbraucherleitbild des deutschen Rechts unterlag in den letzten Jahren einem grundlegendem Wandel. Ursprünglich vertrat der BGH das Bild eines flüchtigen Betrachters und ließ dementsprechend die Irreführung eines nicht nur unerheblichen Teils des angesprochenen Verkehrskreises für ein Verbot der Werbung nach § 3 UWG a.F. ausreichen.[529] Seit dem Urteil „Gut Springenheide"[530] des EuGH wich das Leitbild des BGH vom europäischen Verbraucherleitbild ab. Der EuGH ging in seiner Entscheidung von den Erwartungen eines durchschnittlich informierten, aufmerksamen und verständigen Durschnittsumworbenen aus.[531] Den Vorgaben des EuGH folgend gab der BGH 1999 das Leitbild des flüchti-

[524] BGH GRUR 1987, 171, 172 - Schlussverkaufswerbung I; BGH GRUR 1991, 852, 854; vgl. auch *Strepp*, S. 20.

[525] So das LG Wiesbaden, NJW-CoR 2000, 171, 172.

[526] Vgl. zur Nutzerstruktur die Auswertung der Umfragen aus dem Jahre 1996 bei Batinic/Bosnjak/Breiter, in: *Graf/Krajewski*, S. 196, 203.

[527] Im II. Quartal 2004 verfügten 61 % der deutschen Erwachsenen über einen Zugang zum Internet. Die aktuellen Daten sind unter http://www.forschungsgruppe.de (Zugriff am 20.12.2005) abzurufen.

[528] *Schrader*, S. 194; *Ernst/Vassilaki/Wiebe/Wiebe*, Rz.107.

[529] BGH GRUR 1970, 425, 426 - Melitta-Kaffee; BGH GRUR 1971, 313, 316 - Bocksbeutelflasche.

[530] EuGH GRUR Int. 1998, 795 ff. - Gut Springenheide.

[531] EuGH GRUR Int. 1998, 795, 797. - Gut Springenheide; vgl. auch *Köhler, Helmut/Lettl, Tobias*, Das geltende europäische Lauterkeitsrecht, der Vorschlag für eine EG-Richtlinie über unlautere Geschäftspraktiken und die UWG-Reform. WRP 2003, S. 1019, 1023 Zu beachten ist, dass sich „durchschnittlich" auf alle drei Adjektive bezieht, was sich aus einem Vergleich mit der englischen und französischen Fassung ergibt. Maßstab ist demnach der durchschnittlich informierte, in vernünftigen Umfang aufmerksame und verständige Verbraucher. Siehe hierzu *Bornkamm*, FS 50 Jahre Bundes-

gen Verbrauchers auf und übernahm das des verständigen Verbrauchers.[532] Dieses Leitbild hat schließlich auch der Gesetzgeber als Grundkonzeption dem neuen UWG und somit auch § 5 UWG zu Grunde gelegt.[533]

Durch die UWG-Novelle wurde § 4 Nr. 2 UWG zum Schutz „leichtgläubiger“ und „geschäftlich unerfahrener“ Verbraucher eingeführt. Da der leichtgläubige und unerfahrene Verbraucher genau das Gegenteil des verständigen Verbrauchers ist, wird in der Literatur befürchtet, dass es über diesen Tatbestand zu einer Reaktivierung des Leitbilds des geschäftlich ungebildeten und unerfahrenen Verbrauchers kommen könnte.[534] Dieser Ansicht ist zuzugeben, dass es durch § 4 Nr. 2 UWG zu einem Spannungsverhältnis zwischen dem Bild des verständigen Verbrauchers und dem des Verbrauchers, den § 4 Nr. 2 UWG schützen will, kommt. Dieses lässt sich aber lösen, indem § 4 Nr. 2 UWG nur bei Fällen angewendet wird, in denen sich der Verbraucher nicht informieren will, sondern auf Grund massiver persönlicher Defizite[535] nicht informieren kann.[536] Diese Anwendung des § 4 Nr. 2 UWG stellt sicher, dass es nicht zu einer Wiederbelebung des alten deutschen Verbraucherleitbildes kommt.

Mit der Veränderung des Verbraucherleitbildes hat sich auch die erforderliche Irreführungsquote verändert. Bei der Bestimmung der Irreführungsquote ist grundsätzlich zu beachten, dass nicht entscheidend ist, wie viele Verbraucher durch die Werbung in die Irre geführt wurden, sondern in welchem Umfang die Marktentscheidung der Verbraucher durch die Fehlvorstellung beeinflusst wird.[537] Bisher fehlen klare Hinweise zur Höhe der Quote in der Rechtsprechung, es kann aber von einer Quote von einem Viertel bis zu einem Drittel ausgegangen werden.[538]

---

gerichtshof, S. 343, 361.

532 BGH GRUR 2000, 619, 621 - Orient-Teppichmuster.

533 BT-Drucks 15/1787 S. 19.

534 *Engels, Stefan/Salomon, Thomas*, Vom Lauterkeitsrecht zum Verbraucherschutz: UWG-Reform 2003. WRP 2004, S. 32, 36.

535 Als derartige Defizite kommen z. B. Lese- und Schreibunkundigkeit oder Sprachunkundigkeit in Betracht.

536 *Scherer, Inge*, Schutz „leichtgläubiger“ und „geschäftlich unerfahrener“ Verbraucher in § 4 Nr.2 UWG n.F. - Wiederkehr des alten Verbraucherleitbildes „durch die Hintertür“? WRP 2004, S. 1355, 1356.

537 *Baumbach/Hefermehl/Bornkamm*, § 5 Rn. 2.101.

538 *Baumbach/Hefermehl/Bornkamm*, § 5 Rn. 2.104.

cc) Irreführung durch Deep-Links Es gilt nun zu untersuchen, ob die Verwendung eines Deep-Links die Nutzer tatsächlich in die Irre führen kann. Unabhängig von der Frage, unter welches Beispiel im Katalog des § 5 UWG die Irreführung fällt, kann Grund für eine Irreführung in allen vorstellbaren Konstellationen nur der Umstand sein, dass durch den Deep-Link auf eine andere Seite verlinkt wird. Die Erkennbarkeit dieses Wechsels ist somit ausschlaggebend für die Annahme einer Irreführung. In der Paperboy-Entscheidung verneinte der BGH mit kurzer Begründung eine Irreführung.[539] Leider lässt diese Entscheidung keinen allgemein gültigen Schluss zu. Denn in diesem Fall wurde bei den aufgelisteten Suchergebnissen jeweils auf die Anbieter der einzelnen Artikel hingewiesen, womit eine Irreführung ausgeschlossen war.

In der Literatur wird zumindest für den Bereich des Urheberrechts die Auffassung vertreten, dass durch die Veränderung der angezeigten URL im Browser beim Anklicken des Deep-Links der Wechsel zur Seite eines anderen Anbieters für den Nutzer erkennbar wird.[540] Meiner Einschätzung nach führt die Veränderung in der URL-Leiste beim Anklicken des Deep-Links zum Ausschluss einer § 5 UWG verwirklichenden Irreführung. Die Kenntnis der Funktionsweise der URL-Leiste im Browser ist eine der grundlegenden Voraussetzungen zur Nutzung des Internets. Auch dem wenig versierten Nutzer müssen hier Veränderungen auffallen. Der Anteil der Nutzer, denen Veränderungen an dieser Stelle nicht erkennbar sind, wird sicherlich nicht zur Erreichung der erforderlichen Irreführungsquote von einem Viertel bis zu einem Drittel führen. Das Setzen eines Deep-Links wird also grundsätzlich nicht zur Verwirklichung einer irreführenden Werbung führen. Ein anderes Ergebnis kann sich natürlich dann ergeben, wenn der Anbieter den Deep-Link in einen irreführenden Zusammenhang einkleidet. Dann ist aber nicht der Deep-Link als solcher, sondern die Darstellung, in deren Rahmen er verwendet wird, irreführend.

[539] BGH GRUR 2003, 958, 963 - Paperboy.
[540] *Börsch*, S. 168; *Worm*, S. 55.

f) Verschleierung des Werbecharakters von Wettbewerbshandlungen (§ 4 Nr. 3 UWG)

Um die Verweigerungshaltung vieler Verbraucher gegenüber kommerzieller Annäherung zu umgehen, wird häufig versucht, den werblichen Charakter zu verschleiern.[541] Um dieser Verschleierung entgegenzuwirken, hatte die Rechtsprechung zu § 1 UWG a.F. das Verbot der getarnten Werbung entwickelt. Nach diesem war es wettbewerbswidrig einer Werbemaßnahme durch Tarnung die Erkennbarkeit als solche durch den Verbraucher zu nehmen.[542] Das Verbot der getarnten Werbung wurde hauptsächlich unter dem Aspekt der redaktionellen Werbung diskutiert[543], betraf aber tatsächlich alle Formen getarnter Werbung[544].

Durch die UWG-Novelle hat der Gesetzgeber das Verbot der getarnten Werbung auf alle Wettbewerbshandlungen ausgedehnt.[545] Von § 4 Nr. 3 UWG wird somit nicht nur getarnte Werbung, sondern auch sonstige Verschleierungen einer Wettbewerbshandlung, wie etwa die Gewinnung von Adressen unter Verschweigen einer kommerziellen Absicht, erfasst.[546] Unter Berücksichtigung dieses gesetzgeberischen Willens ist der Wortlaut der Norm mit „Werbecharakter“ allerdings zu eng ausgefallen und muss erweitert als „wettbewerblicher Charakter“ ausgelegt werden.[547]

aa) Verschleierungsverbot und Internet Bevor die Auswirkung des Verschleierungsverbots auf das Setzen von Deep-Links untersucht werden kann, gilt es zunächst dessen allgemeine Anwendung auf das Internet zu betrachten.

Neben § 4 Nr. 3 UWG gebieten im Bereich des Internets noch weitere Vorschriften die Kenntlichmachung kommerzieller Kommunikation. Zum einen ist dies § 10 IV MDStV für

[541] *Henning-Bodewig, Frauke*, Die Tarnung von Werbung. GRURInt 1991, S. 858, 859; BGH GRUR 1997, 907, 900 - „Emil-Grünbär-Klub“.

[542] *Baumbach/Hefermehl/Köhler*, § 4 Rn. 3.1.

[543] Vgl. *Sperr/Fischer*, S. 35.

[544] *Henning-Bodewig, Frauke*, Die Tarnung von Werbung. GRURInt 1991, S. 858, 859.

[545] BT-Drucks 15/1487.

[546] BT-Drucks 15/1487.

[547] *Baumbach/Hefermehl/Köhler*, § 4 Rn. 3.1.

den Bereich der Mediendienste. Ein Mediendienst ist gegeben, wenn beim Online-Auftritt eine redaktionelle Gestaltung überwiegt oder das Angebot an die Allgemeinheit gerichtet ist. Zum anderen erfordert dies § 7 TDG, wenn die Seite vorrangig der individuellen Kommunikation und Nutzung dient und folglich als Teledienst einzuordnen ist. Aus einem Verstoß gegen eine dieser beiden Vorschriften resultiert bereits eine Unlauterkeit in Form des Rechtsbruchs gemäß § 4 Nr. 11 UWG. Die Anwendbarkeit des § 4 Nr. 3 UWG lassen diese speziellen Vorschriften aber unberührt.[548]

Die rechtlichen Probleme, die sich bei Verstößen gegen § 4 Nr. 3 UWG im Internet ergeben, erwachsen aus der allgemeinen Charakteristik der Werbung im Netz. Die Werbung im Internet wird im Wesentlichen durch drei Merkmale charakterisiert.[549] Zunächst ist dies die Multimedialität[550] der Internetwerbung. Diese ermöglicht die Verknüpfung von Bild- und Tonelementen und die Schaffung verwobener Strukturen, insbesondere durch den Einsatz von Links.[551] Zweites prägendes Element ist die Interaktivität des Internets, die es dem Nutzer erlaubt, Einfluss auf die an ihn gerichteten Werbebotschaften zu nehmen und direkt mit dem Absender in Kontakt zu treten.[552] Schließlich ermöglicht die globale Abrufbarkeit von Informationen im Internet eine globale Werbebotschaft. Diese Besonderheiten der Werbung im Internet führen dazu, dass Trennlinien, auf die sich das Verbot der Verschleierung des Werbecharakters von Wettbewerbshandlungen stützt, verschwimmen. Einerseits wird durch die verwobene Struktur des Internets häufig die Trennlinie zwischen Werbung und Inhalt unscharf. Andererseits ist Resultat der Interaktivität, dass die Trennlinie zwischen Massen- und Individualkommunikation häufig nur noch schwer zu ziehen ist.

Vor diesem Hintergrund der Besonderheiten des Mediums Internet steht die Art der Anwendung des Verbots der Verschleierung in der Diskussion. Hierbei wird zunächst

[548] *Heyms/Prieß*, S. 98; *Gounalakis, Georgios*, Der Mediendienste-Staatsvertrag der Länder. NJW 1997, S. 2993, 2997.
[549] *Lehmann/Leistner*, S.276.
[550] Vgl. zum Begriff „Multimedia“: *Schricker*, Urheberrecht auf dem Weg zur Informationsgesellschaft, S. 19 f.
[551] *Lehmann/Leistner*, S. 276.
[552] *Jöhri*, S. 161.

zwischen elektronischer Presse und den Homepages von Unternehmen unterschieden. Im Bereich der elektronischen Presse besteht Einigkeit, dass keine anderen Regeln als für andere Medien gelten können.[553] Dies ergibt sich auch bereits aus § 10 IV MDStV. Schwierigkeiten bereitet hingegen die Einordnung von Unternehmenshomepages. *Hoeren* vertrat zunächst die Auffassung, diese Seiten sei insgesamt werblicher Charakter zuzusprechen.[554] Zur Begründung führte er an, dass auf solchen Seiten nicht zwischen Inhalt und Werbung unterschieden werden könne. Diese Unterscheidung hält er aber in jüngster Zeit für möglich und vertritt dementsprechend die Auffassung, dass ein pauschales Urteil über die Eigenschaft von Unternehmenshomepages nicht möglich und nicht geboten sei.[555]

Gummig macht die Anwendbarkeit des Trennungsgebots von dem Vertrauen, welches die Nutzer dem „Muttermedium" der Homepage entgegenbringen, abhängig.[556] Wenn dieses „Muttermedium" journalistische Kompetenz und Unabhängigkeit für sich in Anspruch nehme, so solle das Trennungsgebot auf diese Seite angewendet werden. Im Umkehrschluss soll auf andere Angebote das Trennungsgebot weniger streng angewendet werden.

Nach einer weiteren Meinung ist für die Anwendung des Trennungsgebots zwischen Werbung und Publicrelations, worunter Berichte an Presse, Mitarbeiter und Aktionäre verstanden werden, zu differenzieren.[557] Als Begründung wird angeführt, Unternehmenskommunikation fiele nicht unter den Schutzbereich des UWG.

Gemein ist allen Ansichten also das Eintreten für eine differenzierte und einzelfallbezogene Bewertung. Da im Wettbewerbsrecht stets auf die Umstände des Einzelfalls abzustellen

---

553 *Ernst, Stefan*, Wirtschaftsrecht im Internet. BB 1997, S. 1057, 1060; *Leupold, Andreas/Brautigam, Peter/Pfeiffer, Markus*, Von der Werbung zur kommerziellen Kommunikation: Die Vermarktung von Waren und Dienstleistungen im Internet. WRP 2000, S. 575, 588.

554 *Hoeren, Thomas*, Cybermanners und Wettbewerbsrecht - Einige Überlegungen zum Lauterkeitsrecht im Internet. WRP 1997, S. 993, 995. Dieser Auffassung stimmten weite Teile der Literatur zu (Vgl. *Schmittmann*, Werbung im Internet, S. 18; *Rauschhofer*, S. 195.

555 *Hoeren, Thomas*, Werbung im WWW - aus der Sicht des neuen UWG. MMR 2004, S. 643, 644.

556 *Gummig, Christian*, Rechtsfragen bei Werbung im Internet. ZUM 1996, S. 573, 579.

557 *Leupold, Andreas/Brautigam, Peter/Pfeiffer, Markus*, Von der Werbung zur kommerziellen Kommunikation: Die Vermarktung von Waren und Dienstleistungen im Internet. WRP 2000, S. 575, 589.

ist[558], kann dem bereits aus diesem Grund zugestimmt werden. Nach meiner Auffassung ist Unternehmenshomepages aber insgesamt eher ein wettbewerblicher Charakter zuzurechnen. Denn die Homepage eines Unternehmens verfolgt immer kommerzielle Ziele, sei auf den Absatz von Waren, sei es auf sonstige Weise. Raum für eine weitere Differenzierung innerhalb einer solchen Seite sehe ich nicht. Die Begründung, dass Publicrelations nicht vom Schutzbereich des Wettbewerbsrechts umfasst sei, vermag eine solche Annahme nicht zu tragen. Auch solche Formen der Unternehmenskommunikation fallen in den Anwendungsbereich des UWG. Denn Werbecharakter i.S.d. § 4 Nr. 3 UWG hat eine Wettbewerbshandlung nicht nur dann, wenn sie unmittelbar auf die Kundengewinnung abzielt, sondern auch dann, wenn sie nur mittelbar dazu beiträgt.[559] Dies ist bei Publicrelations anzunehmen. Die Einordnung von Unternehmenshomepages als Werbung führt zu der Frage, ob als Konsequenz die gesamte Homepage als Werbung gekennzeichnet werden muss. In der Literatur wird eine Auffassung vertreten, die in diesem Erfordernis eine Diskriminierung von Unternehmenshomepages gegenüber dem Internetangebot von Medienunternehmen sieht, da diese nicht die gesamte Seite, sondern nur die werblichen Teile kenntlich machen müssten[560]. Aus diesem Grund sei eine Markierung nicht vorzunehmen. Dem ist im Ergebnis, aber mit anderer Begründung zuzustimmen. Eine Kenntlichmachung ist auf Grund des Normzwecks nicht erforderlich. Durch § 4 Nr. 3 UWG soll verhindert werden, dass der Verbraucher werblichen Aussagen nicht als solche erkennt und ihnen deshalb auf Grund ihrer vermeintlichen Objektivität eine höhere Bedeutung beimisst.[561] Eine Unternehmenshomepage erweckt aber nicht den Eindruck von Objektivität. Es ist gerade das Ziel solcher Seiten, Inhalte zu verbreiten, die vom Ersteller der Seite stammen. Dies ist auch für jeden Besucher solcher Seiten erkennbar. Auf Grund dieser Erkennbarkeit kommt es auch nicht zu einem Irrtum über die Qualität der Information.

---

[558] StRspr. vgl. BGH GRUR 1959, 138, 138 - Italienische Note; BGH GRUR 1984, 593, 593 - adidas-Sportartikel; BGH GRUR 2000, 521, 521 - Modulgerüst.
[559] *Baumbach/Hefermehl/Köhler*, § 4 Rn. 3.10.
[560] *Marwitz, Petra*, Sind Unternehmens-Homepages Werbung? MMR 1998, S. 188, 191.
[561] BGH GRUR 1995, 744 - Feuer, Eis u. Dynamit; *Wieben*, S. 49.

bb) Verschleierungsverbot und Deep-Linking Nach der Darstellung der grundsätzlichen Anwendung des § 4 Nr. 3 UWG auf das Internet gilt es nun den Blick auf Verstöße durch Deep-Links zu richten.

Wie oben dargelegt, erfordern § 10 IV MDStV und § 7 TDG die Kenntlichmachung kommerzieller Kommunikation. Die Anwendbarkeit dieser Vorschriften auf das Setzen von Deep-Links ist umstritten. Unstrittig scheidet eine direkte Anwendung dieser Vorschriften aus, da Hyperlinks auf Grund ihrer inhaltlich wertenden Komponente nicht als reine Weiterleitung von Daten anzusehen sind.[562] Im Bemühen um eine Einschränkung der Haftung des Verlinkenden wird in der Literatur eine analoge Anwendung des TDG und des MDStV befürwortet.[563] Die Ablehnung einer analogen Anwendung überwiegt aber in der Literatur.[564] Diese Meinung sieht keine planwidrige Regelungslücke und damit keinen Raum für eine Analogie. Ihr ist zuzustimmen. Denn den Gesetzesberatungen ist zu entnehmen, dass, trotz einer entsprechenden Aufforderung des Bundesrates[565], eine Regelung für Links abgelehnt wurde.[566] Es liegt also keine planwidrige, sondern eine bewusste Regelungslücke vor.[567] Diese Auffassung wurde durch den BGH nun in der Entscheidung „Schöner Wetten" vom 1.4.2004 bestätigt.[568] Auf Links sind der MDStV und das TDG folglich nicht anwendbar.

---

[562] *Spindler, Gerald*, Verantwortlichkeit und Haftung für Hyperlinks im neuen Recht. MMR 2002, S. 495, 496; *Köhler/Arndt*, S. 246.

[563] *Köhler/Arndt*, S. 246; *Gounalakis/Gounalakis/Rhode*, § 22 Rn. 88.

[564] *Spindler, Gerald*, Verantwortlichkeit und Haftung für Hyperlinks im neuen Recht. MMR 2002, S. 495, 498; *Koch, Frank*, Perspektiven für die Link- und Suchmaschinen-Haftung. CR 2004, S. 213, 215; *Müglich, Andreas*, Auswirkungen des EGG auf die haftungsrechtliche Behandlung von Hyperlinks. CR 2002, S. 583, 591.

[565] Vgl. BT-Drs. 14/6098, S. 34.

[566] Vgl. Gegenäußerung der Bundesregierung, BT-Drs. 14/6098, S. 34, 37.

[567] Da Links zu den wichtigsten Instrumenten des Internet gehören, stößt deren Ausklammerung aus dem Anwendungsbereich des TDG durch den Gesetzgeber in der Literatur auf Kritik. (*Koch, Frank*, Perspektiven für die Link- und Suchmaschinen-Haftung. CR 2004, S. 213, 213) Dieser kann zugestimmt werden, so hat etwa Österreich bei der Umsetzung der E-Commerce-Richtlinie durch das E-Commerce-Gesetz für diesen Bereich ausdrückliche Regelungen getroffen.(Vgl. § 14 ECG für Suchmaschinen und § 17 ECG für Links)

[568] BGH MMR 2004, 529, 530 = BGH NJW 2004, 2158 - Schöner Wetten; vgl. auch *Hoffmann, Helmut*, Die Entwicklung des Internet-Rechts bis Mitte 2004. NJW 2004, S.2569, 2575.

Ob ein Verstoß gegen das Verbot der Verschleierung vorliegt, ist deshalb allein nach den allgemeinen Regeln, also nach § 4 Nr. 3 UWG, zu beurteilen. Um gegen diesen zu verstoßen, müsste durch das Setzen eines Deep-Links der Werbecharakter einer Wettbewerbshandlung verschleiert werden. Zu einer solchen Verschleierung kann es durch die spezifische Funktionsweise eines Links kommen. Denn durch einen Link kann ein Übergang von einer Seite mit redaktionellem Inhalt zu einer mit wettbewerblichem Charakter geschaffen werden. Gegen die Möglichkeit der Verschleierung spricht auch nicht die Erkennbarkeit des Wechsels zu einer anderen Seite bei Deep-Links. Denn für die Verneinung einer Verschleierung ist nicht die bloße Erkennbarkeit der Weiterleitung zu einer anderen Seite erforderlich, es muss vielmehr erkennbar werden, wann der Bereich objektiver Inhalte verlassen wird. Dieser Bereich ist nicht auf eine Seite beschränkt, sondern kann sich über mehrere mit Deep-Links verbundene Seiten erstrecken.

Weitere Voraussetzung für einen Verstoß gegen § 4 Nr. 3 UWG ist das Vorliegen einer Wettbewerbshandlung i.S.d. § 2 I Nr.1 UWG. Beim Einsatz von Deep-Links entscheidet sich in den meisten Fällen an diesem Merkmal die Anwendbarkeit des § 4 Nr. 3 UWG. Für eine Wettbewerbshandlung ist objektiv die Eignung zur Förderung von Absatz oder Bezug des eigenen oder eines fremden Unternehmens erforderlich. Daneben muss die Absicht einer solchen Förderung als subjektives Tatbestandsmerkmal hinzutreten.[569] An diese Absicht sind bei redaktionellen Beiträgen besondere Anforderungen zu stellen. Grundsätzlich wird bei der Handlung von Gewerbetreibenden eine Wettbewerbsabsicht vermutet.[570] Bei redaktionellen Beiträgen gilt diese Vermutung aber im Hinblick auf das Grundrecht der Meinungs- und Pressefreiheit nicht.[571] Eine Wettbewerbsförderungsabsicht muss in diesen Fällen also immer positiv festgestellt werden. Hierfür bedarf es konkreter Umstände, wozu neben der Wahrnehmung der publizistischen Aufgabe die Absicht des Presseorgans, fremden Wettbewerb zu fördern, eine größere als nur notwendigerweise begleitende Rolle

[569] *Baumbach/Hefermehl/Köhler*, § 2 Rn. 22; a.A. *Fezer/Fezer*, § 2 Rn. 32.
[570] *Lehr*, S. 22; BGH GRUR 1997, 761 - Politikerschelte.
[571] *Spindler, Gerald*, Hyperlinks und ausländische Glücksspiele - Karlsruhe locuta causa finita? GRUR 2004, S. 724, 724; *Henning-Bodewig, Frauke*, Werbung im Kinospielfilm - Die Situation nach „Feuer, Eis & Dynamit" -. GRUR 1996, S. 321, 324; BGH GRUR 1986, 898, 899 - Frank der Tat.

gespielt haben muss.[572] Teile der Literatur sehen im Setzen eines Hyperlinks innerhalb eines redaktionellen Beitrages solche Umstände.[573] Zur Begründung wird angeführt, dass die Rolle der Presse auf die Informationsvermittlung beschränkt sei und die Herstellung des Kontakts zu einer Seite mit wettbewerblichem Charakter nicht mehr von diesem Auftrag gedeckt sei. Der Nutzer verbinde mit einem Hyperlink nicht nur ein Service-Angebot, sondern eine redaktionelle Empfehlung. Der BGH kam in der Entscheidung „Schöner Wetten" zu einem anderen Ergebnis. Das Setzen eines Links wird vom BGH nicht als ausreichend für die Annahme einer Wettbewerbsabsicht betrachtet.[574] Dem ist zuzustimmen. Denn es kann keinen Unterschied machen, ob die Nennung der Homepage mit werblichem Inhalt nur als reiner Text oder in Gestalt eines Deep-Links erfolgt. Die Nennung als Link stellt lediglich einen Service für den Nutzer insoweit dar, als er die URL nicht selbst eintippen muss, sondern nur auf den Link zu klicken braucht. Dabei kommt lediglich der Vorteil von Publikationen im Internet gegenüber gedruckten Publikationen zum Tragen. Die bloße Verwendung eines Deep-Links ist folglich nicht ausreichend, um eine Wettbewerbsabsicht bei Seiten mit redaktionellem Inhalt anzunehmen. Es müssen neben der Verwendung eines Deep-Links also weitere Umstände vorliegen, um einen werblichen Überschuss des Artikels zu bejahen.

Abschließend kann also die Eignung von Deep-Links zur Verschleierung von Wettbewerbshandlungen festgestellt werden. Entscheiden wird sich ein Verstoß gegen § 4 Nr. 3 UWG in der Regel am Vorliegen einer Wettbewerbsabsicht.

---

572 BGH WRP 1997, 1051, 1053 - Die Besten II; BGH GRUR 1995, 279, 272 - Dubiose Geschäftsgebaren.

573 *Hoeren/Sieber/Körner/Lehment*, 11.1 Rn. 173; *Börsch*, S. 211; *Hoeren, Thomas*, Cybermanners und Wettbewerbsrecht - Einige Überlegungen zum Lauterkeitsrecht im Internet. WRP 1997, S. 993, 996.

574 BGH MMR 2004, 529, 530 - Schöner Wetten.

4. Inline-Linking; Frames

a) Ergänzender wettbewerbsrechtlicher Leistungsschutz (§ 4 Nr. 9 UWG)

Wie bereits oben ausgeführt[575], hat der ergänzende wettbewerbsrechtliche Leistungsschutz drei Voraussetzungen[576]. Ein Unternehmer muss ein Leistungsergebnis eines Mitbewerbers nachahmen und dieses auf dem Markt anbieten. Dieses Leistungsergebnis muss eine wettbewerbliche Eigenart aufweisen und darf nicht unter Sonderrechtsschutz stehen. Schließlich müssen besondere Umstände hinzutreten, die dieses Verhalten als unlauter erscheinen lassen.

aa) Übernahme einer fremden Leistung Bei der Bestimmung einer möglichen Leistungsübernahme durch Inline-Links ist danach zu fragen, ob Identität zwischen der Leistung der verlinkten und der verlinkenden Seite besteht. Für die Bestimmung der Leistungen ist wieder die Wahrnehmung der Nutzer maßgeblich.[577] Für diese macht es keinen Unterschied, ob die dargestellte Ressource ihren Ursprung auf der ursprünglichen Seite hat oder mittels Inline-Link eingefügt wurde. Da sie nicht den Ursprung der Ressource erkennen können, ist die Leistung für sie identisch. Im Gegensatz zur Konstellation bei Deep-Links enthält die verlinkende Seite für sie in der Regel auch keinen zusätzlichen Nutzen.[578] Meines Erachtens ist das Verwenden von Inline-Links und Frames folglich als Leistungsübernahme einzuordnen. Dieser Einschätzung stehen auch nicht die Feststellungen des BGH in der Paperboy-Entscheidung entgegen[579]. Diese Entscheidung betraf nicht die Verwendung von Inline-Links und Frames, sondern die Nutzung von Deep-Links durch Suchmaschinen. Auch den Urteilsgründen kann kein Argument entnommen werden, welches gegen eine Leistungsübernahme durch Inline-Links und Frames sprechen würde. Wie bei der Behandlung der Leistungsübernahme durch Deep-Links ausgeführt, ist für die Ab-

[575] Siehe B. II. 3. a).
[576] Vgl. *Heidelberger Kommentar/Kotthoff*, § 4 Rn. 378; *Fezer/Götting*, § 4-9 Rn. 24.
[577] Vgl. B. II. 1.
[578] Bei Deep-Links besteht dieser im Hinweis auf andere Seiten, der bei Inline-Links fehlt. Vgl. ausführlich zum Zusatznutzen von Deep-Links: B. II. 3. a) dd).
[579] BGH GRUR 2003, 958 = BGH NJW 2003, 3406 - Paperboy.

lehnung einer Leistungsübernahme durch diese maßgeblich, dass sich für den Nutzer ein zusätzlicher Nutzen durch das Verweisen auf andere Seiten einstellt.[580] Dieser zusätzliche Nutzen fehlt aber gerade bei Inline-Links.

bb) Wettbewerbliche Eigenart Ob die Leistungsübernahme auch eine unzulässige ist, hängt von der Erfüllung der weiteren Tatbestandsmerkmale des § 4 Nr. 9 UWG ab.

Zu beachten ist zunächst, dass bei Inline-Linking und Frameing meistens nicht ganze Seiten, sondern nur Einzelelemente übernommen werden. Zur Beurteilung des Vorliegens der weiteren Voraussetzungen des § 4 Nr. 9 UWG können daher nur diese Einzelelemente und nicht die gesamte Seite herangezogen werden.[581]

Die Anforderungen an diese weiteren wettbewerbsrechtlichen Umstände nehmen mit zunehmender Annäherung an das Original ab.[582] Deshalb muss bestimmt werden, ob durch Inline-Links und Frames nur eine Nachahmung oder eine unmittelbare Leistungsübernahme gegeben ist. Für diese Einordnung ist der Anteil eigener Leistung des Übernehmenden maßgeblich. Eine eigene Leistung des Setzers von Inline-Links und Frames am Ergebnis wird man vergeblich suchen, er übernimmt die Leistung mithilfe der Möglichkeiten, die ihm Inline-Links und Frames bieten. Er nimmt folglich eine unmittelbare Leistungsübernahme vor. Diese führt dazu, dass die Anforderungen sowohl an die wettbewerbliche Eigenart als auch an die besonderen wettbewerblichen Umstände geringer sind als bei der nur nachschaffenden Übernahme.[583] Ob die übernommenen Inhalte tatsächlich wettbewerbliche Eigenart aufweisen, kann nur im Einzelfall ermittelt werden. Bei dieser Bestimmung ist zu berücksichtigen, dass bereits ein erheblicher Aufwand bei der Erstellung von Informationen zur Begründung einer wettbewerblichen Eigenart ausreichen kann.[584] Es wird daher in der Regel einiges für eine wettbewerbliche Eigenart sprechen.

---

[580] Vgl. B. II. 3. a).

[581] *Leistner, Matthias/Bettinger, Torsten*, Creating Cyberspace. Beilage CR 1999, S. 1, 30; a.A. *Worm*, S. 114.

[582] *Baumbach/Hefermehl/Köhler*, § 4 Rn. 9.34; BGH WRP 1976, 370, 371 - Ovalpurderdose.

[583] StRspr. vgl. BGH GRUR 1960, 244, 246 - Simili-Schmuck; BGH GRUR 1986, 673, 675 - Beschlagprogramm; siehe auch unter B. II. 3. a).

[584] Vgl. BGH GRUR 1988, 308, 309 - Informationsdienst. Vgl. östOGH zur Übernahme von Pressemeldungen von Webseiten anderer Nachrichtenagenturen.(ÖstOGH GRUR Int 2002, 353, 355)

cc) Besondere wettbewerbliche Umstände Nach § 4 Nr. 9 lit a) UWG hat eine vermeidbare Täuschung der Abnehmer über die betriebliche Herkunft die Unlauterkeit zur Folge. Im Gegensatz zu Deep-Links kann der Nutzer bei Inline-Links nicht durch Veränderungen in der URL-Leiste erkennen, dass auf die Ressource eines Dritten zurückgegriffen wird. Der Anbieter der verlinkenden Seite muss den Nutzer daher auf diesen Umstand hinweisen. Unterlässt er einen solchen Hinweis, so kann von einer vermeidbaren Herkunftstäuschung ausgegangen werden.

dd) Ergebnis Als Ergebnis lässt sich somit festhalten, dass in der Verwendung von Inline-Links und Frames häufig ein Verstoß gegen § 4 Nr. 9 UWG liegt.[585] Entscheidend für die Unlauterkeit ist in der Regel, ob der Nutzer darauf hingewiesen wird, dass ihm eine fremde Leistung präsentiert wird.

b) Rufanlehnung

Eine Rufanlehnung wurde beim Einsatz von Deep-Links verneint, da bei deren Einsatz die Begründung eines eigenen Rufes und nicht die Anlehnung an einen bestehenden im Vordergrund steht.[586] Dies ist beim Einsatz von Inline-Links anders. Die Einbindung der Zielseite kann so erfolgen, dass für den Betrachter keine Abgrenzung mehr möglich ist. Ist eine Abgrenzung der Inhalte nicht möglich, so kann auch nicht zwischen dem Ruf des Verletzten und des Verletzers unterschieden werden. Beim Einsatz von Inline-Links kann es daher grundsätzlich zu einer Rufanlehnung gemäß § 4 Nr. 10 UWG kommen.[587] Ob eine unlautere Rufanlehnung vorliegt, kann nur anhand der Bewertung im Einzelfall erfolgen.[588] Insbesondere ist eine mögliche Anlehnung nur wettbewerbswidrig, wenn hierfür im konkreten Fall kein hinreichender Anlass besteht und Art und Maß der Angaben nicht

[585] So auch *Bettinger/Leistner*, S. 115; *Schack, Haimo*, Urheberrechtliche Gestaltung von Webseiten unter Einsatz von Links und Frames. MMR 2001, S. 9, 16; *Leistner, Matthias*, Anmerkung zum Urteil des OLG Düsseldorf vom 29.06.1999 - baumarkt.de. CR 2000, S. 187, 188.

[586] Vgl. B. II. 3. c).

[587] *Gloy/Schulte-Beckhausen*, § 29 Rn. 70.

[588] Vgl. zur Anlehnung durch Link zu Fachverband ohne Mitgliedschaft: OLG Jena GRUR 2003, 978, 978 - Verbandslink.

im Rahmen einer zutreffenden Darstellung liegen.[589]

c) Herabsetzung (§ 4 Nr. 7 UWG) und Anschwärzung (§ 4 Nr. 8 UWG)

Inline-Links und Frames können genau wie Deep-Links für eine Herabsetzung oder Anschwärzung verwendet werden.[590] Denkbar sind Fallgestaltungen, in denen sich in einer Weise, die den Tatbestand einer dieser Vorschriften erfüllt, über einen Mitbewerber geäußert wird und dann Inhalte dieses Mitbewerbers unter Verwendung von Inline-Links und Frames dargestellt werden.
Eine Herabsetzung oder Anschwärzung ist Inline-Links und Frames aber nicht immanent. Sie selbst stellen keine Herabsetzung oder Anschwärzung dar, können aber für diese verwendet werden.

d) Werbebehinderung (§ 4 Nr. 10 UWG)

Durch Inline-Links und Frames besteht die Möglichkeit, nur Teile der Seiten von Mitbewerbern zu übernehmen. Wenn hierbei die Werbung des Mitbewerbers ausgespart wird, wirft dies die Frage auf, ob das Verhalten als Werbebehinderung gemäß § 4 Nr. 10 UWG einzustufen ist. Dieses Problemfeld entspricht dem der Werbebehinderung durch Deep-Links.[591] Denn der Inline-Link ist in diesem Fall zugleich Deep-Link. Für die Feststellung einer möglichen Werbebehinderung ist eine Abwägung zwischen den Interessen des Werbenden und der Allgemeinheit an der Funktionsfähigkeit des Internets anzustellen.[592] Die bei der Werbebehinderung durch Deep-Links vorgenommene Abwägung hatte in den meisten Fällen ein Überwiegen des Interesses der Allgemeinheit zum Ergebnis.[593] Von Interesse ist nun, ob es Auswirkungen auf das Abwägungsergebnis hat, dass der Deep-Link zusätzlich auch ein Inline-Link ist oder für einen Frame verwendet wurde. Nach

[589] BGH GRUR 2005, 163, 165 - Aluminiumräder.
[590] Vgl. unter B. II. 3. d), siehe auch dort zu den Voraussetzungen von §§ 4 Nr. 7, 4 Nr. 8 UWG.
[591] Siehe hierzu B. II. 3. b).
[592] BGH GRUR 2003, 958, 963 - Paperboy; vgl. *Hoeren, Thomas*, Keine wettbewerbsrechtlichen Bedenken mehr gegen Hyperlinks ? - Anmerkungen zum BGH-Urteil „Paperboy“. GRUR 2004, S. 1, 4.
[593] Siehe hierzu B. II. 3. b).

meiner Einschätzung verschiebt dies nicht das Gewicht zugunsten des Werbenden. Denn das zusätzliche Vorliegen eines Inline-Link oder Frame vermag nicht das Argument zu entkräften, dass derjenige, der sein Angebot öffentlich im Netz zugänglich mache, nicht erwarten könne, dass nur der umständliche Weg über seine Startseite gegangen werde.[594] Die Verwendung eines Inline-Link oder Frame beschneidet ihn nicht zusätzlich in seinem Interesse auf Werbeeinnahmen. Bereits durch die Verwendung eines Deep-Link wird die Wahrnehmung der Werbung durch den Benutzer vollständig vereitelt. Es bleibt somit kein Raum für eine weitergehende Vereitlung.
Für die Frage der Werbebehinderung durch einen Deep-Link ist es folglich ohne Relevanz, ob er zusätzlich als Inline-Link oder in einem Frame verwendet wird.

e) Verschleierung des Werbecharakters von Wettbewerbshandlungen (§ 4 Nr. 3 UWG)

Die Mehrzahl der Verbraucher ist reserviert gegenüber kommerzieller Annäherung. Aus diesem Grund könnten Anbieter versucht sein, dem Nutzer den kommerziellen Charakter der Seite zu verschleiern. Die bereits bei der Verschleierung durch Deep-Links diskutierte Anwendung des § 10 IV MDStV und § 7 TDG muss ebenso für Inline-Links abgelehnt werden, da auch diese eine wertende Komponente besitzen, womit sie nicht als reine Weiterleitung von Daten einzustufen sind.[595] Alleiniger Maßstab für die Bewertung von Inline-Links und Frames ist deshalb § 4 Nr. 3 UWG.[596]

aa) Verschleierung Das Eingreifen des § 4 Nr. 3 UWG setzt zunächst voraus, dass durch den verwendeten Inline-Link oder Frame der Werbecharakter einer Wettbewerbshandlung verschleiert wird. Durch die Funktionsweise von Inline-Links und Frames kann es zu einer solchen Verschleierung kommen, da durch Inline-Links und Frames werblicher

[594] So das Argument des BGH zur Ablehnung einer Werbebehinderung in der Paperboy-Entscheidung (BGH GRUR 2003, 958, 963 - Paperboy).
[595] Vgl. ausführlich zu dieser Problematik: B. II. 3. f).
[596] Vgl. zum Problem, ob das Trennungsgebot bei Unternehmenshomepages und elektronischer Presse unterschiedlich angewendet werden soll unter B. II. 3. f).

Inhalt auf Seiten ohne werblichen Charakter transportiert werden kann. War beim Deep-Linking gegen eine Verschleierung noch das Argument möglich, dass der Wechsel zu einer anderen Seite durch den Deep-Link erkennbar ist, so entfällt bei Inline-Links und Frames auch dieses Argument. Der Nutzer hat keine Möglichkeit, die dargestellten Informationen ihrem Ursprung zuzuordnen. Die Grenzen zwischen werblichem und redaktionellem Teil verschwimmen für ihn. Da Inline-Links und Frames auf Grund ihrer Funktionsweise keine Abgrenzung ermöglichen, kommt der optischen Gestaltung der Seite entscheidende Bedeutung für die Bewertung einer möglichen Verschleierung zu.[597] Wenn beide Inhalte auf Grund ihrer Darstellung wie eine Einheit erscheinen, so ist eine Verschleierung gegeben. Wird jedoch durch gestalterische Mittel oder ausdrückliche Hinweise der Charakter des Inhalts verdeutlicht, so ist eine Verschleierung abzulehnen.

bb) Wettbewerbshandlung Die Wettbewerbshandlung als Grundvoraussetzung für alle Wettbewerbsverstöße bedarf bei Inline-Links besonderer Beachtung, wenn diese im Rahmen von redaktionellen Beiträgen verwendet werden. Bei diesen wird die Wettbewerbsförderungsabsicht nicht vermutet, sondern ist nur gegeben, wenn konkrete Umstände positiv festgestellt werden, wonach neben der Wahrnehmung der publizistischen Aufgabe die Absicht des Presseorgans, fremden Wettbewerb zu fördern, eine größere als nur notwendigerweise begleitende Rolle gespielt hat.[598] Für eine Wettbewerbsförderungsabsicht ist also entscheidend, ob bei der Darstellung von werblichen Inhalten durch Inline-Links und Frames die Absicht, den Wettbewerb des Urhebers dieser Inhalte zu fördern, eine größere als nur begleitende Rolle spielt. Hier kann keine generelle Aussage getroffen werden. Wie auch bei der Verwendung von Deep-Links müssen zusätzliche Umstände für die Annahme eines werblichen Überschusses vorliegen.[599] Nach meiner Einschätzung wird bei der Verwendung von Inline-Links und Frames aber tendenziell eher

---

[597] *Hoeren, Thomas*, Werbung im WWW - aus der Sicht des neuen UWG. MMR 2004, S. 643, 645.
[598] BGH WRP 1997, 1051, 1053 - Die Besten II; BGH GRUR 1995, 279, 272 - Dubiose Geschäftsgebaren.
[599] Vgl. B. II. 3. f).

eine Wettbewerbsförderungsabsicht als bei der Verwendung von Deep-Links anzunehmen sein. Denn überlässt es der Verwender von Deep-Links noch dem Benutzer, dem Link tatsächlich nachzugehen, so will der Verwender von Inline-Links und Frames dem Nutzer diese Möglichkeit nicht belassen. Er will vielmehr sicherstellen, dass der Nutzer die werblichen Informationen zur Kenntnis nimmt. In dieser Konstellation liegt eine Wettbewerbsförderungsabsicht eher nahe als bei der Verwendung eines Deep-Links.

cc) Ergebnis Abschließend ergibt sich für Inline-Links und Frames, dass durch ihre Verwendung der Werbecharakter einer Wettbewerbshandlung verschleiert werden kann. Eine Wettbewerbsförderungsabsicht kann aber nicht auf die bloße Verwendung gestützt werden, sondern sie muss in jedem Einzelfall positiv festgestellt werden, wobei eine Tendenz zu einer solchen gegeben ist.

f) Irreführende Werbung (§ 5 UWG)

Für eine nach § 5 UWG irreführende Werbung müssten durch die Verwendung eines Inline-Links oder Frames ein Viertel bis ein Drittel der angesprochenen Verbraucher über Qualität und Umfang der Leistung des Verlinkenden in die Irre geführt werden.[600] Entscheidender Punkt für die Irreführung ist, ob die angesprochenen Verkehrskreise im zu beurteilenden Fall erkennen können, dass die mittels Inline-Links und Frames gemachten Angaben von einem anderen Wettbewerber stammen. Um dies zu erkennen, steht dem Nutzer aus technischer Sicht nur eine Möglichkeit zur Verfügung. Gewissheit über den Ursprung von dargestellten Inhalten kann er nur durch die Betrachtung des Quellcodes[601] erlangen. Aus diesem ergibt sich der Ursprung der dargestellten Elemente.[602] Auf die-

[600] Vgl. unter B. II. 3. e). zu den allgemeinen Voraussetzungen des § 5 UWG. Da der Begriff der Werbung in § 5 UWG sehr weit gefasst ist (vgl. zum Begriff der „Werbung" *Harte/Henning/Dreyer*, § 5 Rn. 117), können die meisten Anwendungsfälle von Inline-Links und Frames unter diesen Begriff subsumiert werden.

[601] Der Quellcode ist der für den Menschen lesbare in einer Scriptsprache geschriebene Text eines Computerprogramms.

[602] Wenn der Browser ein Bild laden soll, teilt ihm der Befehl <IMG src= www.andereDomain.de/bild.gif

se Möglichkeit kann die Ablehnung einer Irreführung aber nicht gestützt werden. Zum einen verfügen nur wenige Nutzer über das technische Wissen, um Zugang zu diesen Informationen zu erhalten. Zum anderen ist es auch für diese technisch versierten Nutzer nicht zumutbar, bei Betrachtung jeder Seite deren Quellcode einzusehen. Dies würde eine praktikable Nutzung des Internets aufheben. Als Kriterium für die Beurteilung der Erkennbarkeit verbleibt somit nur, ob der Einsatz von Inline-Links durch eine Veränderung der URL-Leiste erkennbar wird. Hier kommt die technische Besonderheit bei Inline-Links und Frames zum Tragen. Im Gegensatz zu Deep-Links[603] verändert sich die URL-Leiste nicht. Der Nutzer kann somit nicht ohne zusätzliche Informationen erkennen, dass ihm mittels Inline-Links und Frames Inhalte anderer Anbieter präsentiert werden. Nach meiner Einschätzung kann es daher grundsätzlich zu einer Irreführung durch Inline-Links und Frames kommen.[604] Maßgeblich sind aber wie immer im Wettbewerbsrecht die Umstände des Einzelfalls. Wenn dem Nutzer durch den Anbieter der Seite mitgeteilt wird, dass er Inhalte anderer Wettbewerber verwendet oder aus sonstigen Umständen der Ursprung des Inhalts klar geschlossen werden kann, scheidet eine Irreführung aus.[605]

Gegen eine Irreführung spricht auch nicht die Rechtsprechung des BGH.[606] Zwar hat der BGH in der Paperboy-Entscheidung eine Irreführung mit kurzer Begründung verneint[607], der Sachverhalt war aber ein anderer. Zur Entscheidung stand die Zulässigkeit von Deep-Links, bei denen ein Wechsel in der URL-Leiste erkennbar ist.

Abschließend ist somit festzuhalten, dass Inline-Links und Frames ein Irreführungspotenzial bergen. Dieses kann der Anbieter aber durch Hinweise auf seiner Seite entschärfen.

>mit, woher er das Bild entnehmen soll. Aus diesem Befehl lässt sich der Ursprung des Bildes erkennen.

603 Vgl. unter B. II. 3. e).

604 A.A. *Plaß, Gunda*, Hyperlinks im Spannungsfeld von Urheber-, Wettbewerbs- und Haftungsrecht. WRP 2000, S. 599, 607.

605 Durch ergänzende Hinweise kann eine Irreführungsgefahr generell ausgeschlossen werden. Vgl. hierzu BGH GRUR 2003, 247, 249 - Thermal-Bad.

606 *Ernst, Stefan*, Anmerkung zum Urteil des BGH v. 17.07.2003 - Paperboy. ZUM 2003, S. 860, 861.

607 BGH GRUR 2003, 958, 963 - Paperboy.

III. Beeinflussung von Suchmaschinen

In das Internet eingestellte Informationen und Angebote, die nicht durch den Nutzer aufgefunden werden können, sind letztlich wertlos. Suchmaschinen ermöglichen das Auffinden der vom Nutzer gewünschten Seiten. Sie beeinflussen daher in entscheidendem Maße die Nutzerzahl einer Webseite. Diverse Untersuchungen haben gezeigt, dass die Nutzer in der Regel nur die ersten zwei bis drei Treffer der Ergebnisliste einer Suchmaschine auswerten.[608] Dies führt zum Bestreben der Anbieter, ihre Seiten möglichst auf Toppositionen in den Ergebnislisten zu platzieren. Mittlerweile bietet eine ganze Branche unter dem Begriff „Suchmaschinenoptimierung“ ihre Dienste zur Verbesserung der Position in der Trefferliste an.[609] Diese Firmen versuchen Webseiten so aufzubereiten, dass diese den Prozess der Aufnahme der Site-Daten in den Index eines Suchdienstes und die Sortierung erfolgreicher durchlaufen als die Seiten der Konkurrenz. Die Seriosität der dabei verwendeten Mittel ist so breit wie das Angebot an Suchmaschinenoptimierern. Bei dem Bemühen um Optimierung kann sich auf die Erfordernisse einer Suchmaschine beschränkt werden. Die Suchmaschine Google hat seit dem Abschluss eines Vertrags zur Lieferung von Resultaten an den Suchdienst Yahoo! im Frühjahr 2004 eine Quasi-Monopolstellung inne.[610]

1. Funktionsweise der Suchmaschine Google

Google veröffentlicht nicht mehr, im Gegensatz zu seinen Anfangszeiten, den aktuell verwendeten Algorithmus zur Bestimmung des Rankings, um Manipulationen zu erschweren.[611] Es ist daher zurzeit nicht möglich, die Vorgehensweise von Google bei der Bestimmung der Reihenfolge der Suchergebnisse in der Trefferliste exakt zu beschreiben. Nach aktuellem Wissensstand spielen mehrere Komponenten für das Ranking eine Rolle. Das

[608] Vgl. *Karzaunikat, Stefan*, Google zugemüllt. C´t 2003, S. 88, 89; *Glöggler*, S. 106.

[609] Derartige Anbieter sind etwa: http://www.eprofessional.de (Zugriff am 20.12.2005) oder http://www.suchmaschinen-optimieren.ch (Zugriff am 20.12.2005).

[610] Vgl. *Stuber*, S. 33; auch der AOL-Suchdienst verwendet nahezu ausschließlich Google-Resultate.(Vgl. http://www.aolsearch.com - Zugriff am 20.12.2005)

[611] Vgl. zur ursprünglichen Funktionsweise: The Anatomy of a Large-Scale Hypertextual Web Search Engine.(http://www-db.stanford.edu/ backrub/google.html - Zugriff am 20.12.2005)

Ranking basiert noch immer auf dem ursprünglichen „Google PageRank-Verfahren", dessen Gewichtung aber vermindert wurde. Das patentierte „Google PageRank-Verfahren" ist eine Methode zur Kalkulation der Relevanz eines Dokuments auf Basis der Anzahl und Qualität von Link-Verweisen.[612] Dieses Verfahren beruht auf dem theoretischen Ansatz, dass diejenigen Seiten die höchste Relevanz besitzen, auf die von anderen Seiten am häufigsten verwiesen werden.[613] Ähnlich wie bei wissenschaftlichen Veröffentlichungen zählen hierbei nicht nur die Häufigkeit der Zitierung, sondern auch die Bedeutung des Zitierenden. Das Verfahren wurde in jüngster Zeit insoweit verfeinert, als jetzt Links stärker berücksichtigt werden, die eine gewisse Anzahl der gesuchten Begriffe enthalten. Hierdurch versucht sich Google gegen „Linkfarmen"[614] zu schützen. Die Relevanz der Seite wird also auf Basis der Anzahl und Qualität von Link-Verweisen ermittelt und in einem numerischen Wert, dem „PageRank", ausgedrückt.[615] Je höher dieser Wert ist, um so wichtiger ist die Seite.

2. Rechtliche Bewertung

Die Diskussion zur Beeinflussung von Suchmaschinen wurde bis in jüngere Vergangenheit durch die marken- und wettbewerbsrechtliche Zulässigkeit von Meta-Tags bestimmt.[616] Das Quasimonopol von Google hat diese Diskussion aber obsolet werden lassen, da der Algorithmus von Google Meta-Tags nicht berücksichtigt. Es wird daher im Folgenden auf Ausführungen zu diesem Problemkreis verzichtet. Näher betrachtet werden, entsprechend der Konzeption der Arbeit, auch nicht solche Methoden der Beeinflussung, die nicht in automatisierte Abläufe des Internets eingreifen. Als solche sind insbesondere das Keyword-Buying[617], bei dem Listenplätze durch den Suchmaschinenbetreiber verkauft werden und

---

612 Vgl. *Glöggler*, S. 82.

613 Vgl. *Glöggler*, S. 82.

614 Vgl. zur Funktion von „Linkfarmen" unten: B. III. 3. c).

615 Bei Installation des Google Toolbar wird dem Nutzer der „PageRank" jeder Seite angezeigt.

616 Vgl. *Holtkotte*, S. 15 ff.; *Geiseler-Bonse*, S. 20 ff.; *Varadinek, Brigitta*, Trefferlisten von Suchmaschinen im Internet als Werbeplatz für Wettbewerber. GRUR 2000, S. 279, 280.

617 Vgl. *Ernst, Stefan*, Suchmaschinenmarketing (Keyword-Advertising, Doorwaypages u.ä.) im Wettbewerbs- und Markenrecht. WRP 2004, S. 278, 278 und *Geiseler-Bonse*, S. 167 der dieses Phä-

das Keyword-Advertising[618], bei dem neben der Trefferliste Werbung eingeblendet wird, zu nennen.

Die Suchmaschinenoptimierer und die Suchmaschinenbetreiber befinden sich in einem ständigen Wettlauf. Die Betreiber sind bemüht, ihre Suchmaschine gegen neue Manipulationsmethoden zu immunisieren, während die Optimierer versuchen, den gewonnen Vorsprung der Betreiber wieder aufzuholen. Bedingt durch diesen Wettlauf ändern sich die Methoden zur Beeinflussung der Suchmaschinen stetig. Konstant bleibt jedoch bei allen unterschiedlichen Methoden das mit ihnen verfolgte Ziel. Daher soll die Bewertung der verschiedenen Methoden von diesem Fixpunkt aus erfolgen.

Letztlich haben alle Bemühungen um die Manipulation von Suchmaschinen nur zwei Ziele. Das erste liegt darin, der Webseite einen besseren Rang in der Trefferliste zu verschaffen, als ihr eigentlich zustünde. Als zweites wird versucht zu erreichen, dass Überschrift und Vorabinformation in der Trefferliste ein mit der Suchanfrage übereinstimmendes Ergebnis anzeigen, obwohl die Webseite tatsächlich einen Inhalt hat, der nicht mit der Suchanfrage übereinstimmt. Häufig werden auch beide Ziele gleichzeitig, also das Anzeigen eines anderen Inhalts an einer besseren Position, verfolgt.

a) Beeinflussung der Vorabinformation in der Trefferliste

Betreiber von Webseiten versuchen durch Manipulation zu erreichen, dass die Trefferliste einen anderen Inhalt anzeigt, als ihn die tatsächliche Seite hat. Hierbei werden nicht nur sachfremde Treffer angezeigt, sondern auch die Kurzbeschreibung in der Trefferliste gibt einen mit der Suchanfrage übereinstimmenden Inhalt an, den die Seite dann tatsächlich nicht hat. Gelingt eine solche Manipulation, kann dies etwa dazu führen, dass bei Eingabe des Suchbegriffes „Computerhändler“ und „Freiburg“ als erstes die Seite „www.super-computer-freiburg.de“ mit der Kurzbeschreibung „Computer günstig kaufen in Freiburg“ genannt wird.[619] Diese passt aber nur scheinbar zur Suchanfrage. Wird die

nomen unter dem Begriff „Paid Listings“ beschreibt.

[618] Vgl. ausführlich *Geiseler-Bonse*, S. 151 ff.; *Stadler*, S. 201.

[619] Fiktives Beispiel.

Seite angeklickt, führt sie nach verschiedenen Weiterleitungen zur Startseite von Ebay. Zunächst ist festzuhalten, dass die Vorgaben von Google[620] zur Zulässigkeit einzelner Methoden nicht für die rechtliche Bewertung dieser herangezogen werden können. Eine solche Heranziehung könnte sich nicht auf eine rechtliche Grundlage stützen, insbesondere bestehen keine Vertragsbeziehungen zwischen Google und den Betreibern der Webseiten.

aa) Irreführende Werbung (§ 5 UWG) In dem soeben beschriebenen Vorgehen liegt nach der hier vertretenen Auffassung eine irreführende Werbung i.S.v. § 5 UWG. Zunächst ist festzuhalten, dass durch die Manipulation Angaben durch die Betreiber i.S.d. § 5 II UWG gemacht werden. Der Begriff der Angaben ist bei § 5 UWG nämlich weit auszulegen.[621] Diese Angaben sind die aus der Manipulation resultierenden falschen Vorabbeschreibungen auf den Trefferlisten der Suchmaschinen. Die aus der Manipulation resultierenden falschen Angaben auf den Trefferlisten der Suchmaschinen stammen auch vom Betreiber der Webseite und nicht vom dem der Suchmaschine. Denn die Angaben stammen auch vom Werbenden, wenn er sich eines Mittlers bedient, durch dessen zwischengeschaltete Leistung erst die Irreführung entsteht.[622] Solch eine Mittlerfunktion nimmt die Suchmaschine wahr, da sie nicht den tatsächlichen Inhalt der Seite überprüft, sondern nur die manipulierten Angaben des Betreibers übernimmt. Durch diese Angaben wird auch der Suchende in die Irre geführt.[623] Nach meiner Meinung spricht dagegen auch nicht das Urteil des OLG Düsseldorf vom 01.10.2002.[624] In dieser Entscheidung hatte das

[620] http://www.google.com/webmasters/guidelines.html - Zugriff am 20.12.2005

[621] *Heidelberger Kommentar/Ekey*, § 5 Rn. 120; *Matutis*, § 5 Rn. 6.

[622] *Ernst, Stefan*, Suchmaschinenmarketing (Keyword-Advertising, Doorwaypages u.ä.) im Wettbewerbs- und Markenrecht. WRP 2004, S. 278, 281; BGH GRUR 1991, 771, 771 - Anzeigenrubrik I; BGH GRUR 1991, 774, 774 - Anzeigenrubrik II.

[623] So auch *Ernst, Stefan*, Suchmaschinenmarketing (Keyword-Advertising, Doorwaypages u.ä.) im Wettbewerbs- und Markenrecht. WRP 2004, S. 278, 281; *Pohle, Moritz*, Anmerkung zum Urteil des OLG Düsseldorf v. 1.10.2002 - Verwendung sachfremder Metatags. MMR 2003, S. 408, 409 a.A. *Holtkotte*, S. 59; *Härting, Niko/Schirmbacher, Martin*, Internetwerbung und Wettbewerbsrecht. ITRB 2005, S. 16, 17.

[624] OLG Düsseldorf MMR 2003, 407, 407 - Verwendung sachfremder Metatags; vgl. zum Sachverhalt auch die Vorinstanz LG Düsseldorf MMR 2003, 557, 557.

OLG Düsseldorf darüber zu entscheiden, ob es wettbewerbswidrig ist, wenn ein Internetversand für Roben durch den Einsatz sachfremder Meta-Tags wie „NJW", „Entscheidung" oder „Urteil" erreicht, dass bei Eingabe der in den Meta-Tags verwendeten Suchbegriffe auch sein Robenversand mit der zutreffenden Vorabbeschreibung als Robenversand in der Trefferliste der Suchmaschine erscheint. Das OLG Düsseldorf erklärte dieses Vorgehen für wettbewerbsrechtlich unbedenklich.

Der dem Gericht vorliegende Sachverhalt weicht nämlich in einem entscheidenden Punkt von dem hier geschilderten ab. In dem Fall des OLG Düsseldorf wurde eine relativ primitive Art der Manipulation gewählt, die nur zur Ausgabe sachfremder Treffer führte.[625] Die Kurzbeschreibung war aber zutreffend, so dass die Suchenden die sachfremden Treffer als solche erkennen konnten. Dem momentanen Stand der Suchmaschinenmanipulation entspricht es aber, nicht nur für sachfremde Treffer zu sorgen, sondern auch die Kurzbeschreibungen in der Trefferliste zu manipulieren. Durch die Manipulation der Kurzbeschreibung kann sich der Suchende auch nicht mehr über den Inhalt der Webseite informieren.[626] Die Täuschung kann ebenfalls nicht mit der Begründung, der Suchende mache sich keine Gedanken über den Inhalt der Trefferliste abgelehnt werden.[627] Selbst wenn man dies unterstellt, wird der Suchende spätestens dann in die Irre geführt, wenn er sich die manipulierte Kurzbeschreibung durchliest. Er kann nach deren Lektüre keinen anderen Schluss ziehen, als eine Relevanz zwischen seiner Suchanfrage und diesem Treffer anzunehmen. Zwar kann der Irrtum nach näherer Beschäftigung mit der Seite aufgeklärt werden, doch ist für eine Irreführung bereits ausreichend, dass der Suchende durch sie veranlasst wird, sich überhaupt mit dem Angebot zu befassen[628].

bb) Unzumutbare Belästigung (§ 7 I UWG) Die überwiegende Ansicht verneint eine unzumutbare Belästigung, wenn die Trefferliste und Kurzbeschreibung der Webseite einen

[625] Die Manipulation wurde durch Meta Tags erreicht und wäre heute nicht mehr möglich.
[626] A.A. OLG Düsseldorf MMR 2003, 407, 408 - Verwendung sachfremder Metatags.
[627] A.A. OLG Düsseldorf MMR 2003, 407, 408 - Verwendung sachfremder Metatags; *Holtkotte*, S. 60.
[628] BGH GRUR 1991, 774, 774 - Anzeigenrubrik II; BGH GRUR 1995, 610, 611 - Neues Informationssystem.

anderen Inhalt als den tatsächlichen anzeigen.[629] Sie begründet dies damit, dass der Nutzer gerade eine Liste mit Angeboten suche[630] und durch die Kurzbeschreibungen in der Trefferliste Irrelevantes aussortieren könne.[631] Dieser Argumentation kann nicht gefolgt werden. Der Nutzer sucht gerade nicht nach denen durch Manipulation angezeigten Angeboten, sondern nach solchen, die seiner Suchanfrage entsprechen. Ebenfalls vermag er nicht durch die Kurzbeschreibung irrelevante Treffer auszusortieren, da es dem Stand der Technik entspricht, auch die Kurzbeschreibungen zu manipulieren. Daneben spricht auch die Gefahr des weiteren Umsichgreifens für die Annahme einer unzumutbaren Belästigung. Die unzumutbare Belästigung durch E-Mail-Werbung begründet der BGH mit der von dieser ausgehenden Gefahr des immer weiteren Umsichgreifens.[632] Eine solche Gefahr ist auch durch die Manipulation von Suchmaschinen gegeben. Die bislang ohne Manipulationen am Markt auftretenden Mitbewerber werden ihrerseits versucht sein, Manipulationsmethoden anzuwenden. Letztliche Folge wäre, dass nur noch manipulierte Suchtreffer angezeigt würden. Dass eine derartige Entwicklung droht, kann man daran beobachten, dass mittlerweile auch die bisher gegen Manipulationen gefeite Suchmaschine Google häufig Treffer produziert, bei denen über den wahren Inhalt getäuscht wird.[633] Einer unzumutbaren Belästigung kann auch nicht entgegengehalten werden, der Abwehrkampf der Suchmaschinenbetreiber gegen Manipulationen sei für deren technischen Fortschritt förderlich.[634] Dieser Fortschritt wäre nämlich ohne die Manipulationen nicht erforderlich und erbringt keinen Vorteil für die Nutzer. Es ist daher eine unzumutbare Belästigung i.S.d. § 7 I UWG anzunehmen, wenn die Trefferliste und Kurzbeschreibung der Webseite einen anderen Inhalt als den tatsächlichen anzeigen.

[629] Vgl. *Ernst, Stefan*, Suchmaschinenmarketing (Keyword-Advertising, Doorwaypages u.ä.) im Wettbewerbs- und Markenrecht. WRP 2004, S. 278, 281; *Holtkotte*, S. 43 ff.; OLG Düsseldorf MMR 2003, 407, 408 - Verwendung sachfremder Metatags; OLG Düsseldorf CR 2004; 936, 937 - Meta Tags III.

[630] *Ernst, Stefan*, Suchmaschinenmarketing (Keyword-Advertising, Doorwaypages u.ä.) im Wettbewerbs- und Markenrecht. WRP 2004, S. 278, 281.

[631] OLG Düsseldorf MMR 2003, 407, 408 - Verwendung sachfremder Metatags.

[632] BGH CR 2004, 445, 447 - E-Mail-Werbung; vgl. B. I. 3.

[633] Vgl. *Karzaunikat, Stefan*, Google zugemüllt. C´t 2003, S. 88, 88.

[634] So *Holtkotte*, S. 51.

b) Manipulation des Listenplatzes

Das zweite Ziel der Manipulation ist es, einen besseren Platz auf der Trefferliste zu erhalten, als der Seite tatsächlich zustünde. Probleme bei der Bewertung solcher Manipulationen treten bereits im tatsächlichen Bereich auf. Diese fußen in der Bestimmung, welcher Listenplatz der Seite eigentlich zustünde, wenn bestimmte Maßnahmen des Betreibers der Seite unterblieben wären. Denn die Algorithmen zur Bestimmung des Ranking aller Suchmaschinen lassen keine Feststellung zu, welcher Listenplatz einer bestimmten Seite objektiv zusteht. Zur Annahme eines Wettbewerbsverstoßes ist aber die sichere Feststellung, dass die Seite gerade durch die Manipulation einen höheren Listenplatz erhalten hat, notwendig.

Aus dieser Schwierigkeit hilft auch nicht, eine unzulässige Manipulation anhand der Manipulationsmethode bestimmen zu wollen. Denn beim Versuch der Bestimmung durch Einstufung einer Methode als noch zulässige Optimierung und einer anderen als unzulässige Manipulation treten die folgenden zwei Probleme auf. Zunächst lässt sich theoretisch nur schwer bestimmen, welche Methoden als unzulässig einzustufen sind. Selbst wenn die Bestimmung gelänge, dass eine durch einen Betreiber eingesetzte Maßnahme als unzulässige Manipulation zu werten ist, müsste darüber hinaus festgestellt werden, dass diese auch zu einem Erfolg, also einem besseren Ranking, geführt hat. Der Einsatz unzulässiger Beeinflussung allein ist nicht ausreichend für die Annahme eines Wettbewerbsverstoßes, die Beeinflussung muss auch erfolgreich sein. Der Versuch einer unlauteren Wettbewerbshandlung kommt nur bei den Strafvorschriften der §§ 16 ff. UWG in Betracht, diese sind aber bei der Beeinflussung von Suchmaschinen nicht erfüllt.

Auf Grund dieser Schwierigkeiten kann eine unzulässige Beeinflussung nur im Einzelfall bei besonders eindeutigen Fallgestaltungen angenommen werden. In der Literatur wird vorgeschlagen, eine solche bei völlig inhaltsleeren Seiten mit der einzigen Bestimmung der Verbesserung des Rankings einer anderen Seite anzunehmen.[635] Dieser Ansicht ist mit

[635] *Ernst, Stefan*, Suchmaschinenmarketing (Keyword-Advertising, Doorwaypages u.ä.) im Wettbewerbs- und Markenrecht. WRP 2004, S. 278, 281; *Ernst, Stefan*, Rechtliche Probleme des Suchmaschinen-Marketings. ITRB 2005, S. 91, 93.

der Einschränkung zuzustimmen, dass theoretisch nur schwer zu bestimmen ist, welche Maßnahmen dem unterfallen. Sollten Maßnahmen als solche qualifiziert werden, so muss noch zusätzlich deren Erfolg, also die Erlangung eines besseren Rankings, nachgewiesen werden. Dieser Nachweis wird am ehesten zu führen sein, wenn eine neu eingestellte Seite bei der Suche nach einem gängigen Suchbegriff sofort an einer Topposition erscheint und die bisher führenden Seiten hinter sich lässt. Sollte die Feststellung einer erfolgreichen Manipulation gelingen, so wird in der Literatur vertreten, eine irreführende Werbung unter dem Gesichtspunkt der unwahren Spitzengruppenwerbung gemäß § 5 UWG anzunehmen.[636] Dieser Ansicht kann gefolgt werden. Denn entscheidend für die Behauptung einer Spitzengruppenstellung ist der Sinngehalt der Aussage.[637] Wenn eine Seite auf den ersten Rängen der Trefferliste einer Suchmaschine erscheint, so besagt dies, dass diese zur Spitzengruppe der Seiten zu einem bestimmten Suchwort gehört. Durch die Manipulation der Rankingposition in die Spitzengruppe der Suchliste wird behauptet, die Seite gehöre tatsächlich zu dieser Gruppe.

3. Manipulationsmethoden und Abwehrmöglichkeiten

Zur Manipulation von Suchmaschinen werden verschiedene Methoden eingesetzt. Diese sind ständiger Veränderung ausgesetzt, um mit den Verbesserungen der Suchmethoden der Suchmaschinen Schritt zu halten.

a) Verborgene Texte

Eine recht einfache, aber dennoch relativ häufig genutzte Methode ist der Einsatz von verborgenem Text. Hierbei wird entweder die Schriftfarbe in der des Hintergrundes oder eine Schriftgröße von nur einem Pixel[638] verwendet. Die Suchmaschine hält diesen verborgen

[636] *Fezer/Mankowski*, § 4-S12 Rn. 74; *Ernst, Stefan*, Suchmaschinenmarketing (Keyword-Advertising, Doorwaypages u.ä.) im Wettbewerbs- und Markenrecht. WRP 2004, S. 278, 281, der generell eine Wettbewerbswidrigkeit annimmt.

[637] Vgl. BGH GRUR 1969, 425, 426 - Melitta-Kaffee; BGH GRUR 1973, 78, 80 - Verbaucherverband.

[638] Bei einem 15-Zoll-Bildschirm mit der Einstellung 1024 x 768 Pixel würde die Schriftgröße 0,3 Millimeter betragen.

für tatsächlichen Text. Auf diese Weise kann zum einen erreicht werden, dass die Seite mit einer anderen als der richtigen Beschreibung in der Trefferliste genannt wird. Zum anderen kann dadurch die Keyword-Dichte erhöht werden und so der Seite eine höhere Relevanz zum Suchbegriff gegeben werden, was sich in einem besseren Listenplatz niederschlägt. Diese Methode wird mittlerweile jedoch in vielen Fällen von Suchmaschinen identifiziert

b) Cloaking

Beim Einsatz von Cloaking wird anhand der Client-Kennung erkannt, ob der Besucher der Webseite ein Nutzer oder eine Suchmaschine ist. Dem Nutzer wird der normale Inhalt präsentiert, während der Suchmaschine ein auf ihre Suchkriterien optimierter Text übermittelt wird. Sollten die der Suchmaschine präsentierten Seiten den Inhalt der tatsächlichen Seiten enthalten, so ist gegen diese Methode nichts einzuwenden. Ist dieser aber abweichend, so liegt eine Manipulation der Vorabinformation der Trefferliste vor.

c) Link-Farmen

Wie bereits gezeigt, ist Anzahl und Qualität von Linkverweisen für das „PageRank-Verfahren entscheidend".[639] Aus diesem Grund versuchen einige Anbieter, die Anzahl der Links auf ihre Seite durch Link-Farmen zu erhöhen. Link-Farmen sind Seiten die unzählige Verweise auf andere Seiten enthalten und ihrerseits Verweise von diesen erhalten. Diese Methode dient der Verbesserung des Rankings. Suchmaschinen können mittlerweile aber Link-Farmen erkennen und legen nun insbesondere Wert auf die Qualität der verweisenden Seite.

d) Doorway-Pages

Doorway-Pages sind Seiten, die nicht Teil des regulären Webauftritts sind. Sie werden unter einer anderen URL eingestellt und sind auf einen Suchbegriff und die Anforderungen der Suchmaschinen optimiert. Klickt der Suchende nun diese Seiten an, leiten sie ihn

[639] Vgl. B. III. 1.

mittels Redirect-Befehl oder durch einen klickbaren Hyperlink auf die eigentliche Seite weiter. Durch Doorway-Pages kann sowohl das Ranking als auch die Vorabinformation der Suchmaschine beeinflusst werden. Auch diese Manipulationsmethode wird häufig durch Suchmaschinen erkannt.

e) Ergebnis

Auf Grund der Komplexität des verwendeten Algorithmus bestehen viele Angriffspunkte zur Manipulation von Suchmaschinen. Die Suchmaschinenbetreiber können diese auch nicht aktiv bekämpfen, sondern nur versuchen, Manipulation nicht zu berücksichtigen. Effektive Abwehrmöglichkeiten gegen Manipulationsversuche bestehen nicht.

C. Unlauterkeit

Nach der Darstellung einzelner Wettbewerbsverstöße im 2. Kapitel folgen in diesem grundsätzliche Überlegungen zum Merkmal der „Unlauterkeit“ bei Wettbewerbshandlungen im Internet. Besonderes Augenmerk wird hierbei auf die Frage gelegt, welche Bedeutung der Möglichkeit technischer Schutzmaßnahmen gegen eine Wettbewerbshandlung für deren Lauterkeit zukommt.

I. Das Merkmal der Unlauterkeit im neuen UWG

Mit der Reform des UWG wurde als zentrale Norm die Generalklausel des § 3 UWG, auf die alle Unlauterkeitstatbestände ausgerichtet sind, geschaffen. Nach dieser sind unlautere Wettbewerbshandlungen, die geeignet sind, den Wettbewerb zum Nachteil der Mitbewerber, der Verbraucher oder der sonstigen Marktteilnehmer nicht nur unerheblich zu beeinträchtigen, unzulässig.

Bei einem Vergleich mit der Generalklausel des § 1 UWG a. F . fällt zunächst eine terminologische Neuerung auf. Der Wertungsmaßstab der „guten Sitten“ in § 1 UWG a. F wurde durch den Begriff „Lauterkeit“ ersetzt.

Für diese Veränderung führt der Gesetzgeber zwei Gründe an.[1] Der Begriff der „guten Sitten“ wird vom Gesetzgeber als antiquiert eingestuft, da er den Wettbewerber unnötig mit

[1] BT-Drucks 15/1487 S. 16.

dem Makel der Unsittlichkeit belaste.[2] Zudem soll durch den Wechsel der Terminologie die Kompatibilität mit dem Gemeinschaftsrecht verbessert werden, da dieses den Begriff der „Unlauterkeit“ in vielen Vorschriften verwendet. Der Begriff der „Unlauterkeit“ findet im Gemeinschaftsrecht sowohl in der Gesetzgebung[3] als auch in der Rechtsprechung[4] Verwendung. Der Grund für die Änderung der Formulierung ist also nur sprachlicher Natur, eine inhaltliche Veränderung zur Generalklausel in § 1 UWG a.F. wurde nicht beabsichtigt.[5] Dennoch hat die Veränderung inhaltliche Auswirkungen. Die neue Formulierung verdeutlicht, dass nicht auf die Sozialmoral, sondern auf den Institutionenschutz, den Schutz des Wettbewerbs in seinem Bestand, abzustellen ist.[6] Daher sind Streitfragen, die mit der Terminologie der „guten Sitten“ verbunden waren, obsolet geworden. Diese sind die Diskussion, welche Bedeutung die zur Konkretisierung des Begriffs der guten Sitten herangezogene Anstandsformel im Wettbewerbsrecht hat, die Kontroverse, ob Normen der Ethik und Moral Auswirkungen auf den Sittlichkeitsbegriff haben und die Streitfrage, ob § 1 UWG a. F. mit dem Begriff der guten Sitten auf bestehende Konventionalnormen verweisen wollte.[7]

Der Gesetzgeber hat auch für das reformierte UWG eine generalklauselgestützte Regelungstechnik gewählt, da es nicht möglich ist, alle denkbaren Fälle unlauteren Handelns explizit zu regeln.[8] Die Verwendung einer Generalklausel soll dem Rechtsanwender die Möglichkeit eröffnen, auf neuartige Wettbewerbsmaßnahmen sachgerecht zu reagieren. Auch kann den sich wandelnden Anschauungen in der Gesellschaft besser Rechnung getragen werden.

---

[2] A.A. *Sack, Rolf*, Regierungsentwurf einer UWG-Novelle - ausgewählte Probleme. BB 2003, S. 1073, 1073.

[3] Vgl. etwa Art. 3 a lit. g der Richtlinie 97/55/EG des Europäischen Parlaments und des Rates vom 6.10.1997 zur Änderung der Richtlinie 84/450/EWG über irreführende Werbung zwecks Einbeziehung der vergleichenden Werbung, ABl. EG Nr. L 290/18.

[4] EuGH GRUR 1997, 913, 917 - de Agostini.

[5] *Köhler, Helmut*, Das neue UWG. NJW 2004, S. 2121, 2122.

[6] *Apostolopoulos, Haris*, Einige Gedanken zur Auslegung der nationalen Generalklausel im Hinblick auf eine Vollharmonisierung des europäischen Lauterkeitsrechts. WRP 2005, S. 152, 152.

[7] *Sack, Rolf*, Die lückenfüllende Funktion der Generalklausel des § 3 UWG. WRP 2005, S. 531, 532.

[8] Vgl. BT-Drucks 15/1487 S. 16.

II. Die Konkretisierung der Unlauterkeit im Allgemeinen

Zur Bestimmung der Unlauterkeit einer Wettbewerbshandlung muss die Generalklausel im Einzelfall konkretisiert werden. Durch den neu aufgestellten Beispielskatalog in den §§ 4 bis 7 UWG erfährt der Rechtsanwender gegenüber der bisherigen Rechtslage weitgehende Entlastung von der Aufgabe der Konkretisierung.[9] Diese Entlastung reicht allerdings nur so weit, als es eine den Beispielstatbeständen unterfallende Wettbewerbshandlung zu beurteilen gilt. Lässt sie sich nicht in diese einordnen, so muss auf § 3 UWG zurückgegriffen und das Merkmal der „Unlauterkeit" für den betreffenden Fall konkretisiert werden. Darüber hinaus weist der Katalog auch eine Reihe von Beispielstatbeständen mit generalklauselartigem Charakter auf.[10] Bei diesen erfährt der Rechtsanwender ebenfalls nur geringe Entlastung, da diese durch den Gesetzgeber nicht weitgehender als die Generalklausel konkretisiert wurden.

Der Begriff der Unlauterkeit entzieht sich als unbestimmter Rechtsbegriff einer Definition und damit auch einer einfachen Subsumtion.[11] Das Gesetz selbst bietet also keine Lösung. Der Begriff der „Unlauterkeit" verweist auf einen außerrechtlichen Maßstab.[12]

Auf dem Weg zur Konkretisierung unbestimmter Rechtsbegriffe steht zunächst deren Interpretation.[13]

Aus der grammatischen und historischen Interpretation lassen sich für den Begriff der „Unlauterkeit" wenig Erkenntnisse ziehen. Der Begriff der „guten Sitten", dessen Wertung hinter der „Unlauterkeit" steht, geht auf das römische „boni mores" zurück.[14] Zu dieser Zeit lagen Sitte, Moral und Gewohnheitsrecht noch ungeschieden beieinander.[15] In

---

[9] *Baumbach/Hefermehl/Köhler*, § 3 Rn. 6.

[10] Diese sind insbesondere § 4 Nr. 10 UWG („gezielte Behinderung") und § 7 I UWG („in unzumutbarer Weise belästigt"); vgl. *Baumbach/Hefermehl/Köhler*, § 3 Rn. 6.

[11] *Vogel*, S. 144; *Esser*, S. 150; *Larenz*, Methodenlehre der Rechtswissenschaft, S. 223; *Müller*, S. 278.

[12] So *Canaris*, S. 71 zum Begriff der „guten Sitten". Da hinter dem Begriff der „Unlauterkeit" keine andere Wertung steht, kann auf Ausführungen zum Begriff der „guten Sitten" zurückgegriffen werden.

[13] *Hirtz, Bernd*, Der Rechtsbegriff „Gute Sitten" in § 1 UWG. GRUR 1986, S. 110, 111.

[14] *Meyer-Cording, Ulrich*, Gute Sitten und ethischer Gehalt des Wettbewerbsrechtes. JZ 1964, S. 273, 273.

[15] *Meyer-Cording, Ulrich*, Gute Sitten und ethischer Gehalt des Wettbewerbsrechtes. JZ 1964, S. 273, 273.

der heutigen Lebensrealität ist eine solche Übereinstimmung nicht mehr gegeben. Hier ist der Ansicht des Gesetzgebers bezüglich der Antiquiertheit[16] des Begriffs „gute Sitten" zuzustimmen. Die systematische Auslegung führt lediglich zur Erkenntnis, dass sich die Unlauterkeit auf eine Wettbewerbshandlung beziehen muss.

Entscheidende Bedeutung kommt der teleologischen Interpretation zu.[17] Denn der Regelungszweck einer Norm beeinflusst die Auslegung von unbestimmten Rechtsbegriffen in besonderem Maße.[18] Der Maßstab der Lauterkeit eines Wettbewerbsverhaltens ist also am Schutzzweck des Gesetzes auszurichten.[19] Allein diese Feststellung ermöglicht jedoch noch keine rasche Konkretisierung des Begriffs der „Unlauterkeit". Es muss zunächst eine weitere Bestimmung, nämlich die des Schutzzwecks des UWG, vorgenommen werden. Im Zuge der Reform des UWG wurde die Schutzzwecktrias, die sich zuvor in der Rechtsprechung herausgebildet hatte, in § 1 UWG kodifiziert.[20] Die Schutzzweckklausel des § 1 UWG stellt daher die zentrale Auslegungsdirektive des UWG dar.[21] In § 1 UWG werden der Schutz des Mitbewerbers, der Verbraucherinnen und der Verbraucher vor unlauterem Wettbewerb sowie das Interesse der Allgemeinheit an einem unverfälschten Wettbewerb genannt. Bestimmend für die Konkretisierung der Unlauterkeit ist also die dem UWG zugrunde liegende Wettbewerbskonzeption und die Schutzinteressen der Wettbewerber, der Verbraucher und der Allgemeinheit.

---

[16] Vgl. BT-Drucks 15/1487 S. 16.

[17] *Baumbach/Hefermehl/Köhler*, § 3 Rn. 12.

[18] *Emmerich FS Gernhuber*, Wettbewerbsbeschränkungen durch die Rechtsprechung, in: Festschrift für Joachim Gernhuber zum 70. Geburtstag, hrsg. von Hermann Lange u. a., S. 857, 859; *Hirtz, Bernd*, Der Rechtsbegriff „Gute Sitten" in § 1 UWG. GRUR 1986, S. 112.

[19] *Hefermehl FS Gewerblicher Rechtsschutz und Urheberrecht*, S. 900; *Henning-Bodewig, Frauke*, Richtlinienvorschlag über unlautere Geschäftspraktiken und UWG-Reform. GRURInt 2004, S. 183, 190; BVerfG NJW 2003, 277, 278 - Zulässigkeit von Anwalts-Ranglisten - Juve-Handbuch; BGH GRUR 2001, 1181, 1182 - Telefonwerbung für Blindenwaren.

[20] BT-Drucks 15/1487 S. 15; *Ohly, Ansgar*, Das neue UWG - Mehr Freiheit für den Wettbewerb? GRUR 2004, S. 889, 894.

[21] Vgl. *Fezer/Fezer*, § 3 Rn. 92.

1. Der Wettbewerb als Schutzobjekt

Um zu wissen, welcher lautere und unverfälschte Wettbewerb durch das UWG geschützt werden soll, muss die dem Wettbewerb zu Grunde liegende Wettbewerbskonzeption ergründet werden. Die Rechtswissenschaft selbst bietet für diese Frage leider keine überzeugende Antwort.[22] Zuständig für Wettbewerbskonzeptionen ist die Wirtschaftswissenschaft. Auf diese ist deshalb zurückzugreifen.[23] Aber auch der Wirtschaftswissenschaft bereitet eine Definition von Wettbewerb und wettbewerbspolitischen Leitbildern Schwierigkeiten.[24] Für die hier angestrebte Bestimmung der Auswirkungen der Wettbewerbstheorien auf die Lauterkeit von Wettbewerbshandlungen ist es nicht erforderlich, die Vielzahl von Theorien ausführlich zu betrachten. Das Augenmerk soll auf die wesentlichen Theorien gerichtet werden.

Am Anfang der Wettbewerbstheorien stand der klassische Liberalismus, der Ende des 18.Jahrhunderts entwickelt wurde.[25] Für die Vertreter[26] des klassischen Liberalismus gilt der freie Leistungswettbewerb als das dominierende ökonomische Anreiz- und Kontrollinstrument. In Reaktion auf die durch das soziale Elend des Frühkapitalismus veranlasste Kritik, begründete die bürgerliche Ökonomie die neoklassische Theorie, die sich in der Tradition der freien Konkurrenz der Klassiker sieht. Als vorherrschende Theorie[27] bedarf diese der genaueren Betrachtung. Die neoklassische Theorie basiert auf dem Grundgedanken, dass der Wettbewerb ein Such- und Entdeckungsverfahren im Sinne von F. A. von Hayek[28] ist. Auf Grund der Eigenschaft des Wettbewerbs als Entdeckungsverfahren ist die Entwicklung des Wettbewerbs ungewiss. Aus diesem Grund kann der Wettbewerb nicht

[22] *Harte/Henning/Schünemann*, § 1 Rn. 10.
[23] *Schünemann, Wolfgang*, „Unlauterkeit" in den Generalklauseln und Interessenabwägung nach neuem UWG. WRP 2004, S. 925, 930.
[24] Vgl. aus der wirtschaftswissenschaftlichen Literatur: *Schmidt*, S. 1.
[25] Vgl. hierzu und dem Folgenden: *Olten*, S. 31 ff.
[26] Diese waren Adam Smith, James Mill, Jean Baptiste Say u.a.
[27] *Fezer, Karl-Heinz*, Verantwortete Marktwirtschaft. JZ 1990, S. 657, 660; *Kraft, Alfons*, Gemeinschaftsschädliche Wirtschaftsstörungen als unlauterer Wettbewerb? GRUR 1980, S. 966, 968. Die Theorie erfährt von verschiedenen Vertretern noch eine Ausdifferenzierung, die hier aber vernachlässigt werden kann.
[28] *v. Hayek*, S. 260 f.

als Instrument zur Erreichung exogen vorgegebener gesamtwirtschaftlicher Ziele verwendet werden.[29] Die neoklassische Theorie erkennt aber - dies ist ein gewichtiger Unterschied zur klassischen Theorie - abstrakte wettbewerbliche Rahmenfunktionen an. Solche sind z. B. marktleistungskonforme Einkommensverteilung oder nachfragebezogene Angebotsstruktur. Damit diese Erkenntnis der Wirtschaftswissenschaft als Grundlage zur Problemlösung dienen kann, muss sie mit der Rechtsordnung übereinstimmen. Hierzu müsste sie mit der Wirtschaftsverfassung des Grundgesetzes vereinbar sein.[30] Die herrschende Meinung geht von einer wirtschaftspolitischen Neutralität des Grundgesetzes aus.[31] Die wirtschaftspolitische Neutralität des Grundgesetzes beruht auf der Ablehnung des Grundgesetzgebers, ein bestimmtes Wirtschaftssystem festzulegen. Der Gesetzgeber hat deshalb die Freiheit, durch einfache Gesetze die ihm sachgerechte Wirtschaftspolitik zu verfolgen, solange er sich in dem durch das Grundgesetz gegebenen Rahmen hält.[32] Diese Rahmenordnung geben die zwei großen Verfassungsprinzipien des Individual- und Sozialprinzips vor.[33] Die neoklassische Konzeption steht also nicht im Widerspruch zur Rechtsordnung und kann somit für lauterkeitsrechtliche Überlegungen herangezogen werden. Jedoch bedarf es einer Einschränkung. Wie dargelegt, erkennt die neoklassische Theorie wirtschaftspolitische Konzeptionen an. Da der Gesetzgeber im UWG aber keine derartige Konzeption festgelegt hat, ist der Richter auch nicht zur Durchsetzung derartiger Ziele berufen, vielmehr ist die wirtschaftspolitische Neutralität des Grundgesetzes Leitfaden der Entscheidung. Grundlage der Lauterkeitsprüfung kann also nur ein Bestandteil der Theorie, nämlich die Wettbewerbsfreiheit sein. Die Konzeption der Wettbewerbsfreiheit verlangt Handlungs- und Entscheidungsfreiheit aller Marktteilnehmer im Parallel- und Austauschprozess, wobei die Freiheit eines Marktteilnehmers durch die Freiheit seiner Konkurrenten und Marktpartner relativiert wird.[34] Dieses Konzept der Wettbewerbsfreiheit ist somit das einzig

---

[29] *Graf/Krajewski/Schünemann*, Einl. A 28.
[30] Vgl. zur Entstehung des Begriffs der Wirtschaftsverfassung *Thiele*, S. 55; *Badura*, S. 21.
[31] BVerfGE 4, 7, 17 - Investitionshilfe; BVerfGE 7, 377, 400 - Apotheken; BVerfGE 50, 290, 377 - Mitbestimmung. Vgl. zu anderen Thesen: *Tsiliotis*, S. 32.
[32] Vgl. BVerfGE 4, 7, 19 - Investitionshilfe.
[33] *Baumbach/Hefermehl/Köhler*, UWG Einl Rn. 1.43.
[34] *Baumbach/Hefermehl/Köhler*, UWG Einl Rn. 1.16.

justiziable.[35]

2. Die Schutzsubjekte

Welche Auswirkungen hat nun das Konzept der Wettbewerbsfreiheit auf den Schutz der einzelnen Schutzsubjekte? Das Gesetz benennt zwar in § 1 UWG die Mitbewerber, die Verbraucher, die sonstigen Marktteilnehmer und die Allgemeinheit als Schutzsubjekte, gibt aber über das, was sich im Einzelnen dahinter verbirgt, so wenig Auskunft wie weite Teile der Rechtsprechung und Literatur.[36] Es besteht Einigkeit, dass der Weg zur Feststellung der Interessen der Schutzsubjekte nur über eine Interessenfeststellung und Abwägung führt.[37] Für diese Interessenabwägung gibt die Methodik eine bestimmte Reihenfolge vor.[38] Zunächst müssen die involvierten Interessen festgestellt und auf ihre Schutzwürdigkeit überprüft werden. Sind mehrere widerstreitende Interessen schutzwürdig, so sind diese gegeneinander abzuwägen. Dementsprechend soll zunächst versucht werden, abstrakt mögliche Interessen der Beteiligten zu bestimmen. Bereits bei diesem ersten Stufe der Interessenabwägung wird das zentrale Problem der Interessenabwägung im Wettbewerbsrecht deutlich. Alle Fälle sind verschiedenartig gelagert. Die für die Entscheidung erforderlichen Schlussfolgerungen ergeben sich meistens gerade aus den Besonderheiten des Einzelfalls. Bei allen Bemühungen ist es daher angesichts der Vielseitigkeiten des Wettbewerbs nicht möglich, eine absolut verlässliche abstrakte Grundlage zu schaffen, die immer eine sichere Entscheidung ermöglicht. Dennoch soll

[35] *Harte/Henning/Schünemann*, § 1 Rn. 27; *Baumbach/Hefermehl/Köhler*, Einl. UWG 1.16; a.A. *Drexl*, S. 144 ff.

[36] Vgl. kritisch aus der Literatur *Beater, Axel*, Schutzzweckdenken im Recht gegen den unlauteren Wettbewerb. JZ 1997, S. 916, 922; *Beater*, Unlauterer Wettbewerb, § 10 Rn. 15.

[37] BGH GRUR 2001, 1061, 1062 - Mitwohnzentrale; BGH GRUR 2001, 1181, 1182 - Telefonwerbung für Blindenwaren; BGH GRUR 1982 - Kippdeckeldose; BGH GRUR 1995, 592, 594 - Busengrapscher; aus dem Schrifttum: *Kraft*, Interessenabwägung und gute Sitten im Wettbewerbsrecht, S. 119 ff.; *Beater*, Unlauterer Wettbewerb, § 12 Rn. 24; *Sack, Rolf*, Die lückenfüllende Funktion der Generalklausel des § 3 UWG. WRP 2005, S. 531, 533; *Schünemann, Wolfgang*, „Unlauterkeit" in den Generalklauseln und Interessenabwägung nach neuem UWG. WRP 2004, S. 925, 931; *Wassermeyer, Andrea*, Schockierende Werbung. GRUR 2002, S. 126, 127; *Schricker, Gerhard*, Unlauterer Wettbewerb und Verbraucherschutz. GRURInt 1970, S. 32, 41; eine Interessenabwägung befürwortete bereits *Smoschewer, Fritz*, Zu Hermann Jsays „Rechtsnorm und Entscheidung". GRUR 1929, S. 1265, 1272.

[38] Vgl. *Fezer/Fezer*, § 3 Rn. 80.

der Versuch unternommen werden, zumindest abstrakte Leitlinien für die Abwägung der Interessen der Beteiligten aufzustellen. Abstrakt kann allerdings keine Abwägung mehrerer schutzwürdiger Interessen vorgenommen werden. Diese kann nur im Einzelfall erfolgen. Daher muss sich die folgende Darstellung auf die Feststellung der Interessen und deren generelle Schutzwürdigkeit beschränken. Die möglichen Interessen hängen von den jeweils Beteiligten ab. So haben die Mitbewerber andere Interessen als die Verbraucher und diese wiederum andere Interessen als die Allgemeinheit.

a) Schutz der Mitbewerber

Zunächst soll der Schutz der Mitbewerber näher ergründet werden. Dieser Schutzzweck betrifft das Horizontalverhältnis zwischen einem Unternehmer und seinem Mitbewerber.[39] Die Interessen eines Unternehmers und seiner Mitbewerber ergeben sich aus dem zentralen Element des Wettbewerbs, dem Konkurrieren um den Geschäftsabschluss mit Abnehmern und Verbrauchern.[40] Jeder Wettbewerber verfolgt das Ziel, Geschäftsabschlüsse anstelle seiner Konkurrenten zu tätigen. Aus dieser Konkurrenzsituation erwächst das Interesse des Wettbewerbers, die Kaufkraft der Konsumenten seinem Unternehmen zugute kommen zu lassen, seine Marktposition auszubauen und zu verteidigen. Dabei ist sein Interesse nicht darauf beschränkt, sein Angebot ungehindert am Markt zur Geltung zu bringen, sondern umfasst alle wettbewerblichen Aktionsparameter.[41] Diese sind Forschung und Entwicklung, Einkauf, Herstellung, Personal, Finanzierung, Außendarstellung, Produktwerbung, Vertrieb und einige weitere Interessen wie der Schutz seiner Ehre und der Bestandsschutz seines Unternehmens.[42]

Diese grundlegenden Interessen kommen in vielen Einzelinteressen des Wettbewerbers zum Ausdruck. Immer wenn Wettbewerber durch Wettbewerbshandlungen die Kaufkraft

[39] *Heidelberger Kommentar/Klippel/Brämer*, § 1 Rn. 8; *Fezer/Fezer*, § 1 Rn. 8.
[40] Vgl. *Beater*, Unlauterer Wettbewerb, § 17 Rn. 1.
[41] *Baumbach/Hefermehl/Köhler*, § 1 Rn. 7.
[42] Vgl. *Baumbach/Hefermehl/Köhler*, § 1 Rn. 7.

der Konsumenten auf sich ziehen, haben die Mitbewerber ein Interesse gegen diese spezielle Wettbewerbshandlung. So vielfältig wie die verschiedenen Wettbewerbshandlungen sind auch die gegen sie gerichteten Interessen. Dies macht eine abschließende Aufzählung unmöglich. Als Beispiele seien nur die Interessen gegen Preisunterbietung, vor dem Ausspionieren von Geschäftsgeheimnissen oder gegen Nachahmungen genannt.

Welche Schutzwürdigkeit den einzelnen sich aus diesem zentralen Element ergebenen Interessen zukommt, darüber gibt das Gesetz keine Auskunft. Es besagt lediglich, dass die wettbewerbliche Entfaltungsfreiheit geschützt ist.[43] Es existiert auch kein Leitbild des Mitbewerbers, welches ähnlich dem Verbraucherleitbild Orientierung böte.[44]

Vor der Abwägung der beteiligten Interessen steht das Aussondern von Interessen, die nicht in die Abwägung einzubeziehen sind, da es ihnen von vornherein an Schutzwürdigkeit mangelt.[45] An dieser Stelle wird bereits eine entscheidende Weiche für die Interessenabwägung getroffen. Denn die Frage nach der Schutzwürdigkeit kann nur mit einer Ablehnung oder Befürwortung beantwortet werden.[46] Ist die Schutzwürdigkeit erst einmal verneint, so wird dieses Interesse schon nicht in die Abwägung eingestellt.

Die Frage nach dem Maß der Schutzwürdigkeit ist eine der zentralen Fragen des Wettbewerbsrechts schlechthin. Besonders erschwert wird die Beantwortung dieser Frage durch die Dynamik des Wettbewerbsprozesses. Einzige Möglichkeit zur Begrenzung denkbarer Lösungen ist das Abstellen auf die Natur der Sache als die oben festgestellte Wettbewerbsfreiheit.[47] Das Abstellen auf die Wettbewerbsfreiheit macht die Schutzhöhe immer noch nicht direkt greifbar. Dies ist ein wiederkehrendes Problem bei der Konkretisierung von Generalklauseln. Die juristische Methodik bedient sich daher einer Fallgruppenbildung

[43] *Baumbach/Hefermehl/Köhler*, § 1 Rn. 7; *Schluep, Walter*, Vom lauteren zum freien Wettbewerb. GRURInt 1973, S. 446, 448.

[44] *Micklitz, Hans-W./Keßler, Jürgen*, Funktionswandel des UWG. WRP 2003, S. 919, 924; *Sack, Rolf*, Das Verbraucherleitbild und das Unternehmerleitbild im europäischen und deutschen Wettbewerbsrecht. WRP 1998, S. 264, 268; *Baumbach/Hefermehl/Köhler*, § 1 Rn. 8. Vgl. ausführlich zum Verbraucherleitbild: C. II. 2. b).

[45] *Baumbach/Hefermehl/Köhler*, § 1 Rn. 5.

[46] *Kraft*, Interessenabwägung und gute Sitten im Wettbewerbsrecht, S. 213.

[47] *Kraft*, Interessenabwägung und gute Sitten im Wettbewerbsrecht, S. 213; *Schünemann, Wolfgang*, „Unlauterkeit“ in den Generalklauseln und Interessenabwägung nach neuem UWG. WRP 2004, S. 925, 931.

zur Konkretisierung.[48] Im Folgenden sollen daher Fallgruppen aufgezeigt werden, um die Schutzhöhe fassbar zu machen.

aa) Fallgruppen Die Rechtsprechung erkennt dem Interesse an der Erhaltung des Kunden- und Mitarbeiterstammes keine Schutzwürdigkeit zu.[49] Zur Begründung führt sie an, das Abwerben von Kunden und Mitarbeitern gehöre zum Wesen des Wettbewerbs.[50] Das Abwerben werde erst unlauter, wenn besondere Unlauterkeitsumstände hinzutreten.[51] Ebenfalls besteht kein schutzwürdiges Interesse an der Verschonung vor sachlicher Kritik und der damit zwangsläufig verbunden Herabsetzung des Mitbewerbers.[52] Diese stellt nämlich ein für die Funktionsfähigkeit des Wettbewerbs wesentliches Verhaltensmuster dar.[53] Denn dem Wesen des Wettbewerbs entspricht es, dass der Verbraucher nur bei ausreichender Information über das vorhandene Angebot die für ihn vorteilhafteste Entscheidung treffen kann.

Schutzwürdig ist auch nicht das Interesse gegen Werbung mit Emotionen innerhalb bestimmter Grenzen.[54] Diese Art der Werbung ist nach der Rechtsprechung zulässig, da sie den Regeln des Leistungswettbewerbs entspräche.[55]

---

[48] *Vogel*, S. 143.

[49] BGH GRUR 2002, 548, 549 - Mietwagenkostenersatz; BGH GRUR 1966, 263, 264 - Bau-Chemie, BGH GRUR 1967, 104, 106 - Stubenhändler.

[50] Vgl. nur BGH GRUR 2002 548, 549 - Mietwagenkostenersatz.

[51] BGH GRUR 1986, 547, 548 - Handzettelwerbung, BGH GRUR 1990, 522, 527 - HBV-Familien- und Wohnungsrechtsschutz.

[52] Vgl. BGH NJW 1998, 2141, 2143, BGH GRUR 1966, 633, 635 - Teppichkehrmaschine, OLG München NJW-RR 1997, 105, 107 - „Der Scheiß des Monats" - Haifischknorpelpulver; so aber noch RG GRUR 1931, 1299.

[53] *Roth, Günter H.*, Verbraucherinformation durch vergleichende Werbung. NJW 1989, S. 1467, 1470; *Baumbach/Hefermehl/Köhler*, Einl. UWG Rn. 7.30.

[54] BVerfG GRUR 2001, 170, 173 - Schockwerbung; BVerfG GRUR 2002, 455, 456 - Tier und Artenschutz; a.A. BGH GRUR 1995, 600 H.I.V. Positiv; BGH GRUR 1995, 598 - Ölverschmutzte Ente. Der Gesetzgeber regelt die Zulässigkeit derartiger Werbung nun explizit in § 4 Nr. 1 UWG.

[55] BVerfG GRUR 2001, 170, 173 - Schockwerbung; vgl. *Kießling, Erik/Kling, Michael*, Die Werbung mit Emotionen. WRP 2002, S. 615, 620; *Lindacher FS Tilmann*, Gefühlsbetonte Werbung nach BVerfG GRUR 2002, 445 - Tier- und Artenschutz, in: Festschrift für Winfried Tilmann, hrsg. von Erhard Keller u. a., S. 198.

Weiterhin wird dem Interesse vor Preisunterbietungen die Schutzwürdigkeit versagt.[56] Begründet wird diese Versagung damit, dass es Wettbewerbern im Rahmen der geltenden marktwirtschaftlich orientierten Wirtschaftsordnung grundsätzlich freistehen müsse, die Preisgestaltung in eigener Verantwortung vorzunehmen und danach auch Verkäufe unter dem Einstandspreis zulässig seien.[57] Eine Preisunterbietung ist aber nicht immer zulässig. Sie kann beim Hinzutreten bestimmter Begleitumstände unlauter werden. Unlauter wird die Preisunterbietung etwa, wenn sie in Verdrängungsabsicht[58] oder durch vorhergehenden Rechtsbruch[59] geschieht.

Schließlich besteht auch kein schutzwürdiges Interesse vor nachteiliger vergleichender Werbung.[60] Warum kein solches Interesse besteht, kann der EG-Richtlinie[61] zur vergleichenden Werbung entnommen werden, die durch § 6 UWG in das deutsche Recht umgesetzt wurde[62]. Im Erwägungsgrund 2 dieser Richtlinie wird für die grundsätzliche Zulässigkeit vergleichender Werbung angeführt, dass diese den Wettbewerb zwischen den Anbietern von Waren und Dienstleistungen im Interesse der Verbraucher fördere. Den Wettbewerb können nach meiner Einschätzung nur Wettbewerbshandlungen fördern, die auch dem Wesen des Wettbewerbs entsprechen. Grund für die Zulässigkeit vergleichender Werbung ist daher deren Vereinbarkeit mit dem Wesen des Wettbewerbs. Wie alle bisher behandelten Interessen ist auch die vergleichende Werbung nicht uneingeschränkt zulässig. Insbesondere wird sie dann unlauter, wenn nicht Waren oder Dienstleistungen verglichen werden,

---

[56] StRspr; BGH GRUR 1959, 240 243 Nelkenstecklinge; BGH GRUR 1966, 617, 620 - Saxophon; BGH GRUR 1979, 321, 322 - Verkauf unter Einstandspreis I; BGH GRUR 1984, 204, 206 - Verkauf unter Einstandspreis II; vgl. auch *Ulmer, Peter*, Der Begriff „Leistungswettbewerb" und seine Bedeutung für die Anwendung von GWB und UWG-Tatbeständen. GRUR 1977, S. 565, 566.

[57] BGH GRUR 1990, 371, 372 - Preiskampf; BGH GRUR 1979, 321, 322 - Verkauf unter Einstandspreis I; BGH GRUR 1984, 204, 206 - Verkauf unter Einstandspreis II.

[58] BGH GRUR 1990, 685, 686 - Anzeigenpreis I; BGH GRUR 1990, 687, 688 - Anzeigenpreis II.

[59] BGH GRUR 2000, 1076, 1078 - Abgasemissionen.

[60] *Baumbach/Hefermehl/Köhler*, § 1 Rn. 8.

[61] Richtlinie 97/55/EG des Europäischen Parlaments und des Rates vom 6. Oktober 1997 zur Änderung der Richtlinie 84/450/EWG über irreführende Werbung zwecks Einbeziehung der vergleichenden Werbung.

[62] Zunächst wurde diese durch § 2 UWG a.F. übernommen. Dieser Vorschrift entspricht § 6 UWG. Vgl. BT-Drucks 14/2959; BT-Drucks 15/1487 S. 20.

sondern rein persönliche Vergleiche gezogen werden.[63] Der Grund für das Verbot des rein persönlichen Vergleichs findet sich wieder im Wesen des Wettbewerbs. Denn nach dem Wesen des Wettbewerbs soll sich nur die bessere Leistung im Kampf um den Kunden durchsetzen, die Bezugnahme auf persönliche Eigenschaften des Konkurrenten wird als wettbewerbsfremd und somit stets als unlauter bewertet.[64]

bb) Grundsätze für die Schutzwürdigkeit der Interessen Welche Grundsätze für die Schutzwürdigkeit von Interessen ergeben sich also aus den dargestellten Fallgruppen? Als Erkenntnis lässt sich diesen entnehmen, dass die Ablehnung der Schutzwürdigkeit letztlich immer auf ein Argument gegründet wird, nämlich der Konformität der Wettbewerbshandlung mit dem Wesen des Wettbewerbs. Ist sie konform mit dem Wesen des Wettbewerbs, so wird dem Interesse am Unterlassen dieser Wettbewerbshandlung keine Schutzwürdigkeit zugebilligt. Entspricht sie hingegen nicht dem Wesen des Wettbewerbs, so ist das gegen sie gerichtetes Interesse grundsätzlich schutzwürdig.

Weiterhin kann den Entscheidungsbegründungen entnommen werden, dass auch in Fällen, in denen eine Wettbewerbshandlung grundsätzlich dem Wesen des Wettbewerbs entspricht, ein schutzwürdiges Interesse gegen sie begründet werden kann. Dies ist der Fall, wenn neben der Wettbewerbshandlung noch besondere Unlauterkeitsmerkmale hinzutreten.

Es kann also festgehalten werden, dass dem Interesse vor Wettbewerbshandlungen, die dem Wesen des Wettbewerbs entsprechen, keine Schutzwürdigkeit zugebilligt wird. Schutzwürdig werden derartige Interessen erst, wenn zusätzliche Unlauterkeitsmerkmale hinzutreten, welche die Wettbewerbshandlung nicht mehr als wettbewerbskonform erscheinen lassen.

---

[63] So die h.M. vgl. *Baumbach/Hefermehl/Köhler*, § 6 Rn. 11; *Menke, Burkhart*, Die vergleichende Werbung in Deutschland nach der Richtlinie 97/55/EG und der BGH-Entscheidung "Testpreis-Angebot". WRP 1998, S. 811, 825.

[64] *Gloy, Wolfgang/Bruhn, Dirk*, Die Zulässigkeit von Preisvergleichen nach der Richtlinie 97/55/EG - Kehrtwende oder Kontinuität? GRUR 1998, S. 226, 227; BGH GRUR 1954, 333, 335 - Molkereizeitung; BGH GRUR 1966, 92, 94 - Bleistiftabsätze.

b) Die Interessen der Verbraucher

Der Schutz der Verbraucher ist auf das Vertikalverhältnis zwischen Unternehmern und Verbrauchern gerichtet. Bereits zum alten Recht war anerkannt, dass sich aus dem Schutzzweck des unverfälschten Wettbewerbs eine Untrennbarkeit von Mitbewerber- und Verbraucherschutz ergibt.[65] Durch die ausdrückliche Nennung der Verbraucher als Schutzsubjekt stellt der Gesetzgeber nun klar, dass der Verbraucherschutz nicht bloßer Reflex des Mitbewerberschutzes ist, sondern eine besondere Stellung innehat.[66] Die Interessen der Verbraucher ergeben sich aus der ihnen im Wettbewerbsprinzip zugewiesenen Rolle. Die Verbraucher bzw. Abnehmer befinden durch ihre Kaufentscheidung darüber, welches Angebot sich durchsetzt und welches nicht. Sie üben damit eine Schiedsrichterfunktion aus, deren korrektes Funktionieren ein unverzichtbares Element des Wettbewerbsprinzips ist.[67] Für die Schutzwürdigkeit bestimmter Verbraucherinteressen ergeben sich Vorgaben aus dem Gemeinschaftsrecht, die auch im neuen UWG ihren Niederschlag gefunden haben.

Als Rechtsquellen für schutzwürdige Verbraucherinteressen aus dem Gemeinschaftsrecht sind insbesondere die Irreführungsrichtlinie[68] und die Richtlinie über unlautere Geschäftspraktiken[69] zu nennen. Die Richtlinie über unlautere Geschäftspraktiken ist am 12. Juni 2005 in Kraft getreten und ist bis zum 12. Juni 2007 in nationales Recht umzusetzen.[70] Auch wenn die Umsetzung der Richtlinie erst bis 2007 erfolgen muss, ist das in ihr verankerte Verbraucherleitbild schon jetzt zu beachten, da es die Kodifizierung des vom

[65] *Micklitz, Hans-W./Keßler, Jürgen*, Europäisches Lauterkeitsrecht. GRURInt 2002, S. 885, 895.

[66] *Lettl, Tobias*, Der Schutz der Verbraucher nach der UWG-Reform. GRUR 2004, S. 449, 449; BT-Drucks. 15/1487 S. 16.

[67] *Beater FS Tilmann*, Verbraucherverhalten und Wettbewerbsrecht, in: Festschrift für Winfried Tilmann, hrsg. von Erhard Keller u. a., S. 87; *Drexl*, S. 91 ff.

[68] Richtlinie 84/450/EWG.

[69] Richtlinie 2005/29/EG des Europäischen Parlaments und des Rates vom 11. Mai 2005 über unlautere Geschäftspraktiken im binnenmarktinternen Geschäftsverkehr zwischen Unternehmen und Verbrauchern und zur Änderung der Richtlinie 84/450/EWG des Rates, der Richtlinien 97/7/EG, 98/27/EG und 2002/65/EG des Europäischen Parlaments und des Rates sowie der Verordnung (EG) Nr. 2006/2004 des Europäischen Parlaments und des Rates (Richtlinie über unlautere Geschäftspraktiken), ABl.EG Nr. L 149/22.

[70] Vgl. ausführlich zu den Auswirkungen der Richtlinie auf das deutsche UWG: D. II 2.

EuGH entwickelten Verbraucherleitbildes darstellt.[71] Aus dem Gemeinschaftsrecht ergeben sich die wirtschaftlichen Interessen der Verbraucher als übergeordnete schützwürdige Interessen.[72] Der Schutz der wirtschaftlichen Interessen konkretisiert sich darin, dass der Verbraucher vor nachteiligen Entscheidungen aufgrund unzutreffender Grundlagen bewahrt werden soll.[73] Er soll Entscheidungen aufgrund freien Willensentschlusses fassen können.[74] Durch Kosten für unerbetene Direktwerbung soll er nicht belastet werden.[75] Seine wirtschaftlichen Interessen kann der Verbraucher nur bei optimaler Informiertheit wahrnehmen. Daher erkennt das Gemeinschaftsrecht das Interesse an Information als schutzwürdig an und sieht weit reichende Informationspflichten vor.[76] Schließlich wird auch das Interesse am Schutz der Privatsphäre als schutzwürdig anerkannt.[77]
Für die Bestimmung der Schutzhöhe kann, anders als beim Schutz der Mitbewerber, auf das Verbraucherleitbild zurückgegriffen werden.[78] An diesem kann und muss sich bei der Bestimmung der Schutzwürdigkeit einzelner Interessen der Verbraucher orientiert werden.

c) Der Schutz des Allgemeininteresses

Das Interesse der Allgemeinheit an einem unverfälschten Wettbewerb wird von § 1 S. 2 UWG als weiterer Schutzzweck des UWG genannt. Unter dem Schutzobjekt des unverfälschten Wettbewerbs ist hier der Schutz des freien Wettbewerbs zu verstehen.[79] Der Regelung des § 1 S. 2 UWG wird allgemein keine eigenständige Bedeutung beigemessen, sondern sie wird lediglich als Klarstellung dahingehend verstanden, den Institutionenschutz nicht allein den kartellrechtlichen Regelungen des GWB überlassen zu wollen.[80] Die Richtigkeit dieser Ansicht kann dahingestellt bleiben, denn für die hier vorgenomme-

---

[71] *Helm, Horst*, Der Abschied vom „verständigen" Verbraucher. WRP 2005, S. 931, 940.
[72] Vgl. Erwägungsgrund Nr. 3 Richtlinie 84/450/EWG.
[73] Vgl. Art. 1 Richtlinie 84/450/EWG; § 4 Nr. 3 UWG und § 5 UWG.
[74] Art. 6 Richtlinie 2005/29/EG; § 4 Nr. 1 UWG.
[75] Vgl. Art. 13 EKDatenschutz-RL.
[76] Vgl. Art. 7 IV Richtlinie 2005/29/EG.
[77] Art. 13 EKDatenschutz-RL; § 7 UWG.
[78] Vgl. ausführlich zum Verbraucherleitbild B. II. 3. e).
[79] *Baumbach/Hefermehl/Köhler*, § 1 Rn. 38; BGH GRUR 2002, 825, 825 - Elektroarbeiten.
[80] *Fezer/Fezer*, § 1 Rn. 48.

ne Untersuchung ist lediglich ein Umstand im Zusammenhang mit § 1 S. 2 UWG von Bedeutung: Die Norm kann nicht dahingehend gedeutet werden, dass unter Allgemeininteressen solche Interessen, die dem Wettbewerb aus wettbewerbsfremden Gründen äußere Grenzen setzen, zu verstehen sind.[81] Das Wettbewerbsrecht hat lediglich den Wettbewerb zu schützen.[82]

III. Die Konkretisierung der Unlauterkeit bei Wettbewerbshandlungen im Internet

Nach den Ausführungen zur Bestimmung der Unlauterkeit im Allgemeinen, gilt es sich nun der Unlauterkeit bei Wettbewerbshandlungen im Internet zuzuwenden.
Direkte Äußerungen zur Unlauterkeit bei Wettbewerbshandlungen im Internet enthält der Beispielskatalog nur in § 7 II Nr. 3 UWG bezüglich der Versendung von Werbung mittels elektronischer Post. Für andere Wettbewerbshandlungen wurde keine Konkretisierung durch den Beispielskatalog vorgenommen. Bei deren Beurteilung erfährt der Rechtsanwender also keine Entlastung. Bei diesen muss die Konkretisierung der Unlauterkeit folglich nach den allgemeinen Grundsätzen erfolgen.
Erkenntnis des obigen Versuchs der Konkretisierung der Unlauterkeit im Allgemeinen war, dass das Ergebnis einer jeder einzelnen Interessenabwägung von den individuellen Umständen des Einzelfalls abhängt und mit Allgemeingültigkeit nur Grundsätzliches festgestellt werden kann. Dies ist bei der Konkretisierung der Unlauterkeit von Wettbewerbshandlungen im Internet nicht anders. Dieser Erkenntnis folgend, werden einige grundsätzliche Aspekte bei der Bestimmung der Unlauterkeit bei Wettbewerbshandlungen im Internet näher betrachtet. So sollen die allgemeinen Interessen der Schutzsubjekte herausgearbeitet werden. Bei der Interessenabwägung werden zwei Aspekte, die aus der Struktur des Internets resultieren, behandelt. Diese sind die Möglichkeit technischer Schutzmaßnahmen

[81] *Baumbach/Hefermehl/Köhler*, § 1 Rn. 36.
[82] *Geis FS Tilmann*, S. 128.

und die Massenhaftigkeit, die Wettbewerbshandlungen im Internet anhaften kann.

1. Neue Maßstäbe für Lauterkeit im Internet?

Bezüglich des Internets wird häufig die Meinung vertreten, für dieses gelten andere, neue Regeln. So wird auch die Frage diskutiert, ob die für den Offline-Bereich entwickelten Kriterien der Lauterkeit auf die Online-Welt übertragbar sind.[83]

Der in der Anfangszeit des Internets hierzu entwickelte Ansatz einer Selbstregulierung durch von den Nutzern geschaffene Regeln, der „Netiquette", kann als verworfen angesehen werden.[84] Denn es gibt eine Vielzahl von Netiquetten, von denen keine Verbindlichkeit beanspruchen kann[85], weshalb ein derartiges Modell für den kommerziellen Bereich ungeeignet ist.[86]

In der Literatur wird teilweise dafür eingetreten, die offline gebildeten Maßstäbe der Lauterkeit nur mit Modifikationen auf das Internet zu übertragen.[87] Diese Meinung stützt sich im Wesentlichen darauf, dass der Wettbewerb im Internet einen dynamischeren Charakter habe als offline, weshalb neue Wertungen anzulegen seien.[88] Durch diese Dynamik begünstige der Wettbewerb im Internet neue Geschäftsmodelle und sei deshalb durch weniger strenge Maßstäbe zu fördern.[89]

Dieser Ansicht kann nicht zugestimmt werden. Meiner Ansicht nach ist bereits die Formulierung „im Internet" zu hinterfragen. Denn man handelt nicht im Internet, sondern mit den Mitteln des Internets. Das Internet ist nämlich keine Parallelwelt, da man sich immer zugleich im Internet und im realen Raum befindet. [90] Aus diesem Grund existiert

[83] Vgl. *Ladeur*, S. 111; *Fezer/Mankowski*, § 4-S12 Rn. 12.

[84] Vgl. zur Idee der Selbstregulierung im Internet: *Christiansen, Per*, Selbstregulierung, regulatorischer Wettbewerb und staatliche Eingriffe im Internet. MMR 2000, S. 123 ff.

[85] Vgl. *Gounalakis/Backhaus*, § 26 Rn. 20.

[86] *Mankowski, Peter*, Wider ein transnationales Cyberlaw. AfP 1999, S. 138, 139; *Ernst, Stefan*, Internet und Recht. JuS 1997, S. 776, 782; *Bollacher*, S. 146.

[87] *Ladeur*, S. 111.

[88] *Ladeur*, S. 73.

[89] *Ladeur*, S. 73; 111.

[90] Vgl. *Lessig*, S. 50.

auch kein eigener Markt im Internet.[91] Vergleichbare Leistungen stehen nicht nur mit Online-Angeboten im Wettbewerb, sie konkurrieren auch mit Offline-Angeboten. Daher gelten die allgemeinen Regeln und Maßstäbe auch für den Wettbewerb im Internet. Der Wettbewerb im Internet hat also kein anderes Wesen als im Offline-Bereich.

Allerdings ergeben sich aus der Struktur des Internets spezielle Probleme bei Wettbewerbshandlungen, deren Bedeutung nachfolgend zu untersuchen ist.

2. Die Besonderheiten des Wettbewerbs im Internet

Bei der Bestimmung der Unlauterkeit im Allgemeinen hat sich gezeigt, dass dabei dem Wesen des Wettbewerbs eine tragende Rolle zukommt.[92] Das Wesen des Wettbewerbs im Internet wird durch die Struktur und die Möglichkeiten des Internets bestimmt. Es weist daher Besonderheiten, die bei der Bestimmung der Unlauterkeit berücksichtigt werden müssen, auf. Es ist also zwar nicht von völlig neuen Maßstäben für die Lauterkeit von Wettbewerbshandlungen im Internet auszugehen, die dem Internet immanenten Besonderheiten müssen aber berücksichtigt werden.

Bei der Betrachtung von Wettbewerbshandlungen im Internet, gilt es zunächst den Ursprung vieler Streitfragen zu verdeutlichen. Das Internet wurde zunächst für militärische und später für wissenschaftliche Zwecke entwickelt.[93] Das Internet wurde nicht für die Wirtschaft geschaffen.[94] Dieser Umstand hat nicht nur historische Bedeutung, sondern ist Ursprung vieler Streitfragen bei Wettbewerbshandlungen im Internet. Denn die wirtschaftliche Nutzung stellt andere Anforderungen als die wissenschaftliche. Für die wirtschaftliche Nutzung sind Sicherungs- und Identifizierungsmechanismen erforderlich. Beide sind auf Grund der ursprünglich rein wissenschaftlichen Nutzung nicht in der Struktur des Internets angelegt. Die nachträgliche Schaffung derartiger Mechanismen ist

[91] Vgl. *Fezer/Mankowski*, § 4-S12 Rn. 15.

[92] Vgl. C. II. 2. a).

[93] Vgl. zur Entwicklung des Internets: *Köhler/Arndt*, S. 2.

[94] Die National Science Foundation untersagte bis 1991 jede kommerzielle Nutzung des Internets. (Vgl. *Lessig*, S. 80)

schwierig und auch nur bis zu einem gewissen Grad möglich. Weitere Sicherheitslücken resultieren aus dem Umstand, dass die Entwickler des Internets eigentlich davon ausgingen, nur ein Netz zu Testzwecken zu entwickeln, welches dann mit den gewonnenen Erkenntnissen durch ein Netz mit besserer Struktur ersetzt werden sollte.

Welches Merkmal bestimmt nun den Wettbewerb im Internet? Wesentliche Eigenschaft des Internets ist die Ermöglichung des Informationsaustausches zwischen den Nutzern. Bei der Informationsverbreitung durch das Internet kommt aus ökonomischer Sicht der Grundsatz, dass das Erstellen von Informationen kostenintensiv, die Reproduktion der einmal erstellten Information hingegen sehr günstig ist, zum Tragen.[95] Da die Reproduktion von Information im Internet praktisch kostenlos ist, eignet sich das Internet in besonderem Maße zur Verbreitung von Information. Diese Eignung drückt sich in einer wahren Informationsflut aus. Die ökonomischen Vorteile der Informationsverarbeitung durch das Internet lassen sich durch die Transaktionskostentheorie der Betriebswirtschaftslehre verdeutlichen. Diese Theorie geht davon aus, dass die an Transaktionen beteiligten Wirtschaftssubjekte nicht über vollkommene Informationen verfügen.[96] Daher müssen sie die bestehenden Informationslücken unter Aufwendung von Kommunikationskosten schließen, um einen für sie vorteilhaften Austausch von Gütern sicherzustellen. Ein wesentlicher Bestandteil der Transaktionskosten sind die Informationskosten. Diese enthalten die Kosten der Suche nach möglichen Vertragspartnern und deren Preisen.[97] Durch die Möglichkeiten, die das Internet zur Informationsbeschaffung bietet, trägt es zu einer erheblichen Senkung dieser Kosten bei.

3. Die Interessen der Schutzsubjekte

Die eben aufgezeigte ökonomische Bedeutung der Informationsverarbeitung durch das Internet führt zu einem Spannungsverhältnis zwischen den Interessen der Schutzsubjekte.

---

[95] *Shapiro/Varian*, S. 21.
[96] Vgl. *Jost*, S. 10 ff.
[97] *Pippow*, S. 22.

Jeder Beteiligte an Wettbewerbshandlungen im Internet hat eigene, von denen der übrigen Beteiligten abweichende Interessen. Es existieren drei Beteiligte: Der Betreiber eines Angebots im Internet (Unternehmer), der Nutzer dieser Seiten (Abnehmer bzw. Verbraucher) und andere Betreiber von Angeboten und Homepages (Mitbewerber). Daneben steht noch das Interesse der Allgemeinheit an einem unverfälschten Wettbewerb.[98]

a) Die Interessen des Betreibers eines Angebots

Die grundlegenden Interessen der Anbieter von Angeboten im Internet unterscheiden sich nicht von denen der offline tätigen Wettbewerber. Diese resultieren ebenfalls aus dem zentralen Element des Wettbewerbs, da auch die Anbieter im Internet mit anderen Anbietern, die ebenfalls ihr Angebot innerhalb oder außerhalb des Internets bereithalten, um Geschäftsabschlüsse konkurrieren.[99] Auf dem Gebiet des Internets ist die Ausgestaltung der einzelnen Interessen durch die Besonderheit des Internets geprägt. Wie dargelegt, ist zentrales Element des Wettbewerbs im Internet der Informationsaustausch. Aus diesem ergeben sich zwei zentrale Interessen der Betreiber von Angeboten im Internet. Die Konsumenten sollen nur Informationen über das eigene Angebot erhalten und die Bereitstellung von Informationen soll möglichst kostengünstig erfolgen. Aus diesen Interessen resultieren Wettbewerbshandlungen, die sich in zwei Gruppen unterteilen lassen.

Die erste Gruppe umfasst Wettbewerbshandlungen, die von dem Interesse geleitet sind, Informationen über das eigene Angebot zu verbreiten. Hierzu wird von der Möglichkeit zur nahezu kostenlosen Versendung von E-Mails für die massenhafte Verbreitung von Werbung Gebrauch gemacht, um möglichst viele potenzielle Verbraucher über die eigenen Angebote zu informieren. Das Interesse an Informationsverbreitung umfasst auch das Ziel, nach Informationen suchende Verbraucher zu den eigenen Informationen und nicht zu denen der Mitbewerber zu leiten. Hierzu werden technische Möglichkeiten zur Manipulation von

[98] *Schünemann, Wolfgang*, „Unlauterkeit" in den Generalklauseln und Interessenabwägung nach neuem UWG. WRP 2004, S. 925, 932.

[99] Vgl. *Beater*, Unlauterer Wettbewerb, § 17 Rn. 11; Vgl. zu den Interessen im Allgemeinen: C. II. 2. a).

Suchmaschinen genutzt. Durch den Einsatz derartiger Maßnahmen kann erreicht werden, dass der nach einem bestimmten Produkt suchende Verbraucher an vorderer Stelle der Ergebnisliste nicht Suchergebnisse über Mitbewerber, sondern über das eigene Angebot erhält. Mit dem Interesse an Informationsverbreitung geht auch ein Interesse an Informationsbeschaffung über den Kunden einher. Denn nur wer seine bereits gewonnenen und potenzielle Kunden genau kennt, kann ihnen die passenden Angebote machen.[100] Dieser Wunsch, die Kunden genau zu kennen, besteht nicht nur im Wettbewerb im Internet, er lässt sich dort aber leichter erfüllen als auf anderen Märkten. Denn im Internet lassen sich Informationen über Kunden der eigenen Seite durch Aufzeichnung ihrer Navigation auf der Seite, dem „Clickstream“, gewinnen.[101]
Die zweite Gruppe wird durch den Umstand begründet, dass die erstmalige Bereitstellung von Informationen kostspielig ist[102]. Um diese Kosten einzusparen, versuchen Mitbewerber diese Informationen durch technische Hilfsmittel bei Wettbewerbern abzugreifen und diese dann selbst anzubieten. So können mit Hilfe von Frames und Inline-Links Teile fremder Seiten in die eigene Seite integriert werden. Mit dieser Methode kann z. B. die kostspielig erstellte Wettervorhersage eines Dritten auf der eigenen Seite präsentiert werden.

b) Die Interessen der Mitbewerber

Jeder Wettbewerber ist gleichzeitig in der Rolle des Anbieters und des Mitbewerbers. Die Interessen der Mitbewerber sind daher mit denen der Anbieter identisch, so dass auf die diesbezügliche Darstellung verwiesen werden kann.[103]

c) Die Interessen der Nutzer des Angebots

Die Interessen der Verbraucher stehen im Gegensatz zu denen der Wettbewerber. Die Verbraucher sind an einer möglichst ungebremsten Konkurrenz zwischen den Anbietern

[100] *Shapiro/Varian*, S. 34.
[101] Zur Gewinnung dieser Daten sind Unternehmen entstanden die sog. Web Controlling anbieten. Vgl. zum Angebot dieser Unternehmen: http://www.contentmetrics.de - Zugriff am 20.12.2005
[102] *Shapiro/Varian*, S. 21.
[103] Siehe C. 3. a).

interessiert, da sie von dieser durch niedrige Preise und durch ein vielfältiges Angebot profitieren, während die meisten Interessen der Konkurrenten tendenziell auf das Ausschalten von Wettbewerb gerichtet sind.[104] Zur Durchsetzung dieses Grundinteresses hat der Verbraucher ein Interesse daran, sich frei für das Angebot eines Wettbewerbers entscheiden zu können.[105] Denn Entscheidungsfreiheit ist die Voraussetzung für das Erfüllen der ihm ökonomisch zufallenden Schiedsrichterfunktion.[106] Eine für ihn richtige Entscheidung kann er jedoch nur treffen, wenn er über alle entscheidungserheblichen Informationen verfügt.[107] Dieses Informationsinteresse erfährt im Internet eine besondere Ausprägung, da sich das Internet zur Informationsbeschaffung in besonderer Weise eignet. Der Verbraucher hat deshalb ein Interesse gegen alle Wettbewerbshandlungen der Unternehmer und Wettbewerber, die seine Informationsbeschaffung erschweren oder vereiteln.

Neben dem Interesse an Information möchte der Verbraucher aber auch seine Privatsphäre geschützt wissen. So will er etwa nicht, dass ihn die Wettbewerber durch E-Mails belästigen.[108] Bei der Betrachtung der Interessen der Verbraucher an optimaler Information und Schutz der Privatsphäre zeichnet sich bereits auf den ersten Blick ein Interessenkonflikt ab, der die Bestimmung der Verbraucherinteressen nicht vereinfacht. Der Verbraucher wünscht möglichst umfangreiche Information. Wird ihm jedoch von den Wettbewerbern zu viel geboten, so empfindet er sie als Belästigung und damit als Verletzung seiner Privatsphäre. Ab welchem Punkt ein Maß an Information erreicht ist, ab dem Information nicht mehr als Gewinn, sondern als Interessenverletzung wahrgenommen wird, hängt von den individuellen Umständen des Einzelfalls ab.[109] Diese Grenze muss daher immer wieder neu bestimmt werden.

---

104 *Beater*, Unlauterer Wettbewerb, § 13 Rn. 1; *Harte/Henning/Schünemann*, § 1 Rn. 42.

105 *Lettl, Tobias*, Der Schutz der Verbraucher nach der UWG-Reform. GRUR 2004, S. 449, 452; *Baumbach/Hefermehl/Köhler*, § 1 Rn. 14.

106 *Drexl*, S. 91 ff.; *Beater FS Tilmann*, Verbraucherverhalten und Wettbewerbsrecht, in: Festschrift für Winfried Tilmann, hrsg. von Erhard Keller u. a., S. 87.

107 Vgl. *Wendlandt, Bettina*, Die Timesharing-Richtlinie, das BGB und die Privatautonomie - „realistisch betrachtet“. VuR 2004, S. 117, 124.

108 *Köhler, Helmut*, UWG-Reform und Verbraucherschutz. GRUR 2003, S. 265, 272.

109 *Sprig*, S. 213; *Funk, Axel*, Wettbewerbsrechtliche Grenzen von Werbung per E-Mail. CR 1998, S. 411, 413.

4. Bedeutung technischer Schutzmaßnahmen für die Lauterkeit

Ob und welchen Einfluss technische Schutzmaßnahmen vor Wettbewerbshandlungen auf die Lauterkeit von Wettbewerbshandlungen haben, ist noch weitgehend ungeklärt. Der BGH hat sich zu dieser Frage bisher nur mit einer Andeutung in der Paperboy-Entscheidung geäußert.[110] Aus diesem Grund wird nachfolgend dieser Frage nachgegangen.

a) Wirkung technischer Schutzmaßnahmen

Zunächst stellt sich die Frage, welche tatsächliche Wirkungen technische Schutzmaßnahmen im Internet haben. Technische Schutzmaßnahmen sind die technische Lösung eines Problems, das seinen Ursprung in den technischen Möglichkeiten des Internets hat. Diese Feststellung mag trivial klingen, die Auswirkungen technischer Schutzmaßnahmen sind es nicht. Wie oben dargelegt, besteht z. B. ein wirksamer Schutz gegen den Einsatz von Deep-Links.[111] Hätte die Klägerin im Paperboy-Fall diese Mittel eingesetzt, so hätte sie das Setzen von Deep-Links auf ihre Zeitungsartikel durch den Suchdienst Paperboy auch ohne juristische Mittel unterbinden können. In dem Fall hatte die Beklagte ihren Sitz in der Bundesrepublik, was der Klägerin eine Rechtsverfolgung ermöglichte. Wäre die Beklagte aber etwa auf einer Karibikinsel beheimatet gewesen, so hätte die Klägerin nur durch technische Möglichkeiten die Links verhindern können.[112]

Im Internet können also im Gegensatz zur realen Welt Probleme grundsätzlich durch Programmierung aus der Welt geschaffen werden.[113] Für den Bereich des Wettbewerbs bedeutet dies, dass Wettbewerber programmiertechnische Schutzmaßnahmen, die Wettbewerbshandlungen ihrer Mitbewerber unterbinden, implementieren können. Für die Wettbewerber bestehen also zwei Möglichkeiten des Schutzes vor unlauteren Wettbewerbshandlungen ihrer Mitbewerber. Sie können auf den Schutz durch das Recht vertrauen oder sich selbst

110 BGH GRUR 2003, 958 = BGH NJW 2003, 3406 - Paperboy. Vgl. unten C. III. 4. c).
111 Vgl. zu möglichen technischen Schutzmaßnahmen: B. II. 2.
112 Vgl. zu den Schwierigkeiten der Rechtsverfolgung im Ausland: B. I. 5. e).
113 Vgl. zur Veranschaulichung dieses Umstandes die Beispiele in: *Lessig*, S. 29 ff.

durch technische Schutzmaßnahmen schützen.

Von Interesse ist nun, ob das Bestehen technischer Schutzmöglichkeiten Auswirkungen auf den Schutz durch das Recht hat. Ersetzen technische Schutzmaßnahmen bis zu einem gewissen Grad den Schutz durch das UWG? Soll der Wettbewerber dort keinen Schutz durch das UWG erhalten, wo er sich durch technische Maßnahmen hätte schützen können?

b) Technische Schutzmöglichkeiten im Wettbewerbsrecht

Technische Schutzmaßnahmen gegen Wettbewerbshandlungen sind nur an wenigen Stellen möglich. Eine solche ist der Schutz selektiver Vertriebssysteme durch Kontrollnummern. Ein selektives Vertriebssystem beruht auf Vereinbarungen zwischen einem Warenhersteller und den Händlern seiner Waren, die darauf gerichtet sind, das Warenangebot auf bestimmte ausgewählte Verkaufsstätten zu beschränken.[114] Die Kriterien der Selektion[115] und die einzelnen Ausgestaltungen der Vereinbarungen sind vielfältig.[116] Charakteristisch für alle selektiven Vertriebssysteme ist aber, dass die ausgewählten Systemhändler hinsichtlich des Verkaufs der Ware an Dritte Beschränkungen unterliegen, indem sie die Waren nur an Endverbraucher oder an andere Systemhändler[117] weiterveräußern dürfen.[118] Gegenstand selektiver Vertriebssysteme sind in der Regel Luxusartikel mit hohen Gewinnspannen. An den mit solchen Artikeln erzielbaren Gewinnen möchten auch die von der Belieferung ausgeschlossenen Händler teilhaben. Daher versuchen diese Außenseiter auf verschiedene Weise Waren von den ausgewählten Händlern zu erhalten, um diese zu günstigeren Preisen an Endabnehmer zu verkaufen. Durch diese Preisunterbietung wird das selektive Vertriebssystem erheblich beeinträchtigt. Die Hersteller und vertragstreuen Anbieter versuchen daher das System mit Hilfe des Wettbewerbsrechts zu schützen. Ursprünglich

[114] *Wolter, Matthias/Lubberger, Andreas*, Wo steht die Lückenlosigkeit? GRUR 1999, S. 17, 18; *Eggers*, S. 26. Das Gegenstück des selektiven ist der intensive Vertrieb, bei dem alle Interessenten beliefert werden. (Vgl. *Unglaub*, S. 3)

[115] Häufiges Kriterium sind Anforderungen an die Verkaufsräume und das Verkaufspersonal.

[116] Vgl. ausführlich zur Ausgestaltung solcher Vereinbarungen: *Wolter, Matthias/Lubberger, Andreas*, Wo steht die Lückenlosigkeit? GRUR 1999, S. 17, 18; *Becker*, S. 9 ff.

[117] Sog. „Querlieferung".

[118] *Baumbach/Hefermehl/Köhler*, § 4 Rn. 10.63; *Unglaub*, S. 3.

erfuhr das System Schutz durch das UWG, wenn der Außenseiter einen Schleichbezug vornahm, den gebundenen Händler zum Vertragsbruch verleitete oder den Vertragsbruch eines Systemhändlers ausnutzte.[119] Die größte Bedeutung beim Schutz selektiver Vertriebssysteme kam der Fallgruppe des Ausnutzens eines Vertragsbruches zu. Gerade diese Fallgruppe ordnet der BGH seit seiner Entscheidung „Außenseiteranspruch II“ [120] nicht mehr als unlautere Wettbewerbshandlung ein.[121] Der BGH sieht durch die Aufgabe dieser Fallgruppe die selektiven Vertriebssysteme aber nicht schutzlos gestellt.[122] Denn den Herstellern stünde es frei, die Einhaltung der vertraglichen Verpflichtungen durch ein Nummernsystem zu kontrollieren, mit dessen Hilfe überprüft werden könne, von welchem Händler die Ware stamme, die an den Außenseiter gelangt sei. Wird durch Kontrollnummern ein schutzwürdiges[123] selektives Vertriebssystem kontrolliert, so billigt der BGH dem Hersteller einen Anspruch wegen Behinderung gemäß § 4 Nr. 10 UWG gegen einen das System umgehenden[124] Außenseiter zu.[125] Mit der Entscheidung „Außenseiteranspruch II“ hat der BGH also seine bisherige Rechtsprechung unter anderem auch deshalb aufgegeben, weil der mit ihr verfolgte Zweck, der Schutz selektiver Vertriebssysteme, auch auf andere Weise, nämlich durch technische Schutzmaßnahmen, erreicht werden kann.[126] Der Schutz durch das Wettbewerbsrecht wird dem Wettbewerber also versagt, weil er durch ein technisches Schutzsystem die Möglichkeit hat, sich selbst zu schützen. Im Ausgleich wird das Schutzsystem aber unter rechtlichen Schutz vor Umgehung gestellt.

---

[119] *Baumbach/Hefermehl/Köhler*, § 4 Rn. 10.63. Vgl. ausführlich zu den Gesichtspunkten Schleichbezug und des Verleitens zum Vertragsbruch: *Sack, Rolf*, Vertriebsbindung und Außenseiter. WRP 2000, S. 447, 449; *Unglaub*, S. 161.

[120] BGH GRUR 2000, 724, 724 - Außenseiteranspruch II.

[121] BGH GRUR 2000, 724, 724 - Außenseiteranspruch II; Vgl. *Unglaub*, S. 163.

[122] BGH GRUR 2000, 724, 727 - Außenseiteranspruch II.

[123] Mit der Entscheidung „Außenseiteranspruch II“ definierte der BGH auch die Anforderungen an die Schutzwürdigkeit des Systems neu, insbesondere ersetzte er das bisherige Erfordernis der Lückenlosigkeit durch das der einheitlichen Bindung. Vgl. zu den Anforderungen an die Schutzwürdigkeit: *Baumbach/Hefermehl/Köhler*, § 4 Rn. 10.65.

[124] Umgehungsmöglichkeit ist das Entfernen oder Unkenntlichmachen der Kontrollnummern.

[125] BGH GRUR 2000, 724, 727 - Außenseiteranspruch II.

[126] BGH GRUR 2000, 724, 725 - Außenseiteranspruch II.

c) „Paperboy"-Entscheidung des BGH

Zu den Auswirkungen technischer Schutzmaßnahmen im Internet auf das Wettbewerbsrecht hat sich der BGH bisher nur an einer Stelle, nämlich in der Paperboy-Entscheidung[127], geäußert. Der BGH hatte sich in dieser Entscheidung mit der Zulässigkeit des Vorgehens des Internet-Suchdienstes Paperboy zu befassen, der eine Vielzahl von Webseiten mit Zeitungsartikeln auswertete und auf diese dann mittels Deep-Link verwies.[128] Der BGH wies die Klage ab und erklärte das Vorgehen des Betreibers der Suchmaschine nicht für wettbewerbswidrig. Den Urteilsgründen dieser Entscheidung ist zu entnehmen, dass „die Tätigkeit von Suchdiensten und deren Einsatz von Hyperlinks wettbewerbsrechtlich zumindest dann grundsätzlich hinzunehmen ist, wenn diese lediglich den Abruf vom Berechtigten öffentlich zugänglich gemachter Informationsangebote ohne Umgehung technischer Schutzmaßnahmen für Nutzer erleichtern".[129]

Diese Feststellung des BGH wirft leider mehr Fragen auf, als sie beantwortet. Dementsprechend unterschiedlich ist auch die Bewertung durch die Literatur.[130] Umstritten ist nicht nur die Bewertung, sondern bereits die Rechtsfolge der Aussage des BGH. Eine den BGH kritisierende Ansicht sieht, den „BGH beim Wort genommen", als Rechtsfolge, dass es der Webseitenbetreiber in der Hand habe, zum einen mit der Verwendung technischer Schutzmaßnahmen die Tätigkeit von Suchdiensten zu beschränken oder gar auszuschließen, zum anderen aber auch, dass die Umgehung dieser Maßnahmen automatisch dem Unlauterkeitsvorwurf ausgesetzt wäre.[131] Diese Konsequenz des Urteils stünde zu der ebenfalls in dieser Entscheidung getroffenen Feststellung, dass der Einsatz von Links wegen der damit verbundenen erleichterten Nutzung des Internets, die auch dem Webseitenbetreiber zugute komme, nicht als unlauter zu bewerten sei, im Widerspruch. Die Entscheidung sei also

[127] BGH GRUR 2003, 958 = BGH NJW 2003, 3406 - Papberboy.

[128] Siehe unter B. II. 3. a) dd) ausführlich zum Sachverhalt.

[129] BGH GRUR 2003, 958, 959 - Paperboy.

[130] Vgl. *Spindler, Gerald*, Anmerkung zum Urteil des BGH v. 17.07.2003 - Paperboy. JZ 2004, S. 150, 154; *Hoeren, Thomas*, Keine wettbewerbsrechtlichen Bedenken mehr gegen Hyperlinks ? - Anmerkungen zum BGH-Urteil „Paperboy". GRUR 2004, S. 1, 1; *Fezer/Mankowski*, § 4-S12 Rn. 118 ff.

[131] *Hoeren, Thomas*, Keine wettbewerbsrechtlichen Bedenken mehr gegen Hyperlinks ? - Anmerkungen zum BGH-Urteil „Paperboy". GRUR 2004, S. 1, 4.

in sich widersprüchlich. Die Kritik vermag auch keine tragfähigen Gründe für eine solche Rechtsfolge festzustellen, da kein wettbewerbsrechtlich schutzwürdiges Interesse der Webseitenbetreiber erkennbar sei, welches die Umgehung der Schutzmaßnahme als wettbewerbswidrig erscheinen ließe. Denn dies bedeute einen reinen Individualschutz zugunsten eines einzelnen Mitbewerbers. Schutzobjekt des UWG sei aber der lautere Wettbewerb und nicht der Individualschutz. Die Berufung des Webseitenbetreibers auf das UWG bei Umgehung seiner Schutzmaßnahme sei ein widersprüchliches Verhalten, da er an einem möglichst hohen Traffic interessiert sei, jedoch die den Traffic erhöhende Umgehung der Sperre durch die Suchmaschine aber nicht wolle. Das Vorgehen gegen die Umgehung von Sperren, die Linking verhindern, spreche dem Anbieter ein Letztentscheidungsrecht für die Linksetzung auf seine Webseite zu. Dies käme einem Ausschließlichkeitsrecht an den für die Öffentlichkeit im Internet bereitgestellten Informationen gleich, welches der BGH jedoch im Hinblick auf Urheberrechte und sonstigen Leistungsschutzrechte ausdrücklich abgelehnt habe.
Die Gegenansicht hält Links für wettbewerbswidrig, wenn diese gegen sie ergriffene technische Schutzmaßnahmen überwinden.[132] Zur Begründung wird angeführt, der Verlinkte signalisiere durch solche Schutzmaßnahmen deutlich, dass er kein freies Verlinken seiner Seite wünsche. Die allgemeine Vermutung, dass Linking vom Verlinkten erwünscht sei, könne hier nicht mehr greifen. Diese Ansicht spricht dem Interesse der Öffentlichkeit am im Internet bereitgestellten Informationen bei einer Abwägung weniger Gewicht zu als dem Interesse des Verlinkten vor Umgehung seiner Schutzmaßnahmen.
Nach meiner Ansicht ist der zweiten Auffassung zuzustimmen. Denn wenn der Verlinkte Schutzmaßnahmen gegen Links einsetzt, so verhält er sich nicht widersprüchlich, sondern signalisiert deutlich, dass er keinen Traffic durch Links wünscht. Die Ablehnung des Schutzes öffentlich im Internet bereitgestellter Informationen durch das Urheberrecht oder sonstiger Leistungsschutzrechte muss für die wettbewerbsrechtliche Bewertung außer Betracht bleiben. Denn Gegenstand der Bewertung durch das UWG ist hier das „Wie“ der

[132] *Fezer/Mankowski*, § 4-S12 Rn. 120.

Nutzung, also der Zugangsweg über eine bestimmte Form von Link und nicht das „Ob“ der Nutzung.
Das Setzen eines Deep-Links kann daher als wettbewerbswidrig angesehen werden, wenn es unter Umgehung einer technischen Schutzmaßnahme erfolgt.

d) Bedeutung technischer Schutzmaßnahmen für die Lauterkeit im Internet

Nachdem sich gezeigt hat, dass technischen Schutzmaßnahmen sowohl bei selektiven Vertriebssystemen als auch bei Deep-Links für die Bestimmung der Lauterkeit relevant sind, gilt es die allgemeine Bedeutung von technischen Schutzmaßnahmen im Internet aus lauterkeitsrechtlicher Sicht zu bestimmen.
Die Frage lautet also, ob eine grundsätzlich lautere Wettbewerbshandlung im Internet unlauter werden soll, wenn sie unter Umgehung einer gegen sie gerichteten Schutzmaßnahme erfolgt.
Nach meiner Ansicht führt der Weg zur Beantwortung dieser Frage über die Gründe für die grundsätzliche Lauterkeit der Wettbewerbshandlung. Würde man die grundsätzliche Lauterkeit nämlich mit dem Umstand begründen, dass gegen die Wettbewerbshandlung im Internet eine technische Schutzmaßnahme möglich ist und derjenige Wettbewerber, der diese unterbinden möchte, sich dem Einsatz dieser Schutzmaßnahme zu bedienen habe, so müsste diese Frage zwingend bejaht werden. Denn wie bei der Betrachtung des Schutzes selektiver Vertriebssysteme gezeigt wurde, muss beim Verweis des Wettbewerbers auf ein Schutzsystem zum Selbstschutz im Ausgleich dieses Schutzsystem unter rechtlichen Schutz vor Umgehung gestellt werden.[133] Lässt sich also die grundsätzliche Lauterkeit einer Wettbewerbshandlung damit begründen, dass gegen sie eine technische Schutzmaßnahme möglich ist?
Wie mehrfach dargelegt, führt die Konkretisierung der Unlauterkeit über eine Interessenabwägung. Bei dieser könnte technischen Schutzmaßnahmen an zwei Stellen Relevanz zukommen. Sie könnten bereits die generelle Schutzwürdigkeit vor Wettbewerbshandlungen,

[133] Vgl. hierzu C. III. 4. b.

die durch technische Schutzmaßnahmen abgewehrt werden können, ausschließen. Sollte eine solche Bedeutung technischen Schutzmaßnahmen nicht beigemessen werden können, so käme noch eine Relevanz bei der Bestimmung der Schutzhöhe in Betracht.

aa) Generelle Ablehung der Schutzwürdigkeit durch technische Schutzmaßnahmen?

Technische Schutzmaßnahmen würden zur generellen Ablehnung der Schutzwürdigkeit des Interesses führen, wenn eine generelle Verpflichtung zum Selbstschutz durch technische Maßnahmen im Internet angenommen werden könnte. Die Möglichkeit und die Verpflichtung zu technischen Schutzmaßnahmen im Internet wird an verschiedenen Stellen diskutiert.[134] Häufig steht diese Thematik im Zusammenhang mit der Frage, ob es einer globalen oder besonderen Rechtsordnung für das Internet bedarf.[135]

In jüngerer Zeit wurde die Diskussion zur Verpflichtung zum Selbstschutz durch die Dialer-Problematik bestimmt.[136] Hier stand in Diskussion, ob es eine Pflicht oder Obliegenheit zum Selbstschutz gebe. In der Literatur wird eine solche Verpflichtung überwiegend abgelehnt, da man darauf vertrauen dürfe, dass man nicht rechtswidrig angegriffen wird.[137] Diese Ansicht wurde durch den BGH bestätigt.[138] In seiner Entscheidung zum Entgeltanspruch bei heimlich installierten Dialern stellte er fest, dass keine Verpflichtung zum Schutz vor solchen Programmen besteht.[139] Dem ist zuzustimmen. Denn forderte man eine solche generelle Verpflichtung, so bedeutete dies den Internetnutzer rechtlos dem Selbst-

---

134 Vgl. *Mankowski, Peter*, Besondere Formen von Wettbewerbsverstößen im Internet und Internationales Wettbewerbsrecht. GRURInt 1999, S. 995, 999; *Holznagel, Bernd/Kussel, Stephanie*, Möglichkeiten und Risiken bei der Bekämpfung rechtsradikaler Inhalte im Internet. MMR 2001, S. 347, 350; *Koch, Robert*, Haftung für die Weiterverbreitung von Viren durch E-Mails. NJW 2004, S. 801, 805.

135 Vgl. *Jung, Peter*, Die Bedeutung der Selbstregulierung für das Lauterkeitsrecht in internationalen Computernetzwerken. GRURInt 1998, S. 841, 846; *Roßnagel, Alexander*, Weltweites Internet - globale Rechtsordnung. MMR 2002, S. 67, 71.

136 Vgl. *Mankowski, Peter*, Die Beweislastverteilung in „0190er-Prozessen“. CR 2004, S. 185, 185.

137 Vgl. nur *Mankowski, Peter*, Die Beweislastverteilung in „0190er-Prozessen“. CR 2004, S. 185, 188; *Mankowski, Peter*, Anmerkung zum Urteil des LG Karlsruhe v. 10.3.2004 1 S 123/03. CR 2004, S. 600, 601; a.A. *Leible, Stefan/Wildemann, Andree*, Anmerkung zum Urteil des BGH v. 4.3.2004 III ZR 96/03. K&R 2004, S. 288, 289.

138 BGH NJW 2004, 1590, 1590.

139 BGH NJW 2004, 1590, 1592; a.A. teilweise die instanzengerichtliche Rechtsprechung. (Vgl. etwa AG Wiesbaden CR 2003, 754 L.)

schutz zu überlassen, wobei weder auf Vertragstreue noch auf Lauterkeit Verlass wäre.[140] Da keine generelle Verpflichtung zu Schutzmaßnahmen im Internet besteht, kann eine solche Verpflichtung auch nicht zur Begründung der generellen Lauterkeit von Wettbewerbshandlungen, gegen die technische Schutzmaßnahmen bestehen, dienen. Technische Schutzmaßnahmen lassen daher nicht bereits die generelle Schutzwürdigkeit entfallen.

bb) Relevanz bei der Bestimmung der Schutzhöhe? Die Schutzhöhe der Interessen der einzelnen Schutzsubjekte[141] ergibt sich aus deren Schutzbedürftigkeit. Die Frage lautet daher, ob technische Schutzmaßnahmen Einfluss auf die Schutzbedürftigkeit haben. Die Antwort fällt für die einzelnen Schutzsubjekte unterschiedlich aus. Nach meiner Ansicht geben die obigen Ausführungen zur generellen Schutzwürdigkeit auch die Antwort auf die Schutzhöhe der Verbraucherinteressen. Denn die Ablehnung der generellen Verpflichtung zum Selbstschutz durch Internetnutzer darf nicht auf der Ebene der Schutzhöhe verwässert werden. Würde man die Schutzhöhe von Verbraucherinteressen durch die Möglichkeit zu technischen Schutzmaßnahmen verringern, so bedeutete dies letztlich die Annahme einer generellen Schutzpflicht. Technischen Schutzmöglichkeiten kann daher keine Relevanz bei der Bestimmung der Schutzhöhe der Interessen der Verbraucher beigemessen werden.
Anders ist dies bei der Bewertung der Schutzbedürftigkeit der Mitbewerber. Diese ergibt sich aus dem Wesen des Wettbewerbs im Internet. Wie oben dargelegt, gelten für den Wettbewerb im Internet zwar keine anderen Regeln als offline[142], aber Besonderheiten.[143] Der Wettbewerb im Internet wird durch die technischen Gegebenheiten des Internets geprägt. Die Wettbewerber müssen auf die technischen Möglichkeiten zurückgreifen, die ihnen das Internet bietet. Die Behandlung der einzelnen Wettbewerbshandlungen im 2. Kapitel hatte zum Ergebnis, dass nur gegen einige Wettbewerbshandlungen ein schutzwürdiges Interesse besteht. Was charakterisiert nun die Wettbewerbshandlungen, vor denen

[140] Vgl. *Rösler, Hannes*, Zur Zahlungspflicht für heimliche Dialereinwahlen. NJW 2004, S. 2566, 2569.
[141] Das Maß der Schutzbedürfigkeit der Verbraucher ergibt sich aus dem Verbraucherleitbild (Vgl. zum Verbraucherleitbild: B. II. 3. e).) und den geschützten Interessen der Verbraucher.Vgl. zu den geschützten Interesssen: C. II. 2. b).
[142] Siehe C. III. 1.
[143] Siehe C. III. 2.

kein schutzwürdiges Interesse besteht? Zunächst besteht kein schutzwürdiges Interesse vor technischen Maßnahmen, deren Einsatz für die Funktionsfähigkeit und die einfache Nutzbarkeit des Internets erforderlich ist. Dies sind insbesondere alle Funktionen, die sich zwingend aus den verwendeten Protokollen ergeben. Können auch technische Schutzmaßnahmen die Schutzwürdigkeit entfallen lassen? Zur Beantwortung dieser Frage muss noch einmal die Wirkung technischer Schutzmaßnahmen in Erinnerung gerufen werden. Durch die Möglichkeit einer Schutzmaßnahme obliegt nicht dem Unternehmer die Entscheidung, ob er diese Wettbewerbshandlung gegen einen Wettbewerber richten will, sondern dem Wettbewerber, ob er diese gegen sich zulassen möchte. Durch die Eröffnung dieses Entscheidungsspielraums für den Wettbewerber können technische Schutzmöglichkeiten nach meiner Ansicht die Schutzhöhe der Interessen eines Wettbewerbers verringern.

cc) Zulässigkeit der Abhängigkeit rechtlicher Bewertungen von technischen Lösungen Diese Annahme wirft die Frage auf, inwieweit sich die rechtliche Bewertung in die Abhängigkeit von technischen Lösungen begibt und ob dies zulässig sein kann? Allgemein ist hierzu festzustellen, dass die stärkste Kraft der Gesellschaftsveränderung derzeit von Wissenschaft und Technik ausgeht, weshalb das Recht auf die Folgen dieser Technik eingehen muss.[144] Dieser Entwicklung trägt etwa § 95 a UrhG Rechnung. Dieser schützt wirksame technische Maßnahmen vor Umgehung. Bedingt durch den ständigen technischen Fortschritt benennt die Vorschrift nicht einzelne Maßnahmen, sondern definiert in § 95 a II 2 UrhG, wann eine solche allgemein wirksam ist. Welche Schutzmaßnahme diesen Anforderungen entsprechen, ergibt sich aus dem momentanen Stand der Technik. Diese Vorschrift begibt sich also in die Abhängigkeit technischer Lösungen. Das Wettbewerbsrecht wird generell von Technik beeinflusst. Denn das UWG sanktioniert unlautere Wettbewerbshandlungen. Welche Wettbewerbshandlungen die Wettbewerber einsetzen, wird häufig durch die ihnen zur Verfügung stehenden technischen Möglichkeiten bestimmt. Nach meiner Ansicht ist der Einfluss technischer

[144] Vgl. zu dieser Problematik *Roßnagel*, Rechtswissenschaftliche Technikfolgenforschung, S. 1 ff.

Lösungen auf die Lauterkeit einzelner Wettbewerbshandlungen daher zulässig.

e) Anforderungen an die technische Schutzmaßnahme

Nicht jeder technischen Schutzmaßnahme kann die Eignung zur Verringerung der Schutzhöhe zugesprochen werden. Es stellt sich daher die Frage nach den durch die Schutzmaßnahme zu erfüllenden Anforderungen.

Der Einsatz technischer Schutzmaßnahmen im Internet sieht sich drei grundlegenden Problemen gegenüber.[145] Die meisten Schutzmaßnahmen verhindern nicht nur ungewollten Zugang, sondern erschweren in vielen Fällen auch den gewünschten Zugang. Daneben ist die Implementierung technischer Schutzmaßnahmen mit Kosten verbunden. Diese sind zwar häufig gering, aber völlig kostenlos ist keine Maßnahme. Darüber hinaus kann jede technische Maßnahme mit dem entsprechenden Aufwand umgangen werden. Welche Anforderungen sind nun unter Berücksichtigung dieser Probleme an eine Schutzmaßnahme zu stellen?

aa) Benutzerfreundlichkeit Eine technische Schutzmaßnahme, die zu spürbaren Einbußen in der Benutzerfreundlichkeit führt, kann nicht als tauglich angesehen werden. Dem Anbieter kann nicht zugemutet werden, dass sich die Akzeptanz seines Angebots durch Schutzmaßnahmen verringert. Die Maßnahme darf daher den gewünschten Zugang nur unerheblich beeinflussen.

bb) Die Kosten der Implementierung Die Kosten der Implementierung der Maßnahme spielen ebenfalls eine Rolle. Diese müssen zumutbar sein. Als zumutbar können die Kosten gelten, die der Wettbewerber bereit ist, zu tragen. Diese Bereitschaft wird durch betriebswirtschaftliche Gegebenheiten bestimmt. Desto wertvoller das zu Schützende ist,

[145] *Rourke, Maureen O*, Fencing Cyberspace: Drawing Borders in a Virtual World. Minnesota Law Review 82 1998, S. 609, 647.

desto größer ist die Bereitschaft, Mittel für dessen Schutz aufzuwenden.[146] Die Zumutbarkeit der Kosten kann daher nur im Einzelfall unter Berücksichtigung dieses Umstandes bestimmt werden.

cc) Wirksamkeit vor Umgehung Schließlich müssen die Anforderungen an die Wirksamkeit der technischen Schutzmaßnahme vor Umgehung bestimmt werden. Erkenntnisse zur Beantwortung diese Frage können der Diskussion zur Problematik der Wirksamkeit technischer Maßnahmen i.S.d. § 95 II 2 UrhG entnommen werden. Dort ist zunächst anerkannt, dass wirksame technische Maßnahmen nicht mit Geltung für die Zukunft festgelegt werden können.[147] Diese Feststellung trifft nicht nur auf das Internet zu, sie gilt dort im besonderen Maße. Denn auf dem Gebiet der technischen Zugangs- und Kopiersperren im Urheberrecht gibt der Rechteinhaber die Entwicklungsgeschwindigkeit vor, mit der er auf das Überwinden seines bisherigen Kopierschutzes reagieren möchte, da er es in der Hand hat, wann er sein nächstes Werk veröffentlichen will. Im Internet muss der Betreiber sofort auf die Umgehung seiner Sicherungsmechanismen reagieren oder sein Angebot aus dem Netz nehmen. Die Verbesserung von Sicherheitsmaßnahmen muss also in Echtzeit erfolgen. Durch den Zwang zur schnellen Reaktion kann dann häufig nicht die optimale Verbesserung erreicht werden, was dann wiederum das Überwinden der verbesserten Schutzmaßnahme erleichtert.

Dass eine technische Schutzmaßnahme i.S.d. § 95 II 2 UrhG nicht unüberwindbar zu sein braucht, wird aus der Sanktionierung der Überwindung durch § 95 I UrhG geschlossen.[148] Wäre sie unüberwindbar, so wäre eine solche Sanktion überflüssig. Diese Argumentation trifft auch auf Schutzmaßnahmen im Internet zu. Denn auch hier wird eine Sanktion, die Einstufung als unlautere Wettbewerbshandlung, mit der Umgehung verknüpft.

Welche konkreten Anforderungen sind nun an eine Schutzmaßnahme zu stellen? Ausführungen anhand konkreter Schutzmaßnahmen sind durch die Dynamik des technischen

[146] *Rourke, Maureen O*, Fencing Cyberspace: Drawing Borders in a Virtual World. Minnesota Law Review 82 1998, S. 609, 703.

[147] *Wandtke/Wandtke/Ohst*, § 95a Rn. 48; *Haedike FS Dietz*, S. 358.

[148] *Dreier/Schulze/Dreier*, § 95a Rn. 15; *Wandtke/Wandtke/Ohst*, § 95a Rn. 50.

Fortschritts wenig zweckdienlich. Wenn bereits ein Federstrich des Gesetzgebers ganze Bibliotheken zur Makulatur werden lässt[149], bedarf es hier nicht einmal des Gesetzgebers. Ein einzelner Hackerangriff ließe Ausführungen zu einer Schutzmaßnahme obsolet werden. Aus diesem Grund soll versucht werden, grundlegende Kriterien festzulegen, die zur Bestimmung im Einzelfall beitragen können.

Die Wirksamkeit technischer Schutzmaßnahmen ergibt sich zunächst aus dem Stand der Technik, der fließend ist und daher nicht allgemein gültig bestimmt werden kann.

Neben dem Stand der Technik ist insbesondere entscheidend, von wessen Standpunkt aus die Wirksamkeit zu beurteilen ist.[150] In der Diskussion zu § 95 II 2 UrhG wird vorgeschlagen, die Wirksamkeit des technischen Schutzes aus der Sicht eines durchschnittlichen Nutzers zu beurteilen.[151] Wenn das Umgehungsmittel nur einem kleinen Zirkel bekannt ist, so ist es wirksam, wird es hingegen von einem nicht unerheblichen Teil der Nutzer tatsächlich eingesetzt, so ist es unwirksam.[152] Die Schwelle zum nicht mehr durchschnittlichen Nutzer wird von Informatikern überschritten und ist es sicherlich bei professionellen Hackern. Dieses Kriterium kann für Schutzmaßnahmen im Internet übernommen werden. Allerdings muss die Schutzmaßnahme noch ein weiteres Kriterium erfüllen. Ihr Einsatz muss nicht nur für den durchschnittlichen Internetnutzer unüberwindbar, sondern er muss auch für den durschnittlichen Anbieter zumutbar sein. Denn wenn die Existenz der Schutzmaßnahme dem Anbieter Schutz durch das UWG nehmen soll, so muss sie auch für ihn einsetzbar sein. Die Zumutbarkeit kann hier, wie bei den Kosten der Maßnahme, nur im Einzelfall bestimmt werden, wobei sich am durchschnittlichen Anbieter zu orientieren ist. Hierbei sind nicht nur seine Fähigkeiten, sondern auch die Fähigkeiten der von ihm mit der Erstellung des Webauftritts Beauftragten zu berücksichtigen. In den meisten Fällen

[149] Vgl. *von Kirchmann* Die Wertlosigkeit der Jurisprudenz als Wissenschaft. Ein Vortrag, gehalten in der Juristischen Gesellschaft zu Berlin 1848.

[150] Vgl. *Mayer, Hans-Peter*, Richtlinie 2001/29/EG zur Harmonisierung bestimmter Aspekte des Urheberrechts und der verwandten Schutzrechte in der Informationsgesellschaft. EuZW 2002, S. 325, 328.

[151] *Wandtke/ Wandtke/Ohst*, § 95a Rn. 50; *Kröger, Detlef*, Die Urheberrechtsrichtlinie für die Informationsgesellschaft - Bestandsaufnahme und kritische Bewertung. CR 2001, S. 316, 322; a.A. *Lindhorst*, S. 119 der nur „offensichtlich untaugliche“ Maßnahmen als unwirksam einstuft.

[152] *Dreier/Schulze/Dreier*, § 95a Rn. 16.

erstellt der Anbieter nämlich den Auftritt nicht selbst, sondern bedient sich der Leistung Dritter.

f) Ergebnis

Im Ergebnis ist also die These aufzustellen, dass technische Schutzmaßnahmen Einfluss auf die Schutzhöhe beim Mitbewerberschutz zukommt. Können solche, welche die oben aufgezeigten Voraussetzungen erfüllen, zum Einsatz gebracht werden, so spricht dies für eine Ablehnung des Schutzes. Erfüllen sie nicht alle Anforderungen, so können sie nicht die Schutzhöhe auf Null reduzieren, aber verringern.

Abschließend sollen noch einmal die im 2. Kapitel untersuchten Wettbewerbsverstöße unter dieser Prämisse betrachtet werden.

Bei dieser Untersuchung hat sich gezeigt, dass auf Grund der fehlenden Sicherheitsstrukturen des Internets nur wenige effektive Schutzmaßnahmen zur Verfügung stehen. Gegen massenhafte E-Mail-Werbung und die Manipulation von Suchmaschinen bestehen derzeit keine wirklich effektiven Schutzmaßnahmen. Die Einordnung dieser Wettbewerbshandlungen als unlauter ist daher auch unter der Berücksichtigung technischer Schutzmaßnahmen richtig.

Effektive Schutzmaßnahmen bestehen allerdings gegen Deep-Links[153], die grundsätzlich lauter sind[154]. Mit der hier aufgestellten These kann deren Lauterkeit noch ein weiteres Argument hinzugefügt werden, nämlich das Bestehen wirksamer technischer Schutzmaßnahmen gegen Deep-Links.

Die Betrachtung der einzelnen Wettbewerbsverstöße hat aber auch gezeigt, dass technische Schutzmaßnahmen nur in geringem Umfang möglich sind. Dies relativiert derzeit die Bedeutung technischer Schutzmaßnahmen. Bei einer Verbesserung der technischen Struktur des Internets könnte dieser Aspekt aber an Bedeutung gewinnen.

[153] Vgl. B. II. 2.

[154] Vgl. B. II. 3.

5. Bedeutung der Nachahmungsgefahr für die Lauterkeit

Der BGH begründet die Unlauterkeit unverlangter E-Mail-Werbung hauptsächlich mit der ihr anhaftenden Nachahmungsgefahr.[155] Auf Grund ihrer Vorteilhaftigkeit für den Werbenden ist mit einem Nachahmungseffekt bei denjenigen Mitbewerbern zu rechnen, die bislang nicht mittels E-Mail geworben haben, sich aus Wettbewerbsgründen jedoch hierzu gezwungen sehen.[156] Dieser Nachahmungseffekt führt dazu, dass jede einzelne E-Mail-Werbung den Keim zu einem immer weiteren Umsichgreifen in sich trägt.

Ausgehend von dieser Wertung des BGH soll nachfolgend untersucht werden, ob dem Merkmal der Nachahmungsgefahr bei Wettbewerbsverstößen im Internet eine besondere Bedeutung zukommt.

Das Merkmal der Nachahmungsgefahr spielt in zwei Bereichen eine Rolle. Zum einen ist in ständiger Rechtsprechung anerkannt, dass die Nachahmungsgefahr die Unlauterkeit einer Wettbewerbshandlung begründen kann.[157] Zum anderen dient es zur Feststellung, ob eine unlautere Wettbewerbshandlung zu einer nicht nur unerheblichen Wettbewerbsbeeinträchtigung i. S. d § 3 UWG geeignet ist.[158]

Zur Begründung einer relevanten Nachahmungsgefahr ist nicht ausreichend, dass gleichartige Wettbewerbsverstöße in Zukunft zunehmen werden, wenn ihnen nicht eine Nachahmungsgefahr zugesprochen wird.[159] Einem Wettbewerbsverstoß kann eine Nachahmungsgefahr daher nur zugemessen werden, wenn von ihm eine Sogwirkung in der Weise ausgeht, dass ein Wettbewerber, der nicht erhebliche Nachteile erleiden möchte, quasi genötigt ist, die rechtswidrige Wettbewerbspraktik zu übernehmen.[160] Bei der Erörterung

[155] BGH GRUR 2004, 517, 518 - E-Mail-Werbung; siehe B. I. 4. b).

[156] BGH GRUR 2004, 517, 518 - E-Mail-Werbung.

[157] Vgl. BGH NJW 1970, 1738, 1739 - Telefonwerbung I; BGH GRUR 1967, 430, 431 - Grabsteinaufträge; vgl. auch *Lehmann, Michael*, Ist der unbestellte Vertreterbesuch gem. § 1 UWG sittenwidrig? GRUR 1974, S. 133, 138.

[158] *Heidelberger Kommentar/Plaß*, § 3 Rn. 57; *Baumbach/Hefermehl/Köhler*, § 3 Rn. 60. Die Voraussetzungen „nicht nur unerheblich zu beeinträchtigen“ bei § 3 UWG und „wesentlich zu beeinträchtigen“ bei § 13 II Nrn. 1 und 2 UWG a. F. entsprechen sich. (*Heermann, Peter W.*, Die Erheblichkeitsschwelle i.S.d § 3 UWG-E. GRUR 2004, S. 94, 95) Daher kann die zu § 13 II UWG a. F ergangene Rechtsprechung übernommen werden. (*Baumbach/Hefermehl/Köhler*, § 3 Rn. 60)

[159] OLG Karlsruhe NJW-RR, 1996, 1326, 1327 - 50 % Sonder-AFA.

[160] OLG Karlsruhe NJW-RR, 1996, 1326, 1327 - 50 % Sonder-AFA.

der unverlangten E-Mail-Werbung[161] hat sich gezeigt, dass diese zu Recht auf Grund des mit ihr verbundenen Nachahmungseffekts als unlauter einzustufen ist. Betrachtet man, warum E-Mail-Werbung den Keim des Umsichgreifens in sich trägt, so zeigt sich, dass dafür nicht nur die Form der Werbung, sondern gerade die technischen Möglichkeiten des Internets verantwortlich sind. Die grundlegende Methode der Versendung unverlangter Werbung bleibt immer die gleiche. Was sich aber mit dem Grad der Technisierung verändert, ist der Umfang der durch sie betroffenen Verbraucher. Stehen keinerlei technische Mittel zur Verfügung, ist der Werbende auf die persönliche Direktansprache beschränkt. Mit dieser kann er nur wenige potenzielle Kunden erreichen. Nutzt er Brief und Telefon für seine Werbung, so kann er Tausende ansprechen. Bedient er sich der massenhaften Versendung unverlangter E-Mail-Werbung, so erreicht er Hunderttausende. Unverlangte E-Mail-Werbung ist also zumindest in Bezug auf Reichweite jeder anderen Werbeform deutlich überlegen. Diese Überlegenheit fußt auf den technischen Möglichkeiten des Internets. Von dieser Überlegenheit geht eine Sogwirkung aus, die eine Nachahmungsgefahr begründet. Die vom Nachahmen ausgehende Gefahr ist online in vielen Fällen höher als offline. Denn der technisch Versierte kann durch Ausnutzung der technischen Möglichkeiten des Internets seinen Wettbewerbshandlungen eine Tragweite verleihen, die er offline nicht annähernd erreichen könnte.

Dem Merkmal der Nachahmungsgefahr kommt daher bei der lauterkeitsrechtlichen Bewertung von Wettbewerbshandlungen im Internet eine besondere Bedeutung zu. Die Nachahmungsgefahr bei bestimmten Wettbewerbshandlungen im Internet ist von solchem Gewicht, dass sie sowohl die Unlauterkeit als auch eine nicht nur unerhebliche Wettbewerbsbeeinträchtigung zu begründen vermag.

[161] Siehe unter B. I.

D. Endergebnis

I. Zusammenfassende Darstellung

Zum Abschluss sollen die wesentlichen Aussagen der vorliegenden Arbeit kurz zusammengefasst werden.

1. Einzelne Wettbewerbsverstöße

a) Unverlangte E-Mail-Werbung

Es ist zwischen dem umgangssprachlichen Begriff „Spam“ und „E-Mail-Werbung“ i.S.d. § 7 II Nr. 3 UWG abzugrenzen. Nicht jede Spammail ist Werbung. Die meisten rechtlichen Probleme ergeben sich im Zusammenhang mit der Einwilligung. Diese betreffen insbesondere die Form der Einwilligung und den Beweis der Einwilligung. Bei der Ausnahme vom Erfordernis der Einwilligung durch § 7 III UWG stellt die Bestimmung „eigener ähnlicher Waren oder Dienstleistungen“ den Rechtsanwender vor Schwierigkeiten. Das UWG hält grundsätzlich ausreichende Sanktionsmöglichkeiten gegen unlautere E-Mail-Werbung bereit. Der neu eingeführte Gewinnabschöpfungsanspruch in § 10 UWG findet in der Regel keine Anwendung auf E-Mail-Werbung. Schwierigkeiten in der Rechtsdurchsetzung verhindern eine effektive Bekämpfung durch das UWG.

b) Hyperlinks

Zunächst ist zusammenfassend festzustellen, dass Inline-Links grundsätzlich ein Potenzial zur Unlauterkeit innewohnt, wohingegen Deep-Links in der Regel nicht unlauter sind. Eine unlautere Nachahmung gemäß § 4 Nr. 9 UWG wird selten durch einen Deep-Link, aber häufig durch einen Inline-Link begangen. Mit einem Inline-Link wird sich eher an einen Ruf angelehnt, mit einem Deep-Link eher ein Ruf aufgebaut. Eine Werbebehinderung ist durch Deep-Links in fast allen Fällen zu verneinen. Eine Werbebehinderung kommt bei einem Inline-Link nur in Betracht, wenn er auch ein Deep-Link ist. Beide Arten von Links stellen keine Herabsetzung oder Anschwärzung dar, können aber dafür verwendet werden. Sowohl Deep-Links als auch Inline-Links haben die Eignung zur Verschleierung einer Wettbewerbshandlung. Die für eine Verschleierung notwendige Wettbewerbsförderungsabsicht kann aber nicht auf die bloße Verwendung gestützt werden, sie muss in jedem Fall positiv festgestellt werden. Ein Inline-Link ist eher für eine Irreführung geeignet als ein Deep-Link.

c) Beeinflussung von Suchmaschinen

Durch die Beeinflussung von Suchmaschinen werden die Verbesserung des Listenplatzes und die Veränderung der Vorabinformationen in der Trefferliste der Suchmaschine als Ziel verfolgt. Die Beeinflussung der Vorabinformation stellt eine irreführende Werbung (§ 5 UWG) und eine Belästigung (§ 7 I UWG) dar. Die Verbesserung des Listenplatzes ist eine unwahre Spitzengruppenwerbung (§ 5 UWG). Schwierig ist der Nachweis, dass die eingesetzte Manipulationsmethode tatsächlich erfolgreich war.

2. Unlauterkeit

Für die Bestimmung der Unlauterkeit gelten online keine völlig neuen Maßstäbe. Allerdings wird der Wettbewerb durch die Besonderheiten des Internets geprägt, die daher bei der Bestimmung der Lauterkeit zu beachten sind. Als These wird vertreten, dass beim

Schutz des Mitbewerbers im Rahmen der Interessenabwägung, namentlich bei der Schutzhöhe, die Möglichkeit technischer Schutzmaßnahmen berücksichtigt werden sollte. Können solche zum Einsatz gebracht werden, so kann die Wettbewerbshandlung als grundsätzlich lauter betrachtet werden.

Durch die technischen Möglichkeiten des Internets können Wettbewerbsverstöße eine bisher nicht gekannte Massenhaftigkeit erreichen. Dem Merkmal der Nachahmungsgefahr kommt aus diesem Grund bei der Beurteilung internetspezifischer Wettbewerbsverstöße besondere Bedeutung zu.

II. Ausblick

Auch für die Zukunft ist zu erwarten, dass die Beurteilung der internetspezifischen Wettbewerbsverstöße durch die Entwicklung des Internets und des Lauterkeitsrechts ständiger Veränderung unterworfen sein wird.

1. Entwicklung des Internets

Auf Basis der sich momentan in der Entwicklung befindlichen technischen Neuerungen soll eine Prognose zur Zukunft des Internets gewagt werden.[1]

Die rasante Steigerung der Leistungsfähigkeit von Computern führt zu immer kleineren und günstigeren Computern. Computer werden daher im Überfluss vorhanden und allgegenwärtig („Ubiquitous Computing“) sein. Diese Allgegenwärtigkeit wird zu einem „Post-PC-Zeitalter“ führen, in dem der Computer dem Nutzer nicht mehr primär als PC, sondern integriert in Alltagsgegenständen begegnen wird. So werden Arzneimittel, Spielzeuge oder Kleidung nicht nur durch integrierte Informationsverarbeitungsfähigkeit „schlau“, sondern werden auch vernetzt sein, um miteinander zu kommunizieren und auf Ressourcen aus dem Internet zuzugreifen. Diese Vernetzung wird große wirtschaftliche

[1] Die folgende Prognose stützt sich auf *Mattern, Friedemann*, Vom Handy zum allgegenwärtigen Computer : ubiquitous computing: Szenarien einer informatisierten Welt. 2002 ⟨URL: `http://library.fes.de/fulltext/stabsabteilung/01183.htm`⟩ - Zugriff am 20.12.2005.

Bedeutung erlangen. Insbesondere durch den Einsatz von Sensoren, mit denen Alltagsgegenstände feststellen können, in welcher Umgebung sie sich gerade befinden, werden innovative Produkte und neue Services möglich werden. Angedacht seien hier nur die Möglichkeiten elektronischer Etiketten: Werden etwa Lebensmittelverpackungen mit diesen versehen, kann dann ein intelligenter Kühlschrank selbständig deren Bestand und Haltbarkeit überwachen. Eine solche informatisierte Alltagswelt mit Gegenständen, die Teilaspekte ihrer Umwelt erfassen und miteinander kommunizieren, wird neue wettbewerbsrechtliche Probleme aufwerfen. Die zentrale Frage wird meiner Ansicht dabei der Umgang mit Informationen sein. Konnte bisher nur das Verhalten des Kunden auf der Webseite des Anbieters aufgezeichnet werden, kann bei allgegenwärtigen Computern nicht nur eine solche „Online-Historie", sondern auch eine „Offline-Historie" über das Verhalten des Kunden im realen Raum angelegt werden. In welchem Umfang dürfen die Wettbewerber derartige Informationen erheben und verwenden? In einer Welt mit Techniken des Ubiquitous Computing werden die Grenzen zwischen „online" und „offline" verschwimmen. Der Kunde wird in immer mehr Lebenssituation für die Unternehmer erreichbar sein. Eine bedeutende Rolle für die lauterkeitsrechtliche Bewertung von Wettbewerbshandlungen wird daher dem in § 1 UWG statuierten Schutz der Verbraucher zukommen. Der bereits beschriebene Interessenkonflikt[2] zwischen dem Interesse der Verbraucher an optimaler Information und gleichzeitigem Schutz ihrer Privatsphäre wird sich noch vertiefen.

2. Entwicklung des Lauterkeitsrechts

Neben dem technischen Fortschritt wird auch die europäische Rechtsentwicklung Einfluss auf die zukünftige Beurteilung der internetspezifischen Wettbewerbsverstöße nehmen. Am 12. Juni 2005 ist die Richtlinie über unlautere Geschäftspraktiken[3] in Kraft getreten,

[2] Vgl. oben: C. III. 3. c).

[3] Richtlinie 2005/29/EG des Europäischen Parlaments und des Rates vom 11. Mai 2005 über unlautere Geschäftspraktiken im binnenmarktinternen Geschäftsverkehr zwischen Unternehmen und Verbrauchern und zur Änderung der Richtlinie 84/450/EWG des Rates, der Richtlinien 97/7/EG, 98/27/EG und 2002/65/EG des Europäischen Parlaments und des Rates sowie der Verordnung (EG) Nr. 2006/2004 des Europäischen Parlaments und des Rates (Richtlinie über unlautere Geschäftsprak-

die bis zum 12. Juni 2007 in nationales Recht umzusetzen ist. Diese Richtlinie zwingt daher zu Überlegungen über Änderungen des novellierten UWG, also zu Überlegungen über die Reform der Reform.

Der Anwendungsbereich der Richtlinie ist auf den Schutz wirtschaftlicher Verbraucherinteressen beim Geschäftsverkehr zwischen Unternehmen und Verbrauchern beschränkt.[4] Innerhalb dieses Anwendungsbereichs erfolgt eine Vollharmonisierung.[5] Kernstück der Richtlinie ist das allgemeine Verbot unlauterer Geschäftspraktiken durch die Generalklausel in Art. 5 der Richtlinie.[6] Diese Generalklausel wird durch die Spezialtatbestände der irreführenden und aggressiven Geschäftspraktiken konkretisiert. Diese werden ihrerseits durch eine im Anhang I geregelte „schwarze Liste“ unlauterer Geschäftspraktiken ergänzt.

Welcher Umsetzungsbedarf im Einzelnen besteht, ist weitgehend ungeklärt. Im Rahmen dieses Ausblicks soll diese Diskussion nicht vertieft, sondern nur deren Diskussionsgegenstand verdeutlicht werden. Grundsätzlich ist davon auszugehen, dass der Rechtsanwender sich ab dem 12. Juni 2007 nicht erneut mit einer völlig neuen Rechtslage beschäftigen muss. Die Richtlinie und das jetzige UWG sind weitgehend kompatibel.[7] Dennoch stehen einige Änderungen zur Diskussion, von denen exemplarisch drei genannt sein sollen. So erfasst die Richtlinie gemäß Art. 5 I „Geschäftspraktiken“, die sie als jede Handlung, die unmittelbar mit der Absatzförderung dem Verkauf oder der Lieferung eines Produkts an Verbraucher zusammenhängt, definiert[8]. Erfasst werden also auch Handlungen nach

tiken), ABl.EG Nr. L 149/22.

[4] Vgl. Art. 1 und 3 I Richtlinie 2005/29/EG. Es wird hier vom Business-to-Consumer-Bereich (B2C-Bereich) gesprochen. Vgl. zum Anwendungsbereich auch *Helm, Horst*, Der Abschied vom „verständigen“ Verbraucher. WRP 2005, S. 931, 931.

[5] Vgl. Art. 1 Richtlinie 2005/29/EG.

[6] Vgl. zu den Grundzügen der Richtlinie: *Seichter, Dirk*, Der Umsetzungsbedarf der Richtlinie über unlautere Geschäftspraktiken. WRP 2005, S. 1087, 1088; *Gamerith, Helmut*, Der Richtlinienvorschlag über unlautere Geschäftspraktiken - Möglichkeiten einer harmonischen Umsetzung. WRP 2005, S. 391, 415.

[7] *Seichter, Dirk*, Der Umsetzungsbedarf der Richtlinie über unlautere Geschäftspraktiken. WRP 2005, S. 1087, 1095; *Henning-Bodewig, Frauke*, Richtlinienvorschlag über unlautere Geschäftspraktiken und UWG-Reform. GRURInt 2004, S. 183, 193.

[8] Vgl. die ausführliche Definition in Art. 2 lit. d.

Vertragsschluss, die im deutschen Recht keine Wettbewerbshandlungen darstellen[9]. Aus diesem Grund wird der in § 2 Nr. 1 UWG definierte Begriff der Wettbewerbshandlung auf Handlungen nach Vertragsschluss auszudehnen sein.

Ungeklärt ist, wie die „schwarze Liste" im Anhang I mit insgesamt 31 Fallkonstellationen, die unter allen Umständen als unlauter gelten, umgesetzt werden kann. Die Meinungen in der Literatur liegen bei dieser Frage weit auseinander. Sie reichen von der Ansicht, dass kein Umsetzungsbedarf bestünde[10], da der Anhang nur die Generalklausel konkretisiere, bis zur Forderung, die gesamte Liste in das deutsche Recht zu übernehmen[11].

Schließlich besteht noch Diskussion, inwieweit die bestehenden Informationspflichten des UWG zur Umsetzung der in Art. 7 IV der Richtlinie vorgesehenen umfangreichen Informationspflichten ergänzt werden müssen.

3. Zusammenfassung

Die Entwicklung des Internets und die anstehende Umsetzung der Richtlinie über unlautere Geschäftspraktiken werden das Gebiet der internetspezifischen Wettbewerbsverstöße in Bewegung und spannend halten.

---

9 *Baumbach/Hefermehl/Köhler*, § 2 Rn. 53.

10 *Glöckner, Jochen*, Richtlinienvorschlag über unlautere Geschäftspraktiken, deutsches UWG oder die schwierige Umsetzung von europäischen Generalklauseln. WRP 2004, S. 936, 939.

11 *Seichter, Dirk*, Der Umsetzungsbedarf der Richtlinie über unlautere Geschäftspraktiken. WRP 2005, S. 1087, 1095.

Literaturverzeichnis

Alexander, Christian: Die strafbare Werbung in der UWG-Reform. WRP 2004, S. 407–421

Alisch, Katrin (u. a.): Gabler Wirtschaftslexikon. 16. Auflage, Wiesbaden 2004

Amelung, Knut/Eymann, Frieder: Die Einwilligung des Verletzten im Strafrecht. JuS 2001, S. 937–946

Apostolopoulos, Haris: Einige Gedanken zur Auslegung der nationalen Generalklausel im Hinblick auf eine Vollharmonisierung des europäischen Lauterkeitsrechts. WRP 2005, S. 152–157

Arndt, Hans-Wolfgang/Köhler, Markus: Elektronischer Handel nach der E-Commerce-Richtlinie. EWS 2001, S. 102–112

Arzt, Gunther: Willensmängel bei der Einwilligung. Frankfurt a.M. 1970

Ayad, Patrick: E-Mail-Werbung - Rechtsgrundlage und Regelungsbedarf. CR 2001, S. 533–544

Ayad, Patrick/Schafft, Thomas: Einwilligung ins Direktmarketing - formularmäßig unwirksam? BB 2001, S. 1711–1716

Badura, Peter: Wirtschaftsverfassung und Wirtschaftsverwaltung. 2. Auflage, Frankfurt a.M. 2005

Barton, Dirk: E-Mail-Kontrolle durch Arbeitgeber. CR 2003, S. 839–844

Bassenge, Peter (u.a): Bürgerliches Gesetzbuch. 64. Auflage, München 2005

Baston-Vogt, Marion: Der sachliche Schutzbereich des zivilrechtlichen allgemeinen Persönlichkeitsrechts. Tübingen 1997

Beater, Axel: Schutzzweckdenken im Recht gegen den unlauteren Wettbewerb. JZ 1997, S. 916–922

Beater, Axel: Unlauterer Wettbewerb. München 2002

Beater, Axel: Verbraucherverhalten und Wettbewerbsrecht, in: Festschrift für Winfried Tilmann, hrsg. von Erhard Keller u. a. Köln 2003, S. 87–104

Bechtold, Rainer: Kartellgesetz. 3. Auflage, München 2002

Becker, Ina: Der Schutz selektiver Vertriebssysteme vor Außenseitern unter der Berücksichtung der neuen Rechtsprechung des BGH. Konstanz 2003

Behrens, Karl Christian (Hrsg.): Handbuch der Werbung. Wiesbaden 1970

Berger, Christian: Rechtliche Rahmenbedingungen anwaltlicher Dienstleistungen über das Internet. NJW 2001, S. 1530–1536

Berlit, Wolfgang: Das neue Markenrecht. 3. Auflage, München 1999 (zitiert: *Berlit*, Markenrecht)

Berlit, Wolfgang: Vergleichende Werbung. München 2002

Berlit, Wolfgang: Wettbewerbsrecht anhand ausgewählter Rechtsprechung. 4. Auflage, München 2002

Berlit, Wolfgang: Anmerkung zum Urteil des BGH v. 22.07.2004 - soco.de. LMK 2005, S. 41–43

Berlit, Wolfgang: Wettbewerbsrecht anhand ausgewählter Rechtsprechung. 6. Auflage, München 2005

Bettinger, Torsten/Leistner, Matthias: Werbung und Vertrieb im Internet. Köln 2003

Bodewig, Theo: Elektronischer Geschäftsverkehr und Unlauterer Wettbewerb. GRURInt 2000, S. 475–483

Boehme-Neßler, Volker: Europäisches Internetrecht. EWS 2001, S. 149–156

Boesche, Katharina Vera: Wettbewerbsrecht. Berlin 2005

Bollacher, Philipp: Internationales Privatrecht, Urheberrecht und Internet. Frankfurt a.M. 2005

Bopp, Thomas: Sklavischer Nachbau technischer Erzeugnisse - Anmerkungen zu BGH - Vakuumpumpen -. GRUR 1997, S. 34–40

Borck, Hans-Günther: Zuckerbrot und Peitsche für Verbände. WRP 1978, S. 161–169

Bornkamm, Joachim: Wettbewerbs- und Kartellrechtsprechung zwischen nationalem und europäischem Recht, in: Festschrift aus Anlaß des fünfzigjährigen Bestehens von Bundesgerichtshof, Bundesanwaltschaft und Rechtsanwaltschaft beim Bundesgerichtshof, hrsg. von Karlmann Geiß u. a. Köln 2000, S. 343–373 (zitiert: *Bornkamm*, FS 50 Jahre Bundesgerichtshof)

Bornkamm, Joachim: Markenrecht und wettbewerbsrechtlicher Kennzeichenschutz. GRUR 2005, S. 97–102

Bous, Ulrich: Die Kehrtwende des BGH bei Auslegung des Begriffs der Ähnlichkeit von Waren und Dienstleistungen - Zugleich der Versuch einer Begriffsbestimmung. GRUR 2002, S. 19–26

Bräutigam, Peter/Leupold, Andreas: Online-Handel. München 2003

Bröcker, Tim/Czychowski, Christian/(Hrsg.), Detmar Schäfer: Praxishandbuch Geistiges Eigentum im Internet. München 2003

Brönneke, Tobias (Hrsg.): Kollektiver Rechtsschutz im Zivilprozeßrecht. Baden-Baden 2001

Bunte, Hermann-Josef: Kartellrecht. München 2003

Bunte, Hermann-Josef (Hrsg): Kommentar zum deutschen und europäischen Kartellrecht. 9. Auflage, Neuwied 2001

Busche, Jan/Kraft, Hartmut: Werbung per electronic mail: Eine neue Herausforderung für das Wettbewerbsrecht? WRP 1998, S. 1142–1151

Böhm, Steffen: Telefonmehrwertdienste und Angabe des Entgelts. MMR 1998, S. 519–522

Börsch, Boris: Sind Hyperlinks rechtmäßig? Münster 2002

Büchner, Wolfgang (Hrsg.): Beck'scher TKG-Kommentar. 2. Auflage, München 2000

Bücking, Jens: Liberalisierung im Vergabewesen deutscher Domainadressen? - DENIC und die "Essential Facilities"-Doktrin. GRUR 2002, S. 27–35

Bühring, Dietrich: Der Einsatz von Laien als Werber unter Gewährung einer Werbeprämie. WRP 1958, S. 321–324

Calliess, Christian/Ruffert, Matthias: Kommentar des Vertrages über die Europäische Union und des Vertrages zur Gründung der Europäischen Gemeinschaft. Neuwied 2002

Canaris, Claus-Wilhelm: Systemdenken und Systembegriff in der Jurisprudenz. 2. Auflage, Berlin 1983

Christiansen, Per: Selbstregulierung, regulatorischer Wettbewerb und staatliche Eingriffe im Internet. MMR 2000, S. 123–129

Cramer, Boris: Grauer Kapitalmarkt und UWG. Berlin 2001

Dickmann, Roman: Inhaltliche Ausgestaltung von Regelungen zur privaten Internetnutzung im Betrieb. NZA 2003, S. 1009–1013

Dieselhorst, Jochen/Schreiber, Lutz: Die Rechtslage zum E-Mail-Spamming in Deutschland. CR 2004, S. 680–684

Dittrich, Jörg: Zur Frage der urheber- und wettbewerbsrechtlichen Zulässigkeit von Hyperlinks. ⟨URL: `http://www.jurpc.de/aufsatz/20020072.htm`⟩ – Zugriff am 27.07.2004

Drasch, Wolfgang: Das Herkunftslandprinzip im internationalen Privatrecht. Baden-Baden 1997

Dreier, Thomas/Moritz, Hans-Werner (Hrsg.): Rechts-Handbuch zum E-Commerce. Köln 2002

Dreier, Thomas/Schulze, Gernot: Urheberrechtsgesetz. München 2004

Drexl, Josef: Die wirtschaftliche Selbstbestimmung des Verbrauchers. Tübingen 1998

Drygala, Tim: Die Vollharmonisierung des Vertriebsrechts für Finanzdienstleistungen im Fernabsatz, in: Festschrift für Marcus Lutter zum 70. Geburtstag, hrsg. von Uwe H. Schneider u.a. Köln 2000, S. 1563–1583

Dustmann, Andreas: Die privilegierten Provider. Baden-Baden 2001

Däubler, Wolfgang: Internet und Arbeitsrecht. 2. Auflage, Frankfurt a.M. 2002

Dörr, Dieter/Haus, Florian: Das Wettbewerbsrecht des EGV. JuS 2001, S. 313–319

Eckhardt, Jens: Anmerkung zum Urteil des BGH v. 22.11.2001 - II ZR 5/01. CR 2002, S. 109–111

Eckhardt, Jens: Anmerkung zum Beschluß des LG Berlin v. 19.09.2002 - 16 o 515/02. CR 2003, S. 220–222

Eckhardt, Jens: Datenschutzrichtlinie für elektronische Kommunikation - Auswirkungen auf Werbung mittels elektronischer Post. MMR 2003, S. 557–562

Eckhardt, Jens: Anmerkung zum Urteil des BGH v. 11.3.2004 - I ZR 81/01 - E-Mail-Werbung. CR 2004, S. 448–451

Eggers, Christofer: Vertikale vertragliche Vertriebsbindungssysteme für Markenartikel. Konstanz 1990

Eisenführ, Günther: So ähnlich wie gleichartig. GRUR 1998, S. 214–217

Ekey, Friedrich (Hrsg.): Heidelberger Kommentar zum Wettbewerbsrecht. 2. Auflage, Heidelberg 2005

Emmerich, Volker: Wettbewerbsbeschränkungen durch die Rechtsprechung, in: Festschrift für Joachim Gernhuber zum 70. Geburtstag, hrsg. von Hermann Lange u. a. Tübingen 1993, S. 857–877

Emmerich, Volker: Unlauterer Wettbewerb. 7. Auflage, München 2004

Engels, Stefan/Salomon, Thomas: Vom Lauterkeitsrecht zum Verbraucherschutz: UWG-Reform 2003. WRP 2004, S. 32–44

Engler, Cornelia: Unterlassungs und Vertragsstrafeansprüche von Wettbewerbsverbänden nach der Neuregelung ihres Klagerechts durch das Gesetz zur Änderung des UWG. NJW 1995, S. 2185–2190

Ernst, Stefan: Internet und Recht. JuS 1997, S. 776–782

Ernst, Stefan: Rechtliche Fragen bei der Verwendung von Hyperlinks im Internet. NJW-CoR 1997, S. 224–228

Ernst, Stefan: Wirtschaftsrecht im Internet. BB 1997, S. 1057–1062

Ernst, Stefan: Der Arbeitgeber, die E-Mail und das Internet. NZA 2002, S. 585–591

Ernst, Stefan: Anmerkung zum Urteil des BGH v. 17.07.2003 - Paperboy. ZUM 2003, S. 860–861

Ernst, Stefan: Die wettbewerbsrechtliche Relevanz der Online-Informationspflichten des § 6 TDG. GRUR 2003, S. 759–762

Ernst, Stefan: Suchmaschinenmarketing (Keyword-Advertising, Doorwaypages u.ä.) im Wettbewerbs- und Markenrecht. WRP 2004, S. 278–282

Ernst, Stefan: Rechtliche Probleme des Suchmaschinen-Marketings. ITRB 2005, S. 91–93

Ernst, Stefan/Vassilaki, Irini/Wiebe, Andreas: Hyperlinks: Rechtsschutz, Haftung, Gestaltung. Köln 2002

Esser, Josef: Grundsatz und Norm in der richterlichen Fortbildung des Privatrechts. 3. Auflage, Tübingen 1974

Faulstich, Anja: Die wettbewerbs- und kennzeichenrechtliche Beurteilung von Online-Marketing. Frankfurt a.M. 2002

Federer, Georg: Das Wettbewerbsverhältnis im Gesetz gegen den unlauteren Wettbewerb. München 1990

Fezer, Karl-Heinz: Verantwortete Marktwirtschaft. JZ 1990, S. 657–663

Fezer, Karl-Heinz: Markenrecht. 3. Auflage, München 2001

Fezer, Karl-Heinz: Modernisierung des deutschen Rechts gegen den unlauteren Wettbwerb auf der Grundlage einer Europäisierung des Wettbewerbsrechts. WRP 2001, S. 989–1022

Fezer, Karl-Heinz: Das wettbewerbsrechtliche Vertragsauflösungsrecht in der UWG-Reform. WRP 2003, S. 127–143

Fezer, Karl-Heinz (Hrsg.): Lauterkeitsrecht. München 2005

Fikentscher, Wolfgang: Schuldrecht. 9. Auflage, Berlin 1997

Fikentscher, Wolfgang/Möllers, Thomas: Die (negative) Informationsfreiheit als Grenze von Werbung und Kunstdarbietung. NJW 1998, S. 1337–1344

Fischer, Florian: Politische Aussagen in der kommerziellen Produktwerbung. GRUR 1995, S. 641–648

Fischer, Gerfried: Die mutmaßliche Einwilligung bei ärztlichen Eingriffen, in: Festschrift für Erwin Deutsch zum 70. Geburtstag, hrsg. von Jürgen Ahrens u. a. Köln 1999, S. 545–559

Fischer, Thomas: Strafgesetzbuch und Nebengesetze. 53. Auflage, München 2006

Frank, Thomas: You´ve got (Spam-)Mail. CR 2004, S. 123–129

Frank, Thomas: Zur strafrechtlichen Bewältigung des Spamming. Berlin 2004

Fricke, Martin: Kein Anschluß unter dieser Nummer - Zur Situation der "Telefonwerbung" in der Versicherungsbranche nach BGH, NVersZ 1999, 360 und 445. NVersZ 1999, S. 407–411

Funk, Axel: Wettbewerbsrechtliche Grenzen von Werbung per E-Mail. CR 1998, S. 411–420

Gamerith, Helmut: Neue Herausforderungen für ein europäisches Lauterkeitsrecht. WRP 2003, S. 143–172

Gamerith, Helmut: Der Richtlinienvorschlag über unlautere Geschäftspraktiken - Möglichkeiten einer harmonischen Umsetzung. WRP 2005, S. 391–438

Geiger, Rudolf: EUV/EGV. 3. Auflage, München 2000

Geis, Norbert: Das Lauterkeitsrecht in der rechtspolitischen Diskussion, in: Festschrift für Winfried Tilmann, hrsg. von Erhard Keller u. a. Köln 2003, S. 121–133

Geiseler-Bonse, Sebastian: Internet-Suchmaschinen als rechtliches Problemfeld. Frankfurt a.M. 2003

Gloy, Wolfgang/Bruhn, Dirk: Die Zulässigkeit von Preisvergleichen nach der Richtlinie 97/55/EG - Kehrtwende oder Kontinuität? GRUR 1998, S. 226–239

Gloy, Wolfgang/Loschelder, Michael (Hrsg.): Handbuch des Wettbewerbsrechts. 3. Auflage, München 2005

Glöckner, Jochen: „Cold Calling“ und europäische Richtlinie zum Fernabsatz - ein trojanisches Pferd im deutschen Lauterkeitsrecht. GRURInt 2000, S. 29–37

Glöckner, Jochen: Richtlinienvorschlag über unlautere Geschäftspraktiken, deutsches UWG oder die schwierige Umsetzung von europäischen Generalklauseln. WRP 2004, S. 936–945

Glöggler, Michael: Suchmaschinen im Internet. Heidelberg 2003

Gounalakis, Georgios: Der Mediendienste-Staatsvertrag der Länder. NJW 1997, S. 2993–3000

Gounalakis, Georgios (Hrsg.): Rechtshandbuch Electronic Business. München 2003

Grandpierre, Andreas: Herkunftsprinzip kontra Marktortanknüpfung. Frankfurt a.M. 1999

Grauel, Holger/Luhrenberg, Klaus: Mehrerlösabschöfpung im UWG? WRP 1980, S. 521–525

Greger, Reinhard: Verbandsklage und Prozeßrechtsdogmatik - Neue Entwicklungen in einer schwierigen Beziehung. ZZP 113 (2000), S. 399–412

Gräf, Lorenz/Krajewski, Markus: Soziologie des Internet. Frankfurt a.M. 1997

Gummig, Christian: Rechtsfragen bei Werbung im Internet. ZUM 1996, S. 573–583

Götting, Horst-Peter: Ergänzender wettbewerbsrechtlicher Leistungsschutz. Mitt 2005, S. 12–20

Günther, Andreas: Erwünschte Regelung unerwünschter Werbung? CR 1999, S. 172–184

Haedike, Maximilian: Die Umgehung technischer Schutzmaßnahmen durch Dritte als mittelbare Urheberrechtsverletzung, in: Festschrift für Adolf Dietz, hrsg. von Peter Ganea u. a. München 2001, S. 349–364

Harte-Bavendamm, Henning/Henning-Bodewig, Frauke (Hrsg.): Gesetz gegen den unlauteren Wettbewerb (UWG). München 2004

Hayek, Friedrich von: Der Wettbewerb als Entdeckungsverfahren. Kiel 1968

Heermann, Peter W.: Die Erheblichkeitsschwelle i.S.d § 3 UWG-E. GRUR 2004, S. 94–99

Hefermehl, Wolfgang: Die Konkretisierung der wettbewerbsrechtlichen Generalklausel durch Rechtsprechung und Lehre, in: Gewerblicher Rechtsschutz und Urheberrecht in Deutschland, in: Festschrift zum hundertjährigen Bestehen der Deutschen Vereinigung für Gewerblichen Rechtsschutz und Urheberrecht, hrsg. von der Vereinigung durch Friedrich-Karl Beier u. a. Weinheim 1991, S. 897–937

Hefermehl, Wolfgang/Baumbach, Adolf: Wettbewerbsrecht. 22. Auflage, München 2001

Heidrich, Joerg/Tschoepe, Sven: Rechtsprobleme der E-Mail-Filterung. MMR 2004, S. 75–80

Hellenschmidt, Klaus: Die unmittelbare Leistungsübernahme. München 1980

Helm, Horst: Der Abschied vom „verständigen“ Verbraucher. WRP 2005, S. 931–940

Henning-Bodewig, Frauke: Die wettbewerbsrechtliche Haftung von Massenmedien. GRUR 1981, S. 867–878

Henning-Bodewig, Frauke: Die Tarnung von Werbung. GRURInt 1991, S. 858–869

Henning-Bodewig, Frauke: Werbung im Kinospielfilm - Die Situation nach „Feuer, Eis & Dynamit“ -. GRUR 1996, S. 321–330

Henning-Bodewig, Frauke: Richtlinienvorschlag über unlautere Geschäftspraktiken und UWG-Reform. GRURInt 2004, S. 183–193

Heyms, Sybille/Prieß, Christiane: Werbung Online. Berlin 2002

Hintz, Bernd: Die Bedeutung des Wettbewerbsverhältnisses für die Anwendung des UWG. GRUR 1988, S. 173–180

Hirtz, Bernd: Der Rechtsbegriff „Gute Sitten“ in § 1 UWG. GRUR 1986, S. 110–115

Hoeren, Thomas: Cybermanners und Wettbewerbsrecht - Einige Überlegungen zum Lauterkeitsrecht im Internet. WRP 1997, S. 993–998

Hoeren, Thomas: Vorschlag für eine EU-Richtlinie über E-Commerce. MMR 1999, S. 192–199

Hoeren, Thomas: Anmerkung zum Urteil des LG Bonn v. 07.08.2001 - 2 O 450/00. CR 2002, S. 295–296

Hoeren, Thomas: Keine wettbewerbsrechtlichen Bedenken mehr gegen Hyperlinks ? - Anmerkungen zum BGH-Urteil „Paperboy“. GRUR 2004, S. 1–6

Hoeren, Thomas: Werbung im WWW - aus der Sicht des neuen UWG. MMR 2004, S. 643–648

Hoeren, Thomas/Sieber, Ulrich: Handbuch Multimedia-Recht. 9. Auflage, München Stand: April 2004

Hoffmann, Helmut: Die Entwicklung des Internet-Rechts bis Mitte 2004. NJW 2004, S. 2569–2576

Hoffrichter-Daunicht, Christiane: Unlauterer Wettbewerb auf dem Spendenmarkt?, in: Festschrift für Otto-Friedrich Frhr. v. Gamm, hrsg. von Willi Erdmann u. a. Köln 1990, S. 39–47

Holtkotte, Carolin: Marken- und wettbewerbsrechtliche Probleme bei Suchmaschinen. Berlin 2003

Holznagel, Bernd/Kussel, Stephanie: Möglichkeiten und Risiken bei der Bekämpfung rechtsradikaler Inhalte im Internet. MMR 2001, S. 347–352

Hoppmann, Erich: Die Abgrenzung des relevanten Marktes im Rahmen der Mißbrauchsaufsicht über marktbeherrschende Unternehmen. Baden-Baden 1974

Hopt, Klaus J./Merkt, Hanno: Handelsgesetzbuch. 31. Auflage, München 2003

Härting, Niko/Eckart, Christian: Provider gegen Spammer. CR 2004, S. 119–122

Härting, Niko/Schirmbacher, Martin: Internetwerbung und Wettbewerbsrecht. ITRB 2005, 16–18

Hüffer, Uwe: Aktiengesetz. 6. Auflage, München 2004

Illing, Helena: Die gesetzliche Neuregelung vergleichender Werbung unter der Berücksichtigung ihrer Entstehung und ihrer Auswirkungen auf die Werbewirtschaft. München 2002

Immenga, Ulrich/Mestmacker, Ernst-Joachim: Gesetz gegen Wettbewerbsbeschränkungen. 3. Auflage, München 2001

Imping, Andreas: Anmerkung zum Urteil des BGH v. 16.03.1999. MDR 1999, S. 857–858

Ingerl, Reinhard/Rohnke, Christian: Markengesetz. 2. Auflage, München 2003

Irgel, Lutz: Was sind public relations? MA 1974, S. 510–512

Jauernig, Othmar (Hrsg.): Bürgerliches Gesetzbuch. 10. Auflage, München 2003

Joachim Bornkamm, Helmur Köhler und: Wettbewerbsrecht. 23. Auflage, München 2004

Jofer, Robert/Wegerich, Christine: Betriebliche Nutzung von E-Mail-Diensten: Kontrollbefugnisse des Arbeitgebers. K&R 2002, S. 235–240

Jopich, Brigitte: Das Internet als Informationsnetz. CR 2003, S. 504–509

Jost, Peter-J.: Der Transaktionsansatz in der Betriebswirtschaftslehre. Stuttgart 2001

Jung, Peter: Die Bedeutung der Selbstregulierung für das Lauterkeitsrecht in internationalen Computernetzwerken. GRURInt 1998, S. 841–851

Jöhri, Yvonne: Werbung im Internet. Zürich 2000

Kaminski, Bert (Hrsg.): Rechtshandbuch E-Business. Neuwied 2002

Karzaunikat, Stefan: Google zugemüllt. C´t 2003, S. 88–91

Kaspersen, Henrik: Everything you would (not) like to know about SPAM, in: Festschrift für Wofgang Kilian zum 65. Geburtstag , hrsg. von Jürgen Taeger u. a. Baden-Baden 2004, S. 479–492

Keßler, Jürgen: „Marktordnung, Wettbewerb und Meinungsfreiheit" - wettbewerbstheoretische und verfassungsrechtliche Aspekte des § 6e UWG. WRP 1987, S. 75–82

Kieninger, Eva-Maria: Verbot des Multi-Level-Marketing in Deutschland - Verstoß gegen die Warenverkehrsfreiheit des EG-Vertrags? EWS 1998, S. 277–288

Kießling, Erik/Kling, Michael: Die Werbung mit Emotionen. WRP 2002, S. 615–627

Kiethe, Kurt: Der Schaden beim Unternehmenskauf - Probleme der Anspruchsdurchsetzung -. DStR 1995, S. 1756–1763

Kirchmann, Julius Hermann von: Die Wertlosigkeit der Jurisprudenz als Wissenschaft (Nachdruck der 1848 erstmals erschienen Schrift). Heidelberg 1988

Klauss, Gerd: Die Bestimmung der Marktmacht. Berlin 1975

Koch, Frank: Grundlagen des Urheberrechtsschutzes im Internet und in Online-Diensten. GRUR 1997, S. 417–430

Koch, Frank: Perspektiven für die Link- und Suchmaschinen-Haftung. CR 2004, S. 213–218

Koch, Harald: Die Verbandsklage in Europa. ZZP 113 2000, S. 413–441

Koch, Robert: Haftung für die Weiterverbreitung von Viren durch E-Mails. NJW 2004, S. 801–807

Kohte, Wolfhard: Die rechtfertigende Einwilligung. AcP 185 (1985), S. 105–161

Kraft, Alfons: Interessenabwägung und gute Sitten im Wettbewerbsrecht. München 1963

Kraft, Alfons: Gemeinschaftsschädliche Wirtschaftsstörungen als unlauterer Wettbewerb? GRUR 1980, S. 966–969

Krimphove, Dieter: Europäisches Wettbewerbsrecht. München 2002

Kröger, Detlef: Die Urheberrechtsrichtlinie für die Informationsgesellschaft - Bestandsaufnahme und kritische Bewertung. CR 2001, S. 316–324

Kurose, James/Ross, Keith: Computer Networking. Boston 2005

Köhler, Helmut: Die wettbewerbsrechtlichen Abwehransprüche (Unterlassung, Beseitigung, Widerruf). NJW 1992, S. 137–143

Köhler, Helmut: UWG-Reform und Verbraucherschutz. GRUR 2003, S. 265–272

Köhler, Helmut: Das neue UWG. NJW 2004, S. 2121–2127

Köhler, Helmut/Bornkamm, Joachim/Henning-Bodewig, Frauke: Vorschlag für eine Richtlinie zum Lauterkeitsrecht und eine UWG-Reform. WRP 2002, S. 1317–1328

Köhler, Helmut/Lettl, Tobias: Das geltende europäische Lauterkeitsrecht, der Vorschlag für eine EG-Richtlinie über unlautere Geschäftspraktiken und die UWG-Reform. WRP 2003, S. 1019–1057

Köhler, Helmut/Piper, Henning: Gesetz gegen den unlauteren Wettbewerb. 3. Auflage, München 2002

Köhler, Markus/Arndt, Hans-Wolfgang: Recht des Internet. 4. Auflage, Heidelberg 2003

Lackner, Karl/Kühl, Kristian: Strafgesetzbuch. 25. Auflage, München 2004

Ladeur, Karl-Heinz: Das Werberecht der elektronischen Medien. Heidelberg 2004

Larenz, Karl: Lehrbuch des Schuldrechts, Band I. 14. Auflage, München 1987 (zitiert: *Larenz*, Schuldrecht I)

Larenz, Karl: Methodenlehre der Rechtswissenschaft. 6. Auflage, Berlin 1991

Lehmann, Michael: Ist der unbestellte Vertreterbesuch gem. § 1 UWG sittenwidrig? GRUR 1974, S. 133–141

Lehmann, Michael: Rechtsgeschäfte und Verantwortlichkeit im Netz - Der Richtlinienvorschlag der EU - Kommission. ZUM 1999, S. 180–184

Lehmann, Michael (Hrsg.): Electronic Business in Europa. München 2002

Lehmler, Lutz: Das Recht des unlauteren Wettbewerbs. Neuwied 2002

Lehr, Dirk: Wettbewerbsrecht. 2. Auflage, Heidelberg 2004

Leible, Stefan/Sosnitza, Olaf: Telefonwerbung und Fernabsatzrichtlinie. KR 1998, S. 283–292

Leible, Stefan/Wildemann, Andree: Anmerkung zum Urteil des BGH v. 4.3.2004 III ZR 96/03. K&R 2004, S. 288–290

Leisse, Gerd/Traub, Fritz: Schadensschätzung im unlauteren Wettbewerb. GRUR 1980, S. 1–14

Leistner, Matthias: Anmerkung zum Urteil des OLG Düsseldorf vom 29.06.1999 - baumarkt.de. CR 2000, S. 187–188

Leistner, Matthias/Bettinger, Torsten: Creating Cyberspace. Beilage CR 1999, S. 1–32

Leistner, Matthias/Pothmann, Julia: Direktwerbung im neuen europäischen Recht und in der UWG-Reform. WRP 2003, S. 815–831

Lessig, Lawrence: Code und andere Gesetze des Cyberspace. Berlin 2001

Lettl, Tobias: Rechtsfragen des Direktmarketings per Telefon und e-mail. GRUR 2000, S. 977–984

Lettl, Tobias: Die AGB-rechtliche Relevanz einer Option in der formularmäßigen Einwilligungserklärung zur Telefonwerbung. NJW 2001, S. 42–43

Lettl, Tobias: Das neue UWG. München 2004

Lettl, Tobias: Der Schutz der Verbraucher nach der UWG-Reform. GRUR 2004, S. 449–461

Leupold, Andreas: Die massenweise Versendung von Werbe-eMails: Innovatives Direktmarketing oder unzumutbare Belästigung des Empfängers? WRP 1998, S. 270–280

Leupold, Andreas/Brautigam, Peter/Pfeiffer, Markus: Von der Werbung zur kommerziellen Kommunikation: Die Vermarktung von Waren und Dienstleistungen im Internet. WRP 2000, S. 575–598

Lindacher, Walter: Die internationale Verbandsklage in Wettbewerbssachen, in: Festschrift für Gerhard Lüke zum 70. Geburtstag , hrsg. von Hanns Prütting u. a. München 1997, S. 377–390

Lindacher, Walter: Gefühlsbetonte Werbung nach BVerfG GRUR 2002, 445 - Tier- und Artenschutz, in: Festschrift für Winfried Tilmann, hrsg. von Erhard Keller u. a. Köln 2003, S. 195–206

Lindhorst, Hermann: Schutz von und vor technischen Maßnahmen. Osnabrück 2002

Loewenheim, Ulrich (Hrsg.): Handbuch des Urheberrechts. München 2003

Maennel, Frithof: Elektronischer Geschäftsverkehr ohne Grenzen - der Richtlinienvorschlag der Europäischen Kommission. MMR 1999, S. 187–192

Mankowski, Peter: Besondere Formen von Wettbewerbsverstößen im Internet und Internationales Wettbewerbsrecht. GRURInt 1999, S. 995–1003

Mankowski, Peter: Wider ein transnationales Cyberlaw. AfP 1999, S. 138–143

Mankowski, Peter: Wie problematisch ist die Identität des Erklärenden bei E-Mails wirklich ? NJW 2002, S. 2822–2828

Mankowski, Peter: Anmerkung zum Urteil des LG Karlsruhe v. 10.3.2004 1 S 123/03. CR 2004, S. 600–602

Mankowski, Peter: Die Beweislastverteilung in „0190er-Prozessen“. CR 2004, S. 185–189

Marwitz, Petra: Sind Unternehmens-Homepages Werbung? MMR 1998, S. 188–191

Mattern, Friedemann: Vom Handy zum allgegenwärtigen Computer : ubiquitous computing: Szenarien einer informatisierten Welt. 2002 ⟨URL: `http://library.fes.de/fulltext/stabsabteilung/01183.htm`⟩

Matutis, Cornelius: UWG. Berlin 2005

Mayer, Hans-Peter: Richtlinie 2001/29/EG zur Harmonisierung bestimmter Aspekte des Urheberrechts und der verwandten Schutzrechte in der Informationsgesellschaft. EuZW 2002, 325–329

Mehrings, Josef: Internetrecht ante portas?, in: Festschrift für Wofgang Kilian zum 65. Geburtstag , hrsg. von Jürgen Taeger u. a. Baden-Baden 2004, S. 493–511

Menke, Burkhart: Die vergleichende Werbung in Deutschland nach der Richtlinie 97/55/EG und der BGH-Entscheidung "Testpreis-Angebot". WRP 1998, S. 811–826

Messer, Herbert: Der unvollständige Testbericht. GRUR 1996, S. 647–650

Mestmacker, Ernst-Joachim: Das marktbeherrschende Unternehmen im Recht der Wettbewerbsbeschränkungen. Tübingen 1959

Meyer-Cording, Ulrich: Gute Sitten und ethischer Gehalt des Wettbewerbsrechtes. JZ 1964, S. 273–278

Micklitz, Hans-W./Keßler, Jürgen: Europäisches Lauterkeitsrecht. GRURInt 2002, S. 885–901

Micklitz, Hans-W./Keßler, Jürgen: Funktionswandel des UWG. WRP 2003, S. 919–936

Micklitz, Hans-W./Stadler, Astrid: Unrechtsgewinnabschöpfung. Baden-Baden 2003

Möllers, Thomas: Anmerkung zum Urteil des BGH v. 16.03.1999. JZ 2001, S. 102–104

Müglich, Andreas: Auswirkungen des EGG auf die haftungsrechtliche Behandlung von Hyperlinks. CR 2002, S. 583–592

Müller, Friedrich: Juristische Methodik. 6. Auflage, Berlin 1995

Naskret, Stefanie: Das Verhältnis zwischen Herkunftslandprinzip und Internationalem Privatrecht in der Richtlinie zum elektronischen Geschäftsverkehr. Münster 2003

Naumann, Tino: Präsentationen im Internet als Verstoß gegen §§ 1,3 UWG. Frankfurt a.M. 2001

Neveling, Kirsten: Die sachliche Marktabgrenzung bei der Fusionskontrolle im deutschen und europäischen Recht. Tübingen 2003

Nirk, Rudolf: Zur Rechtsfigur des wettbewerbsrechtlichen Leistungsschutzes. GRUR 1993, S. 247–255

Nordemann, Jan Bernd/Blum, Stefan: Das endgültige Ende der Serienabmahnungen im Immobilienbereich? NZM 2002, S. 148–153

Ohlenburg, Anna: Die neue EU-Datenschutzrichtlinie 2002/58/EG. MMR 2003, S. 82–86

Ohly, Ansgar: "Volenti non fit iniuria" Die Einwilligung im Privatrecht. Tübingen 2002

Ohly, Ansgar: Das neue UWG - Mehr Freiheit für den Wettbewerb? GRUR 2004, S. 889–900

Olten, Rainer: Wettbewerbstheorie und Wettbewerbspolitik. 2. Auflage, München 1998

Oppermann, Bernd: Unterlassungsanspruch und materielle Gerechtigkeit im Wettbewerbsprozeß. Tübingen 1993

Ott, Stephan: Impressumspflicht contra Spam-Vermeidung - Ein unauflöslicher Konflikt? ⟨URL: `http://www.jurpc.de/aufsatz/20050078.htm`⟩ – Zugriff am 01.07.2005

Ott, Stephan: To link or not to link - This was (or still is?) the question - Anmerkung zum Urteil des BGH vom 17. 7. 2003 - I ZR 259/00 (Paperboy). WRP 2004, S. 52–58

Ott, Stephan: Urheber- und wettbewerbsrechtliche Probleme von Linking und Framing. Stuttgart 2004

Pawlowski, Hans-Martin: Probleme der Einwilligung zu Eingriffen in personenbezogene Rechte, in: Festschrift für Horst Hagen, hrsg. von Günter Brambring u. a. Köln 1999, S. 5–26

Piper, Henning: Der Schutz der bekannten Marken. GRUR 1996, S. 429–439

Pippow, Ingo: Software-Agenten in Distributionsnetzen. Wiesbaden 2004

Plaß, Gunda: Hyperlinks im Spannungsfeld von Urheber-, Wettbewerbs- und Haftungsrecht. WRP 2000, S. 599–610

Pohle, Moritz: Anmerkung zum Urteil des OLG Düsseldorf v. 1.10.2002 - Verwendung sachfremder Metatags. MMR 2003, S. 408–410

Rauschhofer, Hajo: Mediendienste im World Wide Web. Saarbrücken 2000

Rebmann, Kurt u.a.: Münchener Kommentar zum Bürgerlichen Gesetzbuch. 4. Auflage, München 2001

Reichelsdorfer, Jörg: „eMails“ zu Werbezwecken - ein Wettbewerbsverstoß? GRUR 1997, S. 191–198

Remmertz, Frank René: Werbebotschaften per Handy. MMR 2003, S. 314–318

Rittner, Fritz: Wettbewerbs- und Kartellrecht. 6. Auflage, Heidelberg 1999

Roßnagel, Alexander: Rechtswissenschaftliche Technikfolgenforschung. Baden-Baden 1993

Roßnagel, Alexander: Weltweites Internet - globale Rechtsordnung. MMR 2002, S. 67–71

Rossnagel, Alexander: Anmerkung zum Urteil des OLG Köln v. 06.09.2002 - 19 U 16/02. K&R 2003, S. 84–86

Rossnagel, Alexander/Pfitzmann, Andreas: Der Beweiswert von E-Mail. NJW 2003, S. 1209–1214

Rossnagel, Alexander/Scholz, Philip: Datenschutz durch Anonymität und Pseudonymität. MMR 2000, S. 721–731

Roth, Günter H.: Verbraucherinformation durch vergleichende Werbung. NJW 1989, S. 1467–1472

Rourke, Maureen O: Fencing Cyberspace: Drawing Borders in a Virtual World. Minnesota Law Review 82 1998, S. 609–704

Rönnau, Thomas: Willensmängel bei der Einwilligung im Strafrecht. Tübingen 2001

Rösler, Hannes: Zur Zahlungspflicht für heimliche Dialereinwahlen. NJW 2004, S. 2566–2569

Rösler, Patrick: Der relevante Markt in der Europäischen Fusionskontrolle. NZG 2000, S. 761–770

Rößler, Bernd: Die Rufausbeutung als Unlauterkeitskriterium in der Rechtsprechung zu § 1 UWG. Köln 1997

Sack, Rolf: Das Verbraucherleitbild und das Unternehmerleitbild im europäischen und deutschen Wettbewerbsrecht. WRP 1998, S. 264–269

Sack, Rolf: Vertriebsbindung und Außenseiter. WRP 2000, S. 447–457

Sack, Rolf: Vergleichende Werbung nach der UWG-Novelle. WRP 2001, S. 327–349

Sack, Rolf: Der Gewinnabschöpfungsanspruch von Verbänden in der geplanten UWG-Novelle. WRP 2003, S. 549–558

Sack, Rolf: Regierungsentwurf einer UWG-Novelle - ausgewählte Probleme. BB 2003, S. 1073–1081

Sack, Rolf: Die lückenfüllende Funktion der Generalklausel des § 3 UWG. WRP 2005, S. 531–544

Schack, Haimo: Urheberrechtliche Gestaltung von Webseiten unter Einsatz von Links und Frames. MMR 2001, S. 9–17

Schefold, Andrea Verena: Werbung im Internet und das deutsche Internationale Privatrecht. Frankfurt a.M. 2004

Scherer, Inge: Privatrechtliche Grenzen der Verbraucherwerbung. Berlin 1996

Scherer, Inge: Schutz „leichtgläubiger“ und „geschäftlich unerfahrener“ Verbraucher in § 4 Nr.2 UWG n.F. - Wiederkehr des alten Verbraucherleitbildes „durch die Hintertür“? WRP 2004, S. 1355–1358

Schluep, Walter: Vom lauteren zum freien Wettbewerb. GRURInt 1973, S. 446–452

Schmid, Gregor: Freier Dienstleistungsverkehr und Recht des unlauteren Wettbewerbs, dargestellt am Beispiel der Telefonwerbung. Köln 2000

Schmidbauer, Franz: Die Zulässigkeit des Linkens aus urheberrechtlicher und wettbewerbsrechtlicher Sicht. ⟨URL: `http://www.jurpc.de/aufsatz/20030176.htm`⟩ – Zugriff am 20.12.2005

Schmidt, Ingo: Wettbewerbspolitik und Kartellrecht. 8. Auflage, Stuttgart 2005

Schmidt, Karsten: „Unternehmen‘“ und „Abhängigkeit“ : Begriffseinheit und Begriffsvielfalt im Kartell- und Konzernrecht. ZGR 1980, S. 277–288

Schmidt, Karsten: Handelsrecht. 5. Auflage, Köln 1999

Schmidt, Karsten: Gesellschaftsrecht. 4. Auflage, Köln 2002

Schmittmann, Jens: Werbung im Internet. München 2003

Schmittmann, Jens: Überblick über die rechtliche Zulässigkeit von SMS-Werbung. K&R 2004, S. 58–63

Schmoll, Christian: E-Mail-Werbung im Rahmen bestehender Kundenbeziehungen. JurPC Web-Dok. 283/2004

Schneider, Christian: Der Vertrieb von Versicherungen über das Internet. Berlin 2004

Schrader, Leif: Die wettbewerbsrechtliche Beurteilung von neuen Vertriebsformen im Internet. Konstanz 2004

Schrick, Alexandra: Direktmarketing mittels E-Mail und seine Entwicklung. MMR 2000, S. 399–405

Schricker, Gerhard: Unlauterer Wettbewerb und Verbraucherschutz. GRURInt 1970, S. 32–44

Schricker, Gerhard: Zur Reform des Gesetzes gegen den unlauteren Wettbewerb. GRUR 1979, S. 1–14

Schricker, Gerhard: Urheberrecht auf dem Weg zur Informationsgesellschaft. München 1997

Schricker, Gerhard/Henning-Bodewig, Frauke: Elemente einer Harmonisierung des Rechts des unlauteren Wettbewerbs in der Europäischen Union. WRP 2001, S. 1367–1407

Schultz, Detlef v.: Kommentar zum Markenrecht. Heidelberg 2002

Schönke, Adolf/Schröder, Helmut: Strafgesetzbuch. Kommentar. Fortgeführt von Theodor Lenckner u. a. 26. Auflage, München 2001

Schünemann, Wolfgang: „Unlauterkeit" in den Generalklauseln und Interessenabwägung nach neuem UWG. WRP 2004, S. 925–936

Schütze, Rolf: Rechtsverfolgung im Ausland. Heidelberg 2002

Seichter, Dirk: Der Umsetzungsbedarf der Richtlinie über unlautere Geschäftspraktiken. WRP 2005, S. 1087–1095

Seidelberger, Hannes: Wettbewerbsrecht und Internet. Österreichisches Recht der Wirtschaft 2000, S. 518–523

Shapiro, Carl/Varian, Hal R.: Information rules. Boston 2003

Simitis, Spiros (Hrsg.): Kommentar zum Bundesdatenschutzgesetz. 5. Auflage, Baden-Baden 2003

Smoschewer, Fritz: Zu Hermann Jsays „Rechtsnorm und Entscheidung". GRUR 1929, S. 1265–1279

Sosnitza, Olaf: Das Internet im Gravitationsfeld des Rechts: Zur rechtlichen Beurteilung so genannter Deep-Links. CR 2001, S. 693–704

Sperr, Bernhard/Fischer, Sabine: Zulässige und unzulässige Werbung. 3. Auflage, Stuttgart 1998

Spindler, Gerald: Der neue Vorschlag einer E-Commerce-Richtlinie. ZUM 1999, S. 775–795

Spindler, Gerald: E-Commerce in Europa. MMR-Beilage 7/2002 2002, S. 4–21

Spindler, Gerald: Verantwortlichkeit und Haftung für Hyperlinks im neuen Recht. MMR 2002, S. 495–503

Spindler, Gerald: Anmerkung zum Urteil des BGH v. 17.07.2003 - Paperboy. JZ 2004, S. 150–154

Spindler, Gerald: Hyperlinks und ausländische Glücksspiele - Karlsruhe locuta causa finita? GRUR 2004, S. 724–729

Spirig, Martin: Lauterkeitsrechtliche Konflikte im Internet. Bern 2001

Stadler, Astrid/Micklitz, Hans-W.: Der Reformvorschlag der UWG-Novelle für eine Verbandsklage auf Gewinnabschöpfung. WRP 2003, S. 559–562

Stadler, Thomas: Haftung für Informationen im Internet. Berlin 2002

Staudinger, Julius von: Kommentar zum Bürgerlichen Gesetzbuch. 13. Auflage, Berlin 1999

Stein, Andreas: Neuere Entwicklungen bei der gegenseitigen Anerkennung und Vollstreckung von zivilrechtlichen Urteilen in Europa. WiRO 2003, S. 289–294

Steinbeck, Anja: Anmerkung zum Urteil des BGH v. 08.12.1994 - Telefonwerbung V. GRUR 1995, S. 492–493

Steinbeck, Anja: Veränderungen bei der Beurteilung der Warenähnlichkeit. GRUR 2005, S. 108–113

Stoppel, Wolfgang: Die Ähnlichkeit von Waren und Dienstleistungen. 12. Auflage, Köln 2002

Streinz, Rudolf: Europarecht. 6. Auflage, Heidelberg 2003

Strepp, Hans-Michael: Irreführung und Verwechslungsgefahr. München 2002

Stuber, Lukas: Suchmaschinen-Marketing. Zürich 2004

Tanenbaum, Andrew S.: Computernetzwerke. 3. Auflage, Harvard 2000

Teplitzky, Otto: Wettbewerbsrechtliche Ansprüche und Verfahren. 8. Auflage, Köln 2002

Thiele, Willi: Wirtschaftsverfassungsrecht. 2. Auflage, Göttingen 1974

Tilmann, Winfried: Das UWG und seine Generalklausel. GRUR 1991, S. 796–799

Tilmann, Winfried: Gewinnherausgabe im gewerblichen Rechtsschutz und Urheberrecht. GRUR 2003, S. 647–653

Triffin, Robert: Monopolistic competition and general equilibrium theory. 7. Auflage, Cambridge, Mass. 1962

Tsiliotis, Charalambos: Der verfassungsrechtliche Schutz der Wettbewerbsfreiheit und seine Einwirkung auf die privatrechtlichen Beziehungen. Berlin 2000

Ulmer, Peter: Der Begriff „Leistungswettbewerb“ und seine Bedeutung für die Anwendung von GWB und UWG-Tatbeständen. GRUR 1977, S. 565–580

Ulrich, Gustav-Adolf: Die Laienwerbung, in: Festschrift für Henning Piper, hrsg. von Willi Erdmann u. a. München 1996, S. 495–509

Unglaub, Kerstin: Der selektive Vertrieb von Parfum und Luxuskosmetika im Kartell-, Wettbewerbs-, und Markenrecht. Frankfurt a.M. 2001

Varadinek, Brigitta: Trefferlisten von Suchmaschinen im Internet als Werbeplatz für Wettbewerber. GRUR 2000, S. 279–285

Vogel, Joachim: Juristische Methodik. Berlin 1998

Wallstein, Caroline: Auswirkungen der Schuldrechtsmodernisierung auf den E-Commerce. BC 2002, S. 234–238

Wandtke, Artur-Axel/Bullinger, Winfried (Hrsg.): Praxiskommentar zum Urheberrecht. München 2003

Wassermeyer, Andrea: Schockierende Werbung. GRUR 2002, S. 126–134

Weiler, Frank: Spamming - Wandel des europäischen Rechtsrahmens. MMR 2003, S. 223–229

Wendeling-Schröder, Ulrike: Mehrere Unternehmen / ein Betrieb. NZA 1984, S. 247–250

Wendlandt, Bettina: Europäische, deutsche und amerikanische Regelungen von E-Mail-Werbung - Überlegungen zum Nutzen des „CAN-SPAM Act“. MMR 2004, S. 365–369

Wendlandt, Bettina: Die Timesharing-Richtlinie, das BGB und die Privatautonomie - „realistisch betrachtet“. VuR 2004, S. 117–124

Wiebe, Andreas: „Deep-Links“ - Neue Kommunikationsformen im Wettbewerb aus lauterkeitsrechtlicher Sicht. WRP 1999, S. 734–740

Wiebe, Andreas: Urteilsbesprechung, Urteil des OLG Celle vom 12.05.1999 - Deep-Links. CR 1999, S. 523–525

Wiebe, Andreas: Urteilsbesprechung, Urteil des BGH vom 17.07.2003-Paperboy. LMK 2003, S. 211–212

Wieben, Arne: Die Trennung von Werbung und redaktionellem Programm. Münster 2001

Wiesche, Jens Schulze zur: Die neuen Zulässigkeitsgrenzen für Direktmarketing. CR 2004, S. 742–748

Wimmer-Leonhardt, Susanne: UWG-Reform und Gewinnabschöpfungsanspruch oder „Die Wiederkehr der Drachen". GRUR 2004, S. 12–20

Wolter, Matthias/Lubberger, Andreas: Wo steht die Lückenlosigkeit? GRUR 1999, S. 17–34

Worm, Ulrich: Die Verletzung von Urheberrechten und gewerblichen Schutzrechten durch das Setzen von Hyperlinks, Inline-Frames und Meta-Tags. Frankfurt a.M. 2002

Ziem, Claudia: Spamming - Zulässigkeit nach § 1 UWG, Fernabsatzrichtlinie und E-Commerce-Richtlinienentwurf. MMR 2000, S. 129–135

Zippelius, Reinhold: Juristische Methodenlehre. 9. Auflage, München 2005

Zöller, Alexander: Telefonwerbung ist nicht grundsätzlich unzulässig. GRUR 1992, S. 297–301

FSC
www.fsc.org
MIX
Papier | Fördert
gute Waldnutzung
FSC® C083411

Kolibri 360 GmbH
Ferdinand-Jühlke-Straße 7
99095 Erfurt, Deutschland
produktsicherheit@kolibri360.de